जैक मा
और
Alibaba
की अपार सफलता के रहस्य

जैक मा और Alibaba की अपार सफलता के रहस्य

प्रदीप ठाकुर

प्रभात प्रकाशन

प्रकाशक

प्रभात प्रकाशन प्रा. लि.

4/19 आसफ अली रोड, नई दिल्ली-110002

फोन : 011-23289777 • हेल्पलाइन नं. : 7827007777

इ-मेल : prabhatbooks@gmail.com ❖ वेब ठिकाना : www.prabhatbooks.com

संस्करण

2025

पेपरबैक मूल्य

चार सौ रुपए

मुद्रक

आर-टेक ऑफसेट प्रिंटर्स, दिल्ली

JACK MA AUR ALIBABA KI APAR SAFALTA KE RAHASYA
by Shri Pradeep Thakur

Published by **PRABHAT PRAKASHAN PVT. LTD.**
4/19 Asaf Ali Road, New Delhi-110002

ISBN 978-93-5521-403-4

₹ 400.00 (PB)

मेरी पूर्णकालिक लेखन-यात्रा को
संभव बनानेवाली धर्मपत्नी किरण और
मुझे हमेशा उत्साहित रखनेवाले
सुपुत्रों प्रभाकर, पुष्कर व भाष्कर
को
सस्नेह समर्पित

भूमिका

जैक मा ई-कॉमर्स के शीर्ष कंपनी बलीबाबा के संस्थापक हैं और अलीपे के बड़े हिस्सेदार हैं। अलीपे एक ई-पेमेंट पोर्टल है। 25 बिलियन डॉलर की अनुमानित संपत्ति के साथ वे चीन में सबसे अमीर व्यक्ति हैं। हालाँकि जैक मा के पास अलीबाबा में केवल 7.8 प्रतिशत और अपीले में 50 प्रतिशत हिस्सेदारी है। अलीबाबा और जैक मा का पूरा व्यापार चीन से संचालित होता है और हमारे लिए यह जानना रोचक हो सकता है कि अलीबाबा फेसबुक के मुकाबले अधिक मूल्यवान है और ईबे तथा अमेजन की तुलना में अधिक सामान की डिलीवरी करता है।

इन आँकड़ों को देखकर भ्रमित न हों। जैक मा जन्मजात अरबपति नहीं रहे हैं। जीवन के अँधेरे से निकलकर बुलंद रोशन मुकाम तक पहुँचने का उनका सफर खासा मुश्किलों से भरा रहा—जिसे आप पुस्तक में विस्तार से पढ़ेंगे।

जैक मा शून्य से शुरू करके स्वनिर्मित अरबपति हैं। चीन के हांग्जो में जनमे जैक मा का परिवार मध्यम से भी निम्न दर्जे का रहा। उनके परिवार में माता-पिता के अलावा उनका एक बड़ा भाई और एक छोटी बहन हैं। माता-पिता पारंपरिक संगीतकार-कथाकार थे, जो पाँच लोगों के परिवार के लिए मुश्किल से ही दो जून का खाना जुटा पाते थे।

जैक मा का असली नाम 'मा यूँ' था, टूरिस्ट गाइड का काम करते हुए उन्होंने विदेशी पर्यटकों से अंग्रेजी सीखी। यहीं एक अंग्रेज मित्र ने उन्हें 'जैक' नाम दिया और वे 'जैक मा' नाम से लोकप्रिय हुए।

जैक मा ने तीस से भी ज्यादा नौकरियों के लिए कोशिश की, पर उन्हें हर जगह से नाकामी हासिल हुई। उन्होंने पुलिस की नौकरी के लिए भी आवेदन किया, लेकिन उन्हें देखते ही इनकार कर दिया गया।

उनके शहर में के.एफ.सी. का पहला रेस्टोरेंट खुला तो 24 लोगों ने नौकरी के लिए आवेदन किया। इनमें से जैक को छोड़कर 23 लोगों को नौकरी मिल गई। वर्ष 1994 में जैक ने पहली बार इंटरनेट के विषय में सुना और इंटरनेट के विषय में ज्यादा जानकारी लेने के लिए दोस्तों की मदद से अमरीका गए और वहाँ पहली बार इंटरनेट चलाया।

इंटरनेट पर उन्हें चीन के बारे में सर्च करने पर कोई जानकारी नहीं मिली तो उन्होंने चीन की जानकारी से भरी पहली वेबसाइट बनाई और कुछ घंटों में ही उन्हें कई इ-मेल मिले। इससे उन्हें इंटरनेट की ताकत का पता चला। इसी से प्रेरित होकर उन्होंने पहली साइट 'चायना पैला पेपेज' बनाई और क्रमिक विकास करते हुए उसकी पूर्णता अलीबाबा डॉट कॉम के रूप में हुई, जो आज दुनिया की जानी-मानी इ-कॉमर्स कंपनी है।

पुस्तक में इन सब बिंदुओं को विस्तार से स्पष्ट किया गया है। जैक मा और अली बाबा की कहानी किसी मिथक से कम नहीं है। इसे पढ़ने से औपन्यासिक रस की अनुभूति होती है, जो रोमांचक है और प्रेरक भी।

अनुक्रम

1

अलीबाबा-मंच पर 'जैक' का जादू

अलीबाबा को एक चीनी कंपनी के रूप में देख पाना हठात् संभव नहीं हो पाता है, क्योंकि 'अलीबाबा' का चीन से कोई लेना-देना नहीं है, लेकिन अरबी लोककथा के माध्यम से 'अलीबाबा' नाम विश्व भर में लोकप्रिय है। इसीलिए जिस प्रकार कई इ-वाणिज्य मंचों की संचालक चीनी कंपनी के रूप 'अलीबाबा ग्रुप होल्डिंग लिमिटेड' असामान्य नाम है, उसी प्रकार पूर्व अंग्रेजी शिक्षक जैक मा भी निगमित-जगत् में असामान्य है, लेकिन संस्था व संस्थापक दोनों की यह असामान्यता इसकी व्यावसायिक गतिविधियों में भी झलकती है। जी हाँ, अलीबाबा ग्रुप ने विभिन्न इ-वाणिज्य मंचों का जो विशाल तंत्र खड़ा किया है, वह अलीबाबा की कथा में वर्णन की गई 'खुल जा सिम-सिम' के जादुई मंत्र से खुलनेवाली रहस्यमयी गुफा की तरह ही एक 'क्लिक' पर खुलती है और संसार के सभी उपभोक्ताओं के सामने संसार की लगभग सभी वस्तुओं व सेवाओं को प्रस्तुत करती दिखाई देती है; लेकिन इस अलीबाबा नामक 'आभासी' लेकिन 'वास्तविक' वाणिज्यिक गुफा पर अरबी कथा के कल्पित नायक अलीबाबा का नहीं, इसके चीनी निर्माता जैक मा का जादू चलता है।

अलीबाबा के नाम पर जैक मा द्वारा विकसित की गई वाणिज्यिक गुफा कैसी जादुई नतीजे लानेवाली हो सकती थी, इसकी पहली झलक 5 नवंबर, 2007 को मिली थी, जब हांगकांग स्टॉक एक्सचेंज में सूचीकरण (लिस्टिंग) के साथ अलीबाबा.कॉम लिमिटेड के स्वामित्व हिस्सेदारियों की

सार्वजनिक खरीद-बिक्री शुरू हुई थी, और पहले ही दिन उसकी स्वामित्व हिस्सेदारियों के मूल्य में 165 प्रतिशत की वृद्धि हुई थी। वैसे तो प्रारंभिक सार्वजनिक प्रस्ताव (आई.पी.ओ.) लाए जाने की प्रक्रिया शुरू होने के बाद से ही विश्व भर के पूँजी बाजारों के दिग्गजों सहित आम निवेशक भौचक हो गए थे, क्योंकि अलीबाबा.कॉम का प्रस्ताव मूल्य (ऑफर प्राइस) 13.50 हांगकांग डॉलर प्रति स्वामित्व हिस्सेदारी (शेयर ऑफ स्टॉक) निर्धारित किया गया था। इस प्रकार, आई.पी.ओ. से पहले ही पूँजी बाजार ने अलीबाबा.कॉम के मूल्यांकन को 150 अरब हांगकांग डॉलर के स्तर पर पहुँचा दिया था, जो उसकी वर्ष 2007 की आय पर आधारित मूल्यांकन की तुलना में 106 गुना से भी अधिक था और जब पहले दिन का सुबह का कारोबार 13.50 हांगकांग डॉलर से शुरू होकर 165 प्रतिशत वृद्धि के साथ 35.65 हांगकांग डॉलर पर समाप्त हुआ था, अलीबाबा.कॉम का बाजार पूँजीकरण (मार्किट कैपिटलाइजेशन) अचानक 180 अरब हांगकांग डॉलर हो गया था, अर्थात् कुछ ही घंटों के कारोबार में निवेशकों ने अलीबाबा.कॉम के 'संभावित बाजार-मूल्यांकन' को 'नकद बाजार पूँजीकरण' में बदल दिया था, जो उसकी तत्कालीन आय-आधारित मूल्यांकन की तुलना में 280 गुना अधिक थी।

याद रहे कि शेयर में यह ऐतिहासिक उछाल तब आया था, जब एक दिन पहले ही हांगकांग स्टॉक एक्सचेंज के बाजार पूँजीकरण पर आधारित प्रतिनिधि कंपनियों सूचकांक (इंडेक्स)—हैंग सैंग इंडेक्स में 1526 अंकों की ऐतिहासिक गिरावट आई थी और उस दिन संस्थागत निवेशकों के साथ-साथ आम निवेशकों ने चीन की उस इंटरनेट कंपनी के प्रति जिस उत्साह का प्रदर्शन किया था, उसने सूचकांक को 1.3 प्रतिशत ऊँचा कर दिया था।

याद रहे कि शेयर में यह ऐतिहासिक उछाल तब आया था, जब एक दिन पहले ही हांगकांग स्टॉक एक्सचेंज के बाजार पूँजीकरण पर आधारित

प्रतिनिधि कंपनियों सूचकांक (इंडेक्स)—हैंग सैंग इंडेक्स में 1526 अंकों की ऐतिहासिक गिरावट आई थी और उस दिन संस्थागत निवेशकों के साथ-साथ आम निवेशकों ने चीन की उस इंटरनेट कंपनी के प्रति जिस उत्साह का प्रदर्शन किया था, उसने सूचकांक को 1.3 प्रतिशत ऊँचा कर दिया था। उस दिन अलीबाबा.कॉम ने अपनी 17 प्रतिशत स्वामित्व हिस्सेदारियों (कुल 85.89 करोड़) को सार्वजनिक कर 1.5 अरब डॉलर की उगाही की थी। यह वर्ष 2004 में 1.67 अरब डॉलर मूल्य के आई.पी.ओ. के बाद विश्व के किसी भी इंटरनेट कंपनी का सबसे बड़ा आई.पी.ओ. था। चौंकानेवाला तथ्य यह भी है कि अलीबाबा.कॉम ने जितनी संख्या में अपनी स्वामित्व हिस्सेदारियों का प्रस्ताव किया था, निवेशकों ने उससे 256 गुना अधिक स्वामित्व हिस्सेदारियों को खरीदने का आवेदन किया था।

उस समय अलीबाबा ने दावा किया था कि उसके घरेलू इ-वाणिज्य मंच पर 2.10 करोड़ पंजीकृत उपयोगकर्ता (रजिस्टर्ड यूजर) थे, जबकि वैश्विक इ-वाणिज्य मंच पर 36 लाख। उस समय अलीबाबा.कॉम ने स्वयं की व्यवसाय संरचना को घरेलू चीनी वस्तु-विक्रेताओं के लिए निर्यात सुविधा-प्रदाता (एक्सपोर्ट फेसिलिटेटर) इ-वाणिज्य मंच के रूप में किया था। अलीबाबा.कॉम अपने पंजीकृत विक्रेताओं से सुविधा व सेवा शुल्क अर्जित कर रही थी, जबकि खरीदारों को निःशुल्क विचरण की अनुमति देती थी। हाँ, वह विक्रेताओं से प्राथमिकता-सूचीकरण (प्रायोरिटी लिस्टिंग) जैसी मूल्यवर्धित सेवाओं के लिए

उस समय अलीबाबा ने दावा किया था कि उसके घरेलू इ-वाणिज्य मंच पर 2.10 करोड़ पंजीकृत उपयोगकर्ता (रजिस्टर्ड यूजर) थे, जबकि वैश्विक इ-वाणिज्य मंच पर 36 लाख। उस समय अलीबाबा.कॉम ने स्वयं की व्यवसाय संरचना को घरेलू चीनी वस्तु-विक्रेताओं के लिए निर्यात सुविधा-प्रदाता (एक्सपोर्ट फेसिलिटेटर) इ-वाणिज्य मंच के रूप में किया था।

अतिरिक्त शुक्ल भी वसूल कर रही थी। याद रहे कि जैक मा ने दिसंबर 1999 में अपने 17 अन्य सह-संस्थापकों के साथ अलीबाबा शुरू किया था और एक वर्ष के परिचालन के भीतर ही सॉफ्ट बैंक, गोल्डमैन साक्स, फिडेलिटी सहित कुछ अन्य उद्यम पूँजी (वेंचर कैपिटल) निवेश संस्थाओं से कुल 2.5 करोड़ डॉलर निवेश आकर्षित कर लिया था। रोचक तथ्य है कि विश्व भर की अन्य इ-वाणिज्य कंपनियों के विपरीत अलीबाबा दो वर्षों के परिचालन के भीतर दिसंबर 2001 में लाभ की स्थिति में आ गई थी। फिर मई 2003 में उपभोक्ता इ-वाणिज्य मंच 'ताओबाओ' शुभारंभ किया था और उस मंच पर दिसंबर 2004 में 'अली पे' नाम से ऑनलाइन भुगतान की सेवा भी शुरू कर दी गई थी। फिर, अक्तूबर 2005 में अलीबाबा ग्रुप ने रणनीतिक साझीदारी के अंतर्गत 'चाइना याहू!' के परिचालन को अधिगृहीत कर लिया था, जिसके बदले में मूल कंपनी 'याहू!' को ग्रुप में 40 प्रतिशत हिस्सेदारी प्रदान की थी।

अलीबाबा ग्रुप की स्थापना व आगे के क्रांतिकारी विस्तार के बारे में आगे पढ़ सकेंगे, लेकिन अभी हम सात वर्षों बाद सीधे सितंबर 1914 की चंद घटनाओं का संक्षेप में उल्लेख करेंगे, ताकि आप समझ सकें कि इस बीच अलीबाबा ग्रुप का 'आभासी संसार' कितना व्यापक और जैक मा का जादू कितना अधिक प्रभावी हो गया था कि वह विश्व के सबसे बड़े पूँजी बाजार 'वालस्ट्रीट' से 25 अरब डॉलर की ब्याज-रहित पूँजी की उगाही कर

अलीबाबा ग्रुप की स्थापना व आगे के क्रांतिकारी विस्तार के बारे में आगे पढ़ सकेंगे, लेकिन अभी हम सात वर्षों बाद सीधे सितंबर 1914 की चंद घटनाओं का संक्षेप में उल्लेख करेंगे, ताकि आप समझ सकें कि इस बीच अलीबाबा ग्रुप का 'आभासी संसार' कितना व्यापक और जैक मा का जादू कितना अधिक प्रभावी हो गया था कि वह विश्व के सबसे बड़े पूँजी बाजार 'वालस्ट्रीट' से 25 अरब डॉलर की ब्याज-रहित पूँजी की उगाही कर पाने में सफल हो गया था।

पाने में सफल हो गया था। 5 सितंबर, 2014 को अलीबाबा ग्रुप ने आगामी 18 सितंबर को निर्धारित प्रारंभिक सार्वजनिक प्रस्ताव (आई.पी.ओ.) के लिए अमेरिकी प्रतिभूति एवं विनिमय आयोग (यू.एस. सिक्यूरिटी ऐंड एक्सचेंज कमीशन) में संबंधित वैधानिक दस्तावेज दाखिल किया था, जिसमें उसने प्रति स्वामित्व हिस्सेदारी (शेयर ऑफ स्टॉक) का प्रस्ताव मूल्य 60 से 66 डॉलर के बीच रखने की घोषणा की थी। अंतिम प्रस्ताव मूल्य का निर्धारण विश्वव्यापी रोड शो के बाद निवेशकों का मन भाँपने के बाद तय किया जाना था। निवेशकों ने प्रस्तावित आई.पी.ओ. के प्रति भारी उत्साह दिखाया था। इसीलिए 18 सितंबर को अलीबाबा ग्रुप ने प्रस्ताव मूल्य को बढ़ाकर 68 डॉलर प्रति स्वामित्व हिस्सेदारी तय किया था और न्यूयॉर्क स्टॉक एक्सचेंज में सूचीकरण के साथ उसकी सार्वजनिक बिक्री शुरू की थी। प्रस्तावित मूल्य पर समूचे अलीबाबा ग्रुप का संभावित बाजार मूल्यांकन 170.80 अरब डॉलर आँका गया था। याद रहे कि 2007 के आई.पी.ओ. (हांगकांग स्टॉक एक्सचेंज) के समय अलीबाबा समूह का मूल्यांकन 150 हांगकांग डॉलर था, अर्थात् मात्र 19.11 अमेरिकी डॉलर। इन सात वर्षों बाद कंपनी का बाजार मूल्यांकन लगभग 8.93 गुना अधिक आँका गया था। बाजार व निवेशकों का यह अति उत्साह ठोस तथ्यों पर आधारित था, जिन्हें अलीबाबा ग्रुप ने अपनी आई.पी.ओ. विवरण-पुस्तिका में प्रस्तुत किया था—

- आई.डी.सी., जी.एम.वी. प्रतिवेदन के अनुसार, वर्ष 2003 में सकल व्यापार मात्रा (ग्रॉस मर्चेंडाइज वॉल्यूम/जी.एम.वी.) के हिसाब से यह विश्व की सबसे बड़ी ऑनलाइन व मोबाइल वाणिज्य कंपनी थी।
- यह चीन के सबसे बड़े ऑनलाइन खरीदारी मंच 'ताओबाओ' का संचालन कर रही थी, जिसके पास ग्राहक-से-ग्राहक तक (सी2सी) बाजार-खंड में 96.5 प्रतिशत बाजार हिस्सेदारी थी। अलीबाबा ग्रुप 'टीमॉल' माध्यम से व्यवसाय-से-ग्राहक तक (बी2सी) बाजार-खंड में चीन का सबसे बड़ा तृतीय-पक्ष मंच

बन गया था, जिसकी बाजार हिस्सेदारी वर्ष 2013 के अंत में 50.1 प्रतिशत थी।

- इन इ-वाणिज्य मंचों के साथ, 30 जून, 2014 को अलीबाबा ग्रुप की संयुक्त सकल व्यापार मात्रा 1833 युआन (अर्थात् 296 अरब अमेरिकी डॉलर) थी। उस समय इन मंचों पर सक्रिय खरीदारों की संख्या 27.9 करोड़ थी, जबकि सक्रिय विक्रेताओं की संख्या 85 लाख।
- इसके अलावा वर्ष 2013 के राजस्व के हिसाब से समूह का अलीबाबा.कॉम थोक बाजार-खंड का सबसे बड़ा इ-वाणिज्य मंच बन गया था और वित्त वर्ष 2014 में अलीबाबा ग्रुप में इन तीनों मंचों से अपना 81.6 प्रतिशत राजस्व अर्जित कर रहा था। इसके साथ ही समूह अली एक्सप्रेस.कॉम नामक ऑनलाइन खुदरा सेवा मंच से विश्व भर के ग्राहकों को आकर्षित कर रहा था।
- अलीबाबा समूह द्वारा संचालित अन्य व्यवसायों में अलीयुम.कॉम (क्लाउड कंप्यूटिंग), केनियाओ/चाइना स्मार्ट लॉजिस्टिक नेटवर्क (आठ अन्य कंपनियों के साथ मिलकर अलीबाबा ग्रुप द्वारा स्थापित संभार-तंत्र संजाल), अली पे.कॉम (पे पाल का चीनी संस्करण) व अलीमामा (ऑनलाइन विपणन प्रौद्योगिकी मंच) शामिल थे।
- वित्त वर्ष 2013 से 2014 के बीच अलीबाबा ग्रुप का कुल राजस्व 52.1 प्रतिशत की वृद्धि के साथ 846.3 अरब अमेरिकी डॉलर के स्तर पर आ गया था।

इस प्रकार, 18 सितंबर को 68 डॉलर प्रति स्वामित्व हिस्सेदारी प्रस्ताव मूल्य पर अलीबाबा ग्रुप ने बहुत आसानी से आई.पी.ओ. की लक्षित 21.8 अरब डॉलर की धनराशि जुटा ली थी और यह वर्ष 2008 में वीसा का 17.9 अरब डॉलर के आई.पी.ओ. को पीछे छोड़कर अमेरिकी पूँजी बाजार में सबसे बड़ा आई.पी.ओ. बन गया था। इसके साथ ही कुल 170.0 अरब डॉलर के

बाजार मूल्यांकन के साथ अलीबाबा ग्रुप ने 'स्टैंडर्ड ऐंड पूअर्स सूचकांक सूची' की अमेजन.कॉम (150 अरब डॉलर) व इबेय (65 अरब डॉलर) को पीछे छोड़ दिया था और सबसे अधिक बाजार मूल्यांकनवाली 23 वीं कंपनी का स्थान ले लिया था।

लेकिन, अलीबाबा ग्रुप के प्रति निवेशकों का अति उत्साह तब देखने को मिला, जब 19 सितंबर को न्यूयॉर्क स्टॉक एक्सचेंज पर उसकी सार्वजनिक स्वामित्व हिस्सेदारियों का मूल्य 92.70 डॉलर पर खुला था और अगले 10 मिनटों में 93.89 डॉलर पर बंद हुआ था। इन 10 मिनटों में लगभग 10 अरब डॉलर मूल्य की 10 करोड़ स्वामित्व हिस्सेदारियों का लेन-देन हुआ था। इसने एक दिन में सबसे बड़ी ऐतिहासिक उछाल का कीर्तिमान स्थापित किया था और अलीबाबा ग्रुप के बाजार पूँजीकरण को एक ही दिन में अर्थात् 10 में 61 अरब डॉलर ऊपर उछालकर 231 अरब डॉलर के स्तर पर पहुँचा दिया था। बाजार के इस अतिउत्साह को ध्यान में रखते हुए 22 सितंबर को अलीबाबा ग्रुप के आई.पी.ओ. के हामीदार (अंडर राइटर) निवेश कंपनियों ने 'ग्रीन शू' विकल्प का उपयोग कर 15 प्रतिशत और अधिक स्वामित्व हिस्सेदारियों की बिक्री की और आई.पी.ओ. के कुल पूँजीकरण को बढ़ाकर 25 अरब डॉलर कर लिया था।

अलीबाबा ग्रुप के प्रति निवेशकों का अति उत्साह तब देखने को मिला, जब 19 सितंबर को न्यूयॉर्क स्टॉक एक्सचेंज पर उसकी सार्वजनिक स्वामित्व हिस्सेदारियों का मूल्य 92.70 डॉलर पर खुला था और अगले 10 मिनटों में 93.89 डॉलर पर बंद हुआ था। इन 10 मिनटों में लगभग 10 अरब डॉलर मूल्य की 10 करोड़ स्वामित्व हिस्सेदारियों का लेन-देन हुआ था।

इस प्रकार अलीबाबा ग्रुप ने न केवल अमेरिकी पूँजी बाजार के सबसे बड़े आई.पी.ओ. का स्थान प्राप्त कर लिया था, वरन् विश्व के सबसे बड़े

आई.पी.ओ. का नया कीर्तिमान भी स्थापित किया था। याद रहे कि वर्ष 2006 में 'इंडस्ट्रियल ऐंड कॉमर्शियल बैंक ऑफ चाइना' ने 21.9 अरब डॉलर व वर्ष 2010 में 'एग्रीकल्चर बैंक ऑफ चाइना' ने 22.1 अरब डॉलर मूल्य के आई.पी.ओ. का विश्व कीर्तिमान स्थापित किया था। वैसे स्वीडेन की ऑनलाइन मनोरंजन कंपनी 'स्पोटीफाय टेक्नोलॉजी' ने अप्रैल 2018 में 29 अरब डॉलर के आई.पी.ओ. के साथ अलीबाबा ग्रुप के विश्व कीर्तिमान को ध्वस्त कर दिया था।

लेकिन आई.पी.ओ. लाने से पहले ही अलीबाबा ग्रुप ने अपनी संभार-तंत्र प्रणाली व संजाल (लॉजिस्टिक सिस्टम ऐंड नेटवर्क) को इतना व्यापक व कुशल बनाने की दिशा में कदम बढ़ा दिया था, जिसने उसे वर्ष 2015 में सकल व्यापार मात्रा (ग्रॉस मर्चेंडाइज वॉल्यूम/जी.एम. वी.) के हिसाब से विश्व का सबसे बड़ा इ-वाणिज्य मंच बना दिया था, और वर्ष 2016 में अलीबाबा ग्रुप का जी.एम.वी. (547 अरब डॉलर) विश्व के चार सबसे बड़े प्रतिस्पर्धियों—अमेजन.कॉम, जेडी.कॉम, इबेय व राकुतेन इचिबा के संयुक्त जी.एम.वी. (478.3 अरब डॉलर) से भी ऊपर चला गया था। सारणी देखें!

> *लेकिन आई.पी.ओ. लाने से पहले ही अलीबाबा ग्रुप ने अपनी संभार-तंत्र प्रणाली व संजाल (लॉजिस्टिक सिस्टम ऐंड नेटवर्क) को इतना व्यापक व कुशल बनाने की दिशा में कदम बढ़ा दिया था, जिसने उसे वर्ष 2015 में सकल व्यापार मात्रा (ग्रॉस मर्चेंडाइज वॉल्यूम/जी.एम. वी.) के हिसाब से विश्व का सबसे बड़ा इ-वाणिज्य मंच बना दिया था"*

विश्व के प्रमुख इ-वाणिज्य मंचों की सकल व्यापार मात्रा (जी.एम.वी.) व वृद्धि दर

कंपनी	देश	2016 जी.एम.वी. (अरब डॉलर)	वार्षिक वृद्धि दर	2014-16 के बीच वृद्धि दर
अलीबाबा ग्रुप होल्डिंग लिमिटेड	चीन	547.0	22.0%	50.0%
अमेजन.कॉम इंक.	अमेरिका	271.4	20.3%	55.8%
जेडी.कॉम इंक.	चीन	96.7	47.4	153%
इबेय इंक.	अमेरिका	83.8	2.5%	5.2%
राकुतेन इचिबा	जापान	26.4	12.0%	30.4%
स्रोत: डिजिटल कॉमर्स.कॉम (11 जुलाई, 2017)				

याद रहे कि मई 2013 में अलीबाबा ग्रुप ने स्वयं के नेतृत्व में एस.एफ. एक्सप्रेस, शेंटोंग एक्सप्रेस, जेड.टी.ओ. एक्सप्रेस, वाई.टी.ओ. एक्सप्रेस, युंडा एक्सप्रेस सहित कुल 15 प्रमुख संदेशवाहक (कूरियर) कंपनियों के साथ मिलकर 'चाइना स्मार्ट लॉजिस्टिक नेटवर्क' (जिसे 'कैनियाओ' भी कहा जाता है) का गठन किया था। उसके बाद जून 2014 में अलीबाबा ग्रुप ने चीन सहित विश्व के 200 देशों में सरकारी डाक सेवा 'चाइना पोस्ट' के साथ मिलकर अपने संभार-तंत्र संजाल (लॉजिस्टिक नेटवर्क) को कुशल बनाने की दिशा में कदम बढ़ा दिया था। जनवरी 2016 में जैक मा ने इस संजाल के विकास में अगले कुछ वर्षों में 100 अरब युआन (16 अरब डॉलर) के निवेश की भी घोषणा की थी। उस समय जैक मा ने दावा किया था कि इस संजाल के माध्यम से चीन के 2000 से अधिक छोटे-बड़े नगरों में 24 घंटे के भीतर और विश्व के अन्य गंतव्यों तक 10 दिनों के भीतर वस्तुओं की पहुँच सुनिश्चित की जा सकेगी। जून 2018 में (हांग्जो, चीन) में आयोजित 'ग्लोबल स्मार्ट लॉजिस्टिक समिट' में जैक मा ने सूचित किया था कि उस समय इस संभार-तंत्र संजाल के माध्यम से चीन में प्रतिदिन 10 करोड़ डाक-

संकुलनों (पार्सल) का वितरण किया था रहा था, जिसे निकट भविष्य में 100 करोड़ डाक-संकुलन वितरण स्तर पर पहुँचने की आवश्यकता पड़नेवाली थी। तब जैक मा ने कहा था कि इस संजाल के माध्यम से पहुँच-लागत में 5 प्रतिशत की कमी आई थी, जो विनिर्माण उद्योग व संभार-तंत्र उद्योग की लाभदायकता को बढ़ाने में सहयोग प्रदान कर रही थी।

यही कारण था कि 31 मार्च, 2018 को अलीबाबा ग्रुप ने अपने वार्षिक वित्तीय प्रतिवेदन (एनुअल फाइनेंशियल रिपोर्ट) में सूचित किया था कि उसके चीन के इ-वाणिज्य मंचों की सकल व्यापार मात्रा (जी.एम.वी.) 28 प्रतिशत वार्षिक वृद्धि (जो वित्त वर्ष 2016 में 22 प्रतिशत पर थी) के साथ 768 अरब डॉलर (दो वर्षों में 220 अरब डॉलर अधिक) के स्तर पर पहुँच चुकी थी। इस जी.एम.वी. में अलीबाबा समूह के व्यवसाय-से-ग्राहक तक (बी2सी) मंच 'टीमॉल' ने महत्त्वपूर्ण योगदान किया था, जिसकी जी.एम.वी. वृद्धि दर 45 प्रतिशत रही थी। इस एक वर्ष में चीन के इन मंचों पर 98 प्रतिशत की आश्चर्यजनक वृद्धि के साथ सक्रिय खरीदारों की कुल संख्या 55.2 करोड़ हो गई थी।

यही कारण था कि 31 मार्च, 2018 को अलीबाबा ग्रुप ने अपने वार्षिक वित्तीय प्रतिवेदन (एनुअल फाइनेंशियल रिपोर्ट) में सूचित किया था कि उसके चीन के इ-वाणिज्य मंचों की सकल व्यापार मात्रा (जी.एम.वी.) 28 प्रतिशत वार्षिक वृद्धि (जो वित्त वर्ष 2016 में 22 प्रतिशत पर थी) के साथ 768 अरब डॉलर (दो वर्षों में 220 अरब डॉलर अधिक) के स्तर पर पहुँच चुकी थी।

इसी अवधि में, अलीबाबा ग्रुप का कुल राजस्व 58 प्रतिशत वृद्धि के साथ लगभग 39.90 अरब डॉलर के स्तर पर पहुँच गया था। इस राजस्व में 60 प्रतिशत की वृद्धि के साथ समूह की मुख्य इ-वाणिज्य गतिविधियों ने 34.12 अरब डॉलर का योगदान किया था। इतना ही नहीं, इस अवधि में समूह के क्लाउड कंप्यूटिंग मंच 'अलीबाबा क्लाउड' का राजस्व 101 प्रतिशत की

वृद्धि के साथ 2.13 अरब डॉलर के स्तर पर पहुँच गया था।

वैसे तो राजस्व के हिसाब से अमेजन.कॉम ही विश्व की सबसे बड़ी इ-वाणिज्य कंपनी है। वित्त वर्ष 2017 में अमेजन.कॉम इंक. 177.87 अरब डॉलर (वर्ष 2016 में 135.99 अरब डॉलर) का राजस्व अर्जित किया था, जिसमें उसके क्लाउड कंप्यूटिंग मंच अमेजन वेब सर्विसेज का योगदान ने 17.45 अरब डॉलर (वर्ष 2016 में 12.22 अरब डॉलर) था, लेकिन वर्ष 2017 में अमेजन का शुद्ध लाभ मात्र 3.03 अरब डॉलर (वर्ष 2016 में 2.37 अरब डॉलर) ही था, जबकि इसी अवधि में अलीबाबा ग्रुप ने 44 प्रतिशत वार्षिक वृद्धि के साथ 13.26 अरब डॉलर का शुद्ध लाभ अर्जित किया था। परिसंपत्तियों (एसेट्स) की दृष्टि से भी अमेजन (126.4 अरब डॉलर) की तुलना में अलीबाबा ग्रुप (114 अरब डॉलर) बहुत पीछे नहीं था और सबसे बड़ी बात यह थी कि अमेजन.कॉम इंक. 5,66,000 की विशाल सेना के साथ यह सबकुछ कर रहा था, जबकि अलीबाबा ग्रुप के कुल कर्मचारियों की संख्या मात्र 36,446 ही थी। हाँ, व्यक्तिगत संपत्ति की दृष्टि से भी 'फोर्ब्स' पत्रिका की गतिमान सूची (27 जून, 2018) में जैक मा (40.8 अरब डॉलर) अमेजन.कॉम के संस्थापक जेफ बेजोस (139.4 अरब डॉलर) से बहुत पीछे अवश्य था।

वैसे तो राजस्व के हिसाब से अमेजन.कॉम ही विश्व की सबसे बड़ी इ-वाणिज्य कंपनी है। वित्त वर्ष 2017 में अमेजन.कॉम इंक. 177.87 अरब डॉलर (वर्ष 2016 में 135.99 अरब डॉलर) का राजस्व अर्जित किया था, जिसमें उसके क्लाउड कंप्यूटिंग मंच अमेजन वेब सर्विसेज का योगदान ने 17.45 अरब डॉलर (वर्ष 2016 में 12.22 अरब डॉलर) था"

इतना ही नहीं, इस वित्तीय प्रतिवेदन के कुछ अन्य तथ्य भी थे, जो चौंकानेवाले थे। अलीबाबा ग्रुप अंकीयकृत संचार-माध्यमों (डिजिटल मीडिया) व मनोरंजन (एंटरटेनमेंट) व्यवसाय में तेजी से आगे बढ़ रहा था

और पिछले वर्ष की तुलना में 33 प्रतिशत वृद्धि के साथ वर्ष 2017 में इससे लगभग 3.12 अरब डॉलर का राजस्व अर्जित किया था। जी हाँ, अलीबाबा ग्रुप बहुत तीव्रता के साथ अमेजन.कॉम के व्यापक राजस्व-स्रोतों को अपने व्यवसाय की सीमा में लाकर उसे लगातार ऊँचाई प्रदान कर रहा था। ऐसे में यह अतिशयोक्ति नहीं होगी, वह दिन दूर नहीं जब वह राजस्व के हिसाब से भी अमेजन.कॉम से आगे निकल जाए! इसका ठोस कारण यह है कि अलीबाबा ग्रुप अपने नवाचार-पहलों, जिसमें कृत्रिम बुद्धि (आर्टिफीशियल इंटेलिजेंस) व अन्य व्यवसायों से भी 52.40 करोड़ डॉलर का राजस्व अर्जित कर रहा था।

जी हाँ, अलीबाबा ग्रुप बहुत तीव्रता के साथ अमेजन.कॉम के व्यापक राजस्व-स्रोतों को अपने व्यवसाय की सीमा में लाकर उसे लगातार ऊँचाई प्रदान कर रहा था। ऐसे में यह अतिशयोक्ति नहीं होगी, वह दिन दूर नहीं जब वह राजस्व के हिसाब से भी अमेजन.कॉम से आगे निकल जाए!

और, यही कारण था कि 6 जून, 2018 को अलीबाबा ग्रुप का बाजार पूँजीकरण (मार्केट कैपिटलाइजेशन) 534.46 अरब डॉलर के स्तर पर चला गया था और वह विश्व की सबसे मूल्यवान् व सबसे बड़ी शीर्ष 10 कंपनियों की सूची में फेसबुक के आसपास चला गया था। 27 जून, 2018 को 'फोर्ब्स' पत्रिका की विश्व की सबसे बड़ी कंपनियों की सूची में, अलीबाबा ग्रुप 499.4 अरब बाजार पूँजीकरण के साथ एप्पल (926.9 अरब डॉलर), अमेजन.कॉम (777.8 अरब डॉलर), अल्फाबेट/ गूगल (766.4 अरब डॉलर), माइक्रोसॉफ्ट (750.6 अरब डॉलर) व फेसबुक (541.5 अरब डॉलर) के बाद छठे स्थान पर था। उस दिवस को बर्कशायर हैथवे (491.8 अरब डॉलर) सातवें टेनसेंट होल्डिंग्स (491.3 अरब डॉलर) आठवें, जेपी मॉर्गन चेज (387.7 अरब डॉलर) नौवें और एक्सॉन मोबिल (344.1 अरब डॉलर) 10वें स्थान पर था।

अब सबसे बड़ा प्रश्न खड़ा होता है कि जैक मा ने ऐसा कौन सा जादू किया था कि अलीबाबा ग्रुप इस प्रकार के चौंकानेवाले परिणामों को ला पाने में लगातार सफल होता जा रहा है ? इसका सीधा-सा उत्तर यह है कि जैक मा ने अलीबाबा ग्रुप के इ-वाणिज्य मंचों के माध्यम से चीनी लोगों के खरीदारी करने के तरीके को पूरी तरह से बदल दिया कैसे ? उन्हें उन गुणवत्तापूर्ण वस्तुओं की विशाल शृंखला तक पहुँच बनाने का आभासी मंच प्रदान कर, जिसकी पिछली पीढ़ियाँ बस सपने ही देख सकती थीं। जैसे अमेजन.कॉम ने अमेरिका सहित अन्य पश्चिमी देशों में किया था, अलीबाबा ग्रुप ने करोड़ों चीन निवासियों को अपने इच्छित वस्तुओं को घर में प्राप्त करने की (होम डिलिवरी) की सुविधा प्रदान की थी। वैसे यह तुलना चीनी उपभोक्ताओं के जीवन में अलीबाबा के योगदान को सीमित करता है। वास्तविकता यह है कि अलीबाबा ग्रुप के ऑनलाइन खरीदारी मंच 'ताओबाओ' ने अधिकांश चीनी लोगों को पहली बार ऐसी अनुभूति का अवसर प्रदान किया था कि वे ग्राहक होने के नाते मूल्यवान् थे। जी हाँ, अलीबाबा ग्रुप चीन की समूची अर्थव्यवस्था को ही पुनर्गठित करने में निर्णायक भूमिका निभा रहा था…वह चीन की अर्थव्यवस्था को अतीत के 'मेड इन चाइना' से दूर वर्तमान के 'बाउट इन चाइना' की ओर ले जाने में सहायता कर रहा है। इसे ठीक प्रकार से समझने के लिए हमें चीन में 'मध्यम वर्ग' के उत्थान और उसके विशाल आकार के बारे में चौंकानेवाले तथ्यों का

अलीबाबा ग्रुप ने करोड़ों चीन निवासियों को अपने इच्छित वस्तुओं को घर में प्राप्त करने की (होम डिलिवरी) की सुविधा प्रदान की थी। वैसे यह तुलना चीनी उपभोक्ताओं के जीवन में अलीबाबा के योगदान को सीमित करता है। वास्तविकता यह है कि अलीबाबा ग्रुप के ऑनलाइन खरीदारी मंच 'ताओबाओ' ने अधिकांश चीनी लोगों को पहली बार ऐसी अनुभूति का अवसर प्रदान किया था कि वे ग्राहक होने के नाते मूल्यवान् थे।

विश्लेषण करना पड़ेगा, जिसके माध्यम से अलीबाबा ग्रुप के नेतृत्व में चीन की अर्थव्यवस्था में संपूर्ण परिवर्तन संभव हो रहा है।

चीन को 'उपभोक्ता बाजार' बनाता मध्यम वर्ग

याद रहे कि चीन का पुराना विकास प्रतिरूप (ग्रोथ मॉडल) तीन दशकों तक चला था, जो विनिर्माण (मैन्युफैक्चरिंग), निर्माण (कंस्ट्रक्शन) व निर्यात (एक्सपोर्ट) पर आधारित रहा था। निश्चित रूप से इस विकास प्रतिरूप ने चीन में करोड़ों नागरिकों को गरीबी से मुक्ति दिलाने में अहम भूमिका निभाई थी, लेकिन इसी विकास प्रतिरूप के कारण चीनी अर्थव्यवस्था के सामने कई कठिन चुनौतियाँ भी खड़ी हो गईं।

चीन की तत्कालीन सरकारों ने देश को विश्व का विनिर्माण गंतव्य-स्थल (मैन्युफैक्चरिंग डेस्टिनेशन) बनाने की कोशिश की थी, और इस चक्कर में आवश्यकता से इतनी अधिक विनिर्माण-क्षमताओं व सुविधाओं का विकास कर लिया था कि जब तक उन्हें इसके विपरीत प्रभाव का पता चल पाता, प्रदूषण की समस्या विकराल रूप धारण कर चुकी थी।

चीन की तत्कालीन सरकारों ने देश को विश्व का विनिर्माण गंतव्य-स्थल (मैन्युफैक्चरिंग डेस्टिनेशन) बनाने की कोशिश की थी, और इस चक्कर में आवश्यकता से इतनी अधिक विनिर्माण-क्षमताओं व सुविधाओं का विकास कर लिया था कि जब तक उन्हें इसके विपरीत प्रभाव का पता चल पाता, प्रदूषण की समस्या विकराल रूप धारण कर चुकी थी।

चीन की पारिस्थितिकी एवं पर्यावरण मंत्रालय (मिनिस्ट्री ऑफ इकोलॉजी ऐंड एनवायरनमेंट) के आँकड़े बताते हैं कि 1980 के दशक में शुरू हुई विनिर्माण क्रांति ने वहाँ के मृदा-प्रदूषण (सोइल पोल्यूशन) को इतना अधिक बढ़ा दिया है कि वह पर्यावरण के साथ-साथ खाद्य-सुरक्षा (फूड सेफ्टी) व सतत कृषि (सस्टेनेबल एग्रीकल्चर) के लिए खतरा बन गई थी। सिंचाई

के लिए प्रदूषित जल के उपयोग व ठोस अपशिष्ट (सॉलिड वेस्ट) ने चीन की एक दहाई कृषि योग्य भूमि को प्रदूषित कर दिया था। वैसे तो चीन ने इस दिशा में कई समाधानकारी कदम बढ़ाए थे, फिर वर्ष 2012 में चीन 30 करोड़ टन अपशिष्ट उत्पन्न कर रहा था, जिसमें 23 लाख टन इलेक्ट्रॉनिक अवपष्ट था। वर्ष 2007 में चीन स्वास्थ्य मंत्रालय ने स्वीकार किया था कि औद्योगिक प्रदूषण ने चीन में कैंसर को मृत्यु का मुख्य कारण बना दिया था; अकेले परिवेशी वायु प्रदूषण (एंबिएंट एयर पोल्यूशन) ने लाखों नागरिकों को मार दिया; 50 करोड़ से अधिक लोग सुरक्षित व स्वच्छ पेयजल के बिना ही जीवन काट रहे थे; नगरों में रहनेवाले 56 करोड़ लोगों में से केवल 1 प्रतिशत को ही सुरक्षित हवा में साँस लेने का अवसर मिल रहा था, क्योंकि चीन के सभी प्रमुख नगरों-महानगरों को विषैले धूलकणों के बादल ढक ले रहे थे; स्थानीय प्रदूषण भारी संख्या में बच्चों की जान ले रहे थे और विषैले प्रदूषण के कारण उत्पन्न होनेवाले शैवाल महासागर के बड़े हिस्से में समुद्री-जीवन को नष्ट कर चुके थे।

चीन में जब यह समस्या विकराल रूप धारण कर चुकी थी, तब 1990 के दशक के अंतिम वर्ष 1999 में 4 अप्रैल को अलीबाबा ग्रुप अस्तित्व में आया था और चीन की 'विनिर्माण' आधारित अर्थव्यवस्था को 'खरीदारी' आधारित बनने की दिशा में ठेलना शुरू किया था। अलीबाबा समूह ने चीन में तेजी से उभरते हुए मध्यम वर्ग (मिडिल क्लास) की आवश्यकताओं को परोसना आरंभ किया था।

चीन में जब यह समस्या विकराल रूप धारण कर चुकी थी, तब 1990 के दशक के अंतिम वर्ष 1999 में 4 अप्रैल को अलीबाबा ग्रुप अस्तित्व में आया था और चीन की 'विनिर्माण' आधारित अर्थव्यवस्था को 'खरीदारी' आधारित बनने की दिशा में ठेलना शुरू किया था। अलीबाबा समूह ने चीन में तेजी से उभरते हुए मध्यम वर्ग (मिडिल क्लास) की आवश्यकताओं को परोसना आरंभ किया था।

आनेवाले दशक में चीन में मध्यम वर्ग का आकार ज्यों-ज्यों विशाल रूप ग्रहण करता गया था, अलीबाबा ग्रुप के नेतृत्व में देश में इ-वाणिज्य मंचों का विस्तार भी लगातार बढ़ता चला गया था।

जून 2013 में मैकेंजी ऐंड कंपनी ने अपनी तिमाही पत्रिका 'मैकेंजी क्वाटरली' में चौंकानेवाला अनुमान प्रस्तुत किया था कि वर्ष 2012 से 2022 के बीच चीन में शहरी परिवारों की संख्या 25.6 करोड़ से बढ़कर 35.7 करोड़ हो जाएगी और इस बीच कुल व्यक्तिगत खपत का बाजार 10,046 अरब युआन (लगभग 1516 अरब डॉलर) से बढ़कर 26,804 अरब युआन (लगभग 4045 अरब डॉलर) हो जाएगा, लेकिन इस अनुमान का सबसे उल्लेखनीय तथ्य यह था कि इस एक दशक में निम्न-मध्यम वर्ग से उच्च-मध्यम वर्ग में विकसित हो जानेवाले परिवारों की संख्या 14 प्रतिशत (3.58 करोड़) से बढ़कर 54 प्रतिशत (19.27 करोड़) हो जाएगी, और उनकी खपत हिस्सेदारी 20 प्रतिशत (2009.2 युआन/303.15 अरब डॉलर) से बढ़कर 56 प्रतिशत (15,010.24 युआन/2264.74 अरब डॉलर) हो जाएगी। (सारणी देखें)

जून 2013 में मैकेंजी ऐंड कंपनी ने अपनी तिमाही पत्रिका 'मैकेंजी क्वाटरली' में चौंकानेवाला अनुमान प्रस्तुत किया था कि वर्ष 2012 से 2022 के बीच चीन में शहरी परिवारों की संख्या 25.6 करोड़ से बढ़कर 35.7 करोड़ हो जाएगी और इस बीच कुल व्यक्तिगत खपत का बाजार 10,046 अरब युआन (लगभग 1516 अरब डॉलर) से बढ़कर 26,804 अरब युआन (लगभग 4045 अरब डॉलर) हो जाएगा"

चीन की अर्थव्यवस्था को बदलता विशाल मध्यम वर्ग

शहरी परिवारों की संख्या/ हिस्सेदारी		शहरी व्यक्तिगत-खपत		आय-वर्ग	व्यक्तिगत खपत चक्रवृद्धि वृद्धि दर
वर्ष 2012	वर्ष 2022	वर्ष 2012	वर्ष 2022	--	वर्ष 2012 से 22
25.6 करोड़	35.7 करोड़	10,046 युआन	26,804 युआन	सभी	10.3%
3%	9%	11%	25%	समृद्ध	19.6%
14%	54%	20%	56%	उच्च-मध्यम वर्ग	22.5%
54%	22%	54%	14%	निम्न-मध्यम वर्ग	-3.3%
29%	16%			गरीब	-1.5%
मैकेंजी क्वार्टरली/ जून 2013					

जी हाँ, चीन के उभरते हुए मध्यम वर्ग के इस तीव्र विकास ने न केवल वहाँ की अर्थव्यवस्था में क्रांतिकारी परिवर्तन किया है, वरन् सामाजिक संरचना को भी पूरी तरह से बदलकर रख दिया है···और यह अभी समाप्त नहीं हुआ है। मैकेंजी का अनुसंधान ठोस अनुमान प्रदान करता है कि वर्ष 2022 तक चीन के शहरी उपभोक्ताओं का 75 प्रतिशत से अधिक प्रति वर्ष 60,000 युआन (लगभग 9000 डॉलर) से लेकर 2,29,000 युआन (लगभग 34,000 डॉलर) की आय अर्जित करने लगेगा। यदि उनकी क्रय-शक्ति समता (पर्चेजिंग पावर पैरिटी) की बात करें तो उनकी आय-सीमा ब्राजील व इटली की औसत आय के बीच में रहेगी। रोचक तथ्य यह है कि वर्ष 2000 में चीन का बस 4 प्रतिशत शहरी परिवार ही इस आय-सीमा के भीतर था, जो वर्ष 2012 में 68 प्रतिशत पर पहुँच गया था। उसके बाद के दशक में भी अब तक मध्यम वर्ग का विस्तार लगातार बना हुआ है और आगे भी जारी रहने की संभावना है; क्योंकि मध्यम वर्ग के इस विस्तार को चीन के उस श्रम-बाजार (लेबर मार्केट) व उन नीतिगत पहलों से शक्ति प्राप्त हो रही है, जो वेतनमान को आगे ठेल रही है···उन आर्थिक सुधारों से बल मिल रहा है, जो रोजगार व आय-वृद्धि को प्रोत्साहित कर रहा है और इस विस्तार में सबसे महत्त्वपूर्ण

भूमिका निजी उद्यमों की है, क्योंकि उत्पादकता (प्रोडक्टिविटी) को लगातार अगले स्तरों पर ठेलते जाना इन उद्यमों के लिए विश्व बाजार की प्रतिस्पर्धा में बने रहने की अनिवार्यता बनती चली गई है…और यह अनिवार्यता इन उद्यमों को अपनी श्रम-शक्ति को अधिक भुगतान के लिए भी बाध्य कर रही है। याद रहे कि विनिर्माण-क्रांति से उत्पन्न हुई अनावश्यक 'विनिर्माण क्षमता' के निर्माण और प्रदूषण की भीषण समस्याओं से निपटने के लिए चीन सरकारों ने भी 'अयोग्य' उद्यमों को हतोत्साहित करना और उसके स्थान पर 'उत्पादकता' व 'गुणवत्ता' को प्रोत्साहित करना शुरू कर दिया था। स्पष्ट है कि ये स्थितियाँ अपेक्षा के अनुसार अपनी भूमिकाएँ निभाएँगी और वर्ष 2022 तक शहरी परिवारों की आय कम-से-कम दो गुना तो हो ही जाएगी।

याद रहे कि विनिर्माण-क्रांति से उत्पन्न हुई अनावश्यक 'विनिर्माण क्षमता' के निर्माण और प्रदूषण की भीषण समस्याओं से निपटने के लिए चीन सरकारों ने भी 'अयोग्य' उद्यमों को हतोत्साहित करना और उसके स्थान पर 'उत्पादकता' व 'गुणवत्ता' को प्रोत्साहित करना शुरू कर दिया था।

उपरोक्त सारणी में शीर्ष 'समृद्ध आय वर्ग' के ठीक नीचे के आँकड़ों को ध्यान से देखें तो पता चलेगा कि चीन में तीव्रता से विस्तार कर रहे मध्यम वर्ग की खपत-गतिशीलता (कंजंप्शन डायनामिक्स) में महत्त्वपूर्ण बदलाव आ रहा है। मैकेंजी चाइना वर्ष 2005 से ही चीन के उपभोक्ताओं की खपत-गतिशीलता की गहन छानबीन करती रही है और उसने वर्ष 2013 के नवीनतम अनुसंधान के आधार पर अपने प्रतिवेदन में स्पष्ट किया था कि तेजी से बढ़ते हुए चीन के विशाल 'मध्यम वर्ग' के भीतर 'उच्च-मध्यम वर्ग' (अपर-मिडिल क्लास) आनेवाले दशक में उपभोक्ता-व्यय का मुख्य इंजन बनने जा रहा था। जी हाँ, जैसा कि हो रहा है, चीन के मध्यम वर्ग के भीतर जो यह नया 'उच्च मध्यम वर्ग' उभर रहा है, वह चीन की ऐसी विशेषपीढ़ी का निर्माण कर रहा है, जो अपने ही समुदाय के

निचले स्तरों की तुलना में अधिक 'वैश्विक मानसिकता' वाली पीढ़ी है और वैश्विक मानसिकतावाली यह पीढ़ी चीनी बाजार में 'असमानुपातिक प्रभाव' (दिसप्रोपोर्शनेट इन्फ्लुएंस) का उपयोग कर रहा था।

याद रहे कि वर्ष 2012 में चीन लगभग रातोरात विश्व का दूसरा सबसे बड़ा इ-वाणिज्य बाजार बन गया था और वहाँ इ-वाणिज्य का संयुक्त राजस्व 210 अरब डॉलर के स्तर पर चला गया था। इसका कारण यह था कि वर्ष 2003 से ही चीन का इ-वाणिज्य क्षेत्र 120 प्रतिशत चक्रवृद्धि वार्षिक वृद्धि दर के साथ बढ़ रहा था। ऐसे में चीन का पारंपरिक खुदरा व्यापार विश्व के अन्य देशों की तुलना में सबसे अधिक खतरे में पड़ गया था, क्योंकि वहाँ इ-वाणिज्य कंपनियाँ अन्य देशों की तुलना में बहुत अधिक तेजी से उनके बाजार को निगलती जा रही थीं, और वे ऐसा इसलिए कर पा रही थीं, क्योंकि देश में तेजी से उभर रहा मध्यम वर्ग उनकी सेवाओं को बहुत तेजी से अपना रहा था। उस समय चीन के खुदरा बाजार में इ-वाणिज्य की हिस्सेदारी लगभग 6 प्रतिशत हो चुकी थी, जबकि तब संयुक्त राज्य अमेरिका में यह हिस्सेदारी 5 प्रतिशत पर ही अटकी हुई थी। ध्यान देने की बात है कि चीन का इ-वाणिज्य अन्य देशों की तुलना में स्पष्ट रूप से अलग तरीके से काम कर रहा था। जी हाँ, चीन के इ-वाणिज्य का बहुत छोटा-सा हिस्सा प्रत्यक्ष रूप से ग्राहकों व खुदरा विक्रेताओं के बीच हो रहा था, भले ही वह विशुद्ध रूप से ऑनलाइन खुदरा बिक्री हो या फिर खुदरा-भंडारों की अपनी वेबसाइट पर।

याद रहे कि वर्ष 2012 में चीन लगभग रातोरात विश्व का दूसरा सबसे बड़ा इ-वाणिज्य बाजार बन गया था और वहाँ इ-वाणिज्य का संयुक्त राजस्व 210 अरब डॉलर के स्तर पर चला गया था। इसका कारण यह था कि वर्ष 2003 से ही चीन का इ-वाणिज्य क्षेत्र 120 प्रतिशत चक्रवृद्धि वार्षिक वृद्धि दर के साथ बढ़ रहा था।

···और चीन में अधिकांश इ-वाणिज्य अलीबाबा ग्रुप सहित अन्य इ-वाणिज्य बाजार मंचों (इ-कॉमर्स मार्केट प्लेटफॉर्म) पर हो रहा था, जहाँ तीसरा पक्ष के खुदरा विक्रेता अपनी अंकीयकृत भंडार फलकों (डिजिटल स्टोरफ्रंट) पर अपनी वस्तुओं को प्रदर्शित करता था। चीन के संदर्भ के एक विशेष तथ्य यह भी रहा है कि वहाँ की इ-वाणिज्य कंपनियाँ न केवल पारंपरिक खुदरा व्यवसाय को निगल रही थीं, वरन् उपभोक्ता वस्तुओं की खपत को भी प्रोत्साहित कर रही थीं, जो उनके बिना संभव नहीं हो सकता था।

इस प्रकार अलीबाबा ग्रुप के नेतृत्व में चीन की इ-वाणिज्य कंपनियाँ समूचे खुदरा व्यवसाय को अपने अंकीयकृत भविष्य (डिजिटल फ्यूचर) की दिशा में 'मेढक कूद' करने लिए उत्प्रेरक (कैटेलिस्ट) का काम कर रही थीं···और खुदरा उद्योग को ऐसा करने के लिए बाध्य होना पड़ रहा था।

इस प्रकार अलीबाबा ग्रुप के नेतृत्व में चीन की इ-वाणिज्य कंपनियाँ समूचे खुदरा व्यवसाय को अपने अंकीयकृत भविष्य (डिजिटल फ्यूचर) की दिशा में 'मेढक कूद' करने लिए उत्प्रेरक (कैटेलिस्ट) का काम कर रही थीं··· और खुदरा उद्योग को ऐसा करने के लिए बाध्य होना पड़ रहा था।

यही कारण था कि इ-मार्केटर के अनुमानों के अनुसार, वर्ष 2017 में चीन की ऑनलाइन बिक्री 1132 अरब डॉलर के स्तर पर पहुँच जानेवाली थी, जो विश्व के कुल इ-वाणिज्य बिक्री राजस्व का लगभग आधा थी, लेकिन इस अनुमान का सबसे अधिक रोचक तथ्य यह था कि चीन में इ-वाणिज्य की खुदरा बाजार हिस्सेदारी पिछले वर्ष 15.8 प्रतिशत बढ़कर 23.1 प्रतिशत होनेवाली थी, जिसके वर्ष 2021 तक बढ़कर 40.8 प्रतिशत हो जाने का आकलन किया गया था। इतना ही नहीं, वर्ष 2017 में चीन के इ-वाणिज्य बाजार की 75 प्रतिशत से अधिक बिक्री अर्थात् 1000 अरब डॉलर से अधिक चल-दूरभाष उपकरणों (स्मार्ट फोन) से होने का भी अनुमान था। अर्थात् चीन का इ-वाणिज्य मोबाइल इंटरनेट मंचों पर स्थानांतरित हो रहा था।

...जैसा कि मैकेंजी ने वर्ष जून 2013 में अनुमान लगाया था, चीन में मध्यम वर्ग का यह विकास पूर्वी समुद्रतटीय शहरी गढ़ों की तुलना में छोटे भू-भागीय नगरों में अधिक मजबूत हो रहा था और उस समय मध्यम वर्ग के 68 प्रतिशत के पास इंटरनेट की पहुँच हो चुकी थी, जबकि चीन की कुल जनसंख्या में शहरी जनसंख्या की हिस्सेदारी 57 प्रतिशत ही थी। जी हाँ, चीन में मध्यम वर्ग के क्रमिक विकास अर्थ था कि शीघ्र ही इसके बीच से प्रभावी-शक्ति के रूप में परिष्कृत व अनुभवी खरीदारों का एक ऐसा वर्ग उभरनेवाला था, जो गुणवत्ता के लिए अधिशुल्क (प्रीमियम) का भुगतान करने में सक्षम भी होगा और इच्छुक भी। परिष्कृत व अनुभवी खरीदारों का यह वर्ग आधारभूत आवश्यकताओं की वस्तुओं की ही नहीं, वरन् उन वस्तुओं की खरीदारी करने में भी सक्षम व इच्छुक होनेवाला था, जिन्हें वह अपना विशेषाधिकार के रूप में विचार करता था। इस विशेष वर्ग की बढ़ती हुई महत्ता को ध्यान में रखते हुए ही इसे 'नई मुख्यधारा ग्राहक' (न्यू मेनस्ट्रीम कंज्यूमर) संबोधित किया जाने लगा था। इस नई मुख्यधारा के ग्राहकों को 1,06,000 से 2,29,000 युआन वार्षिक आय-सीमा में रखकर 'उच्च-मध्यम वर्ग' में रखा गया था। जैसा कि हमने ऊपर की सारणी में देखा है, वर्ष 2012 में चीन की कुल शहरी जनसंख्या में इस 'उच्च मध्यम वर्ग' की हिस्सेदारी मात्र 14 प्रतिशत थी, और यह विशेष वर्ग 54 प्रतिशत हिस्सेदारीवाले 'निम्न-मध्यम वर्ग' के सामने बौना दिख रहा था, जिसकी वार्षिक आय-सीमा 60,000 से 1,06,000 युआन के बीच थी। तब मैकेंजी

...जैसा कि मैकेंजी ने वर्ष जून 2013 में अनुमान लगाया था, चीन में मध्यम वर्ग का यह विकास पूर्वी समुद्रतटीय शहरी गढ़ों की तुलना में छोटे भू-भागीय नगरों में अधिक मजबूत हो रहा था और उस समय मध्यम वर्ग के 68 प्रतिशत के पास इंटरनेट की पहुँच हो चुकी थी, जबकि चीन की कुल जनसंख्या में शहरी जनसंख्या की हिस्सेदारी 57 प्रतिशत ही थी।

ने अनुमान लगाया था कि अगले एक दशक में यह स्थिति पूरी तरह से उलट जाएगी, जब वर्ष 2022 में कुल शहरी जनसंख्या में 'उच्च-मध्यम वर्ग' की हिस्सेदारी 54 प्रतिशत हो जाएगी और वह कुल शहरी व्यक्तिगत खपत के 56 प्रतिशत हिस्से पर अपना वर्चस्व स्थापित कर लेगा। तब शहरी जनसंख्या में निम्न-मध्यम वर्ग की हिस्सेदारी केवल 22 प्रतिशत रह जाएगी और शहरी व्यक्तिगत खपत में वह मात्र 14 प्रतिशत योगदान कर सकेगा। जी हाँ, चीन का प्रभावी 'उच्च-मध्यम वर्ग' न केवल देश की अर्थव्यवस्था को 'उपभोक्ता बाजार' में बदलने जा रहा था, वरन् 'गुणवत्तापूर्ण व विशेषाधिकार वस्तुओं का बाजार' भी। अर्थात् जिस चीन को बड़े पैमाने पर 'घटिया' व 'नकली' वस्तुओं का विनिर्माता माना जाता था, वह अपने ही 'उच्च-मध्यम वर्ग' के द्वारा 'गुणवत्तापूर्ण' व 'विशेषाधिकार' वस्तुओं के विनिर्माता के रूप में कायाकल्प किए जाने के लिए बाध्य हो रहा था…और अब इस अनुमान के छह वर्ष बीत जाने के बाद चीन इस दिशा में बहुत आगे भी बढ़ चुका था। ऐसे में, यह अतिशयोक्ति नहीं होगी, शीघ्र ही चीन यह भी प्रमाणित करने जा रहा है कि 'मेड इन चाइना' किसी भी रूप से पश्चिमी देशों के उत्पादों से कम नहीं है, और वह भी अपेक्षाकृत सस्ते मूल्यों पर।

चीन का यह नया मध्यम वर्ग भी दो पीढ़ियों में विभाजित किया जाता है, जिसमें सबसे अधिक आश्चर्यकारी पीढ़ी को 'जनरेशन-2' (जी-2) संबोधित किया जा रहा था। वर्ष 2012 में 'जी-2' के ग्राहकों की संख्या 20 करोड़ थी, जिसकी खपत हिस्सेदारी चीन की कुल शहरी खपत का 15 प्रतिशत थी।

चीन का यह नया मध्यम वर्ग भी दो पीढ़ियों में विभाजित किया जाता है, जिसमें सबसे अधिक आश्चर्यकारी पीढ़ी को 'जनरेशन-2' (जी-2) संबोधित किया जा रहा था। वर्ष 2012 में 'जी-2' के ग्राहकों की संख्या 20 करोड़ थी, जिसकी खपत हिस्सेदारी चीन की कुल शहरी खपत का 15 प्रतिशत थी। मैकेंजी ने अगले एक दशक में जी-2 पीढ़ी की खपत-हिस्सेदारी को 35

प्रतिशत तक हो जाने का अनुमान लगाया था और तब तक चीन के जी-2 के ग्राहकों की संख्या संयुक्त राज्य अमेरिका की 'बेबी बूमर' पीढ़ी की जनसंख्या से तीन गुना हो जाएगी। याद रहे कि सामान्य रूप से द्वितीय विश्वयुद्ध के बाद वर्ष 1946 से 1966 के दो दशकों में पैदा हुए व्यक्ति विशेषों की पीढ़ी को 'बेबी बूमर जेनरेशन' कहा जाता है, जो उस युग में अमेरिका की तब तक की सबसे अधिक धनवान, सबसे अधिक सक्रिय व सबसे अधिक स्वस्थ पीढ़ी थी, और उसी पीढ़ी ने अमेरिका को 'उपभोक्ता अर्थव्यवस्था' में बदल दिया था। अब सहज ही अनुमान लगाया जा सकता है कि चीन की यह जी-2 पीढ़ी उसे कितनी बड़ी 'उपभोक्ता अर्थव्यवस्था' में बदल रही है!

चीनी की जी-2 पीढ़ी 1980 के दशक के मध्य के बाद पैदा हुई थी। इस पीढ़ी के अधिकांश ग्राहक वर्ष 2012 में 22 वर्ष या उससे कम आयु-सीमा के थे, जो वर्ष 2022 में 30 वर्ष के आसपास हो जाएँगे। इस पीढ़ी का पालन-पोषण अपेक्षाकृत बहुतायत की अवधि में हुआ था।

चीनी की जी-2 पीढ़ी 1980 के दशक के मध्य के बाद पैदा हुई थी। इस पीढ़ी के अधिकांश ग्राहक वर्ष 2012 में 22 वर्ष या उससे कम आयु-सीमा के थे, जो वर्ष 2022 में 30 वर्ष के आसपास हो जाएँगे। इस पीढ़ी का पालन-पोषण अपेक्षाकृत बहुतायत की अवधि में हुआ था। उनके माता-पिताओं ने अपना अधिकांश जीवन कमी की अवधि में बिताया था, और ऐसी परिस्थितियों में उनका ध्यान प्राथमिक रूप से 'आर्थिक सुरक्षा' (इकोनॉमिक सिक्योरिटी) का निर्माण करने में केंद्रित रखा हुआ था, लेकिन जी-2 पीढ़ी के अधिकांश ग्राहक डेंग जियाओपींग की वर्ष 1992 की 'दक्षिण क्षेत्र की यात्रा' के बाद पैदा हुए थे, जब चीन में नए युग के आर्थिक सुधारों का युग शुरू हुआ था और चीन की अर्थव्यवस्था को विश्व के लिए खोला गया था।

याद रहे कि वर्ष 1976 में चीन के क्रांतिकारी वामपंथी नेता माओ जेडॉन्ग की मृत्यु के बाद डेंग जियाओपींग देश के सर्वमान्य व सर्वोपरि

नेता के रूप में उभरा था, क्योंकि उसने माओ द्वारा चुने गए उत्तराधिकारी हुआ गुओफेंग को दिसंबर 1978 में प्रधानमंत्री व पार्टी प्रमुख (चेयरमैन) से उखाड़ फेंकने में सबसे अहम भूमिका निभाई थी। रोचक तथ्य है कि डेंग जियाओपींग ने कभी भी आधिकारिक रूप से प्रधानमंत्री या पार्टी प्रमुख का पद नहीं ग्रहण किया था, लेकिन व्यावहारिक रूप से सर्वशक्तिमान नेता के रूप में उसी ने चीन में आर्थिक सुधारों की दूरगामी रणनीति बनाई थी और उसे लागू कर विश्व अर्थव्यवस्था के लिए चीन के द्वार खोल दिए थे। यदि चीन आज विश्व अर्थव्यवस्था में सबसे शक्तिशाली देश के रूप में तेजी से उभर रहा है तो उसका मूल वास्तुकार डेंग जियाओपींग को ही माना जाता है। हाँ, डेंग जियाओपींग को ही 'तियानानमेन स्क्वायर नरसंहार' का भी उत्तरदायी माना जाता है, जब उसके नेतृत्व में वर्ष 1989 (15 अप्रैल से 4 जून) में चीन के 400 शहरों में फैल चुके छात्रों के लोकतांत्रिक आंदोलन को निर्ममता के साथ कुचल दिया गया था, लेकिन वर्ष 1992 में उसकी दक्षिण क्षेत्रों की ऐतिहासिक यात्रा के बाद शुरू हुई चीनी आर्थिक क्रांति ने युवाओं के बीच उसकी छवि को पूरी तरह से बदल दिया था और वह 'आर्थिक महानायक' के रूप में स्थापित हो गया था। वर्ष 1997 में हांगकांग को चीनी नियंत्रण में लाने का श्रेय भी डेंग जियाओपींग को ही दिया जाता है।

> ***चीन में आर्थिक सुधारों की प्रक्रिया तेज होने के बाद जो पीढ़ी तैयार हुई थी, वह वर्ष 2012 तक युवा हो चुकी थी। इन नवयुवाओं को अपने जीवन में अपने माता-पिताओं की तरह अभावों से जूझना नहीं पड़ा था। उनका पालन-पोषण बहुतायत में हुआ था।***

तो, चीन में आर्थिक सुधारों की प्रक्रिया तेज होने के बाद जो पीढ़ी तैयार हुई थी, वह वर्ष 2012 तक युवा हो चुकी थी। इन नवयुवाओं को अपने जीवन में अपने माता-पिताओं की तरह अभावों से जूझना नहीं पड़ा था। उनका पालन-पोषण बहुतायत में हुआ था। इसीलिए वह आत्मविश्वास से लबालब भरे हुए थे। यह पीढ़ी पुरानी वामपंथी सोच से मुक्त हो चुकी थी और वह उस

मानसिक स्वतंत्रता को अपने उपभोग/खपत के माध्यम से प्रदर्शित करने लगी थी। याद रहे कि इस पीढ़ी के अधिकांश अपनी माता-पिता की एकमात्र संतान हैं, क्योंकि जब उनका जन्म हुआ था, तब चीन की सरकार 'एक बच्चा की नीति' को बहुत अधिक सख्ती के साथ लागू करना शुरू कर रही थी। मैकेंजी के अनुसंधान से यह तथ्य सामने आया था कि इस पीढ़ी के चीनी ग्राहक अपनी सोच व जीवनशैली में सबसे अधिक पाश्चात्य हो चुके थे। ऐसे में वे महँगे उत्पादों को कम दाम के उत्पादों को सहज रूप में अधिक अच्छा मानने के लिए प्रवृत्त हो रहे थे। वे नई चीजों को आजमाने में खुश थे। स्वाभाविक रूप से महँगे व्यक्तिगत अंकीयकृत उपकरणों (पर्सनल डिजिटल गैजेट्स) की ओर उनका आकर्षण बढ़ा था। वे पिछली पीढ़ियों की तुलना में इंटरनेट पर उत्पादों के बारे दी गई सूचनाओं और अन्य उपयोगकर्ताओं की टिप्पणियों को अधिक ध्यान से पढ़ने लगा था और उन टिप्पणियों पर अधिक विश्वास भी करने लगे थे। इस पीढ़ी के ग्राहक अधिक अच्छी रुचियों व अधिक अच्छी सामाजिक-प्रतिष्ठा में अपनी भावनात्मक-संतुष्टि को खोज रहे थे। इसीलिए वे अपने उन उत्पादों के विपणन-नामों (ब्रांड्स) के प्रति निष्ठावान् भी बन रहे थे, जिन पर वे अधिक विश्वास करते थे और जिन्हें बाजार में उपलब्ध अन्य उत्पाद-नामों की तुलना में अधिक अच्छा मानते थे। ऐसे में, इस पीढ़ी के किशोरों व युवाओं का अपने परिवारों के खरीद-निर्णय पर बड़ा प्रभाव पड़ने लगा था।

स्वाभाविक रूप से महँगे व्यक्तिगत अंकीयकृत उपकरणों (पर्सनल डिजिटल गैजेट्स) की ओर उनका आकर्षण बढ़ा था। वे पिछली पीढ़ियों की तुलना में इंटरनेट पर उत्पादों के बारे दी गई सूचनाओं और अन्य उपयोगकर्ताओं की टिप्पणियों को अधिक ध्यान से पढ़ने लगा था और उन टिप्पणियों पर अधिक विश्वास भी करने लगे थे।

लेकिन, रोचक तथ्य यह भी है कि चीन के खपत के रुझानों को नया

आकार प्रदान करनेवाली जी-2 पीढ़ी ने पहले की पीढ़ियों के कुछ जीवन-मूल्यों व संस्कारों को लगातार बनाए रखा है। जी हाँ, इस जी-2 पीढ़ी के अधिकांश ग्राहकों ने अपने माता-पिताओं, यहाँ तक कि दादा-दादियों के जैसे बचत करने, उधार या ऋण न लेने, दृढ़ निश्चय के साथ कठोर श्रम करने, और धन, सत्ता व सामाजिक प्रतिष्ठा के आधार पर सफलता को परिभाषित करने के व्यावहारिक जीवन-मूल्य व संस्कारों को अटूट बनाए रखा है, लेकिन इस जी-2 पीढ़ी के ग्राहकों के लिए पुराने पारिवारिक जीवन-मूल्यों व संस्कारों को लगातार बनाए रखने का अर्थ यह नहीं है कि वे उपभोक्ता के रूप में अपने माता-पिताओं या दादा-दादियों की तरह व्यवहार करते रहें! इसी तरह, पुरानी जी-1 पीढ़ी के अधिकांश ग्राहक भी, जो वर्ष 2012 में 25 से 44 वर्ष की आयु सीमा के थे, जी-2 के उपभोक्ता-व्यवहार से प्रभावित होने लगे थे। वैसे तो जी-1 पीढ़ी के ये ग्राहक स्थापित उत्पाद-नामों (ब्रांड) के प्रति निष्ठावान् थे, लेकिन वे अपने माता-पिताओं की तुलना में अधिक खुली सोच का प्रदर्शन करते हुए जी-2 पीढ़ी की रुचि के उत्पादों का भी उपयोग करने लगे थे। ऐसे में, जब वर्ष 2022 में जी-1 पीढ़ी के ग्राहक 'सेवानिवृत्ति' की ओर बढ़ेंगे तो उनकी उपभोग-मानसिकता (कंजंप्शन माइंड-सेट) उससे पहले की पीढ़ी के अधिक बूढ़े हो चुके सेवानिवृत्त ग्राहकों की तुलना में अधिक 'युवा' होगी…और वे खरीदारी करने में जी-2 पीढ़ी के साथ कदम-ताल करते हुए दिखेंगे।

> ***इस जी-2 पीढ़ी के अधिकांश ग्राहकों ने अपने माता-पिताओं, यहाँ तक कि दादा-दादियों के जैसे बचत करने, उधार या ऋण न लेने, दृढ़ निश्चय के साथ कठोर श्रम करने, और धन, सत्ता व सामाजिक प्रतिष्ठा के आधार पर सफलता को परिभाषित करने के व्यावहारिक जीवन-मूल्य व संस्कारों को अटूट बनाए रखा है…***

एक और रोचक तथ्य यह है कि चीन के मध्यम वर्ग का भौगोलिक केंद्र स्थानांतरित हो रहा है। वर्ष 2002 में, चीन के शहरी मध्यम वर्ग 40 प्रतिशत,

जब उसका आकार अपेक्षाकृत छोटा था, प्रथम श्रेणी के चार महानगरों—बीजिंग, शंघाई, गुआंगजौ व शेन्जेन में निवास करता था। मैकेंजी के वर्ष 2013 के अनुमानों के अनुसार, वर्ष 2022 में, चीन के कुल शहरी मध्यम वर्ग में उन महानगरों की हिस्सेदारी संभवत: घटकर 16 प्रतिशत रह जाएगी। निश्चित रूप से संख्या के हिसाब से उनका आकार सिकुड़ने के स्थान पर फैलता ही चला जाएगा, लेकिन कुल दो दशकों की अवधि के अभी तक 16 वर्षों में पश्चिमी व उत्तरी चीन के अपेक्षाकृत छोटे द्वितीय व तृतीय श्रेणी के शहरों में मध्यम वर्ग का विकास अधिक तेज गति से हो रहा है, जिसकी हिस्सेदारी अगले छह वर्षों में 30 प्रतिशत से अधिक हो जाने का अनुमान है। इतना ही नहीं, चतुर्थ श्रेणी के रूप में सूचीबद्ध शहरों में मध्यम वर्ग का आकार तेजी से बढ़ रहा है। अब जिलिन प्रांत में जियाओहे को ही लें, तो वह उत्तर-पूर्वी एशियाई आर्थिक क्षेत्र के मध्य में परिवहन केंद्र होने और प्राकृतिक संसाधनों (विशेष रूप से जंगली जड़ी-बूटियों व खाद्य कवकों) से भरपूर होने के कारण तेजी से बड़ा हो रहा है। तथ्य यह भी है कि यह अंगूरों व चावल से बनाए जानेवाली शराबों का चीन के सबसे महत्त्वपूर्ण उत्पादन केंद्रों में से भी एक है। वर्ष 2000 में वहाँ के कुल 70,000 परिवारों में से केवल 1000 ही मध्यम वर्ग के थे, लेकिन वर्ष 2022 में जब वहाँ के कुल परिवारों की संख्या 1,60,000 होगी, तो उसमें मध्यम वर्ग की संख्या 90,000 हो जाने का अनुमान है। अर्थात्, परिवारों की संख्या में दो गुना से अधिक की वृद्धि होगी, जबकि मध्यम वर्ग का आकर 90 गुना हो जाएगा।

> ***एक और रोचक तथ्य यह है कि चीन के मध्यम वर्ग का भौगोलिक केंद्र स्थानांतरित हो रहा है। वर्ष 2002 में, चीन के शहरी मध्यम वर्ग 40 प्रतिशत, जब उसका आकार अपेक्षाकृत छोटा था, प्रथम श्रेणी के चार महानगरों—बीजिंग, शंघाई, गुआंगजौ व शेन्जेन में निवास करता था।***

इसी प्रकार, गांसू प्रांत के चतुर्थ श्रेणी में सूचीबद्ध शहर वुवेई को लें तो वह और भी अधिक तेजी से बढ़ रहा है। इसका मुख्य कारण है कि वह

जिन्चांग-वुवेई क्षेत्रीय विकास क्षेत्र के भीतर है और वहाँ पर दो रेलमार्ग और कई राजमार्ग आपस में जुड़ते हैं। वर्ष 2000 में वुवेई में भी मध्यम वर्ग के परिवारों की संख्या केवल 1000 (कुल 87,000 में से) ही थी। वर्ष 2022 तक यहाँ कुल परिवारों की संख्या बढ़कर 6,50,000 हो जाएगी, जिसमें मध्यम वर्ग की संख्या 3,90,000 हो जाएगी।

उपरोक्त तथ्यों से स्पष्ट है कि मध्यम वर्ग के आकार व विविधता में लगातार मजबूत वृद्धि चीन को विशाल उपभोक्ता बाजार में बदल रही है और घरेलू व अंतरराष्ट्रीय दोनों कंपनियों के लिए नए बाजार अवसरों की रचना कर रही है, लेकिन इसके साथ-साथ बाजार की जटिलताएँ भी बढ़ेंगी, क्योंकि चीन का नया मध्यम वर्ग अपनी रुचियों में लगातार अधिक 'चुनिंदा' हो रहा है। ऐसे में, बड़े पैमाने पर मानकीकृत उत्पादों के विस्तृत वितरण की अतीत की सफल रणनीतियों को नए वातावरण में समयानुकूल बनाना पड़ेगा। ऐसे में अब कंपनियों को ग्राहकों के व्यवहार का अधिक गहराई से अध्ययन करना पड़ रहा है और उसके अनुसार उत्पादन, वितरण व विपणन रणनीतियों को समायोजित करना पड़ रहा है और चीनी उपभोक्ताओं की रुचियों को लगातार परिष्कृत बनाने में अलीबाबा सहित अन्य इ-वाणिज्य ने अहम भूमिका निभाई है।

...और चीनी उभोक्ताओं पर जैक मा का जादू!

ऐसे में चीन के उभरते मध्यम वर्ग के साथ डेढ़ दशक तक कदम से कदम मिलाता हुआ...जब अलीबाबा ग्रुप नवंबर 2015 में पहुँचा था और उसके सह-संस्थापक व कार्यकारी सभापति जैक मा ने यह कहा था कि "पिछले 15 वर्षों में चीन हमारे कारण बदला है, और हम आशा करते हैं कि अगले 15 वर्षों में हमारे कारण विश्व बदल जाएगा" तो यह अतिशयोक्ति नहीं थी। जी हाँ, जैक मा का यह वक्तव्य 11 नवंबर, 2015 की ऐतिहासिक घटना के बाद आया था, जब अलीबाबा ग्रुप ने बीजिंग में बोलचाल में 'वाटर क्यूब' कहे जानेवाले प्रसिद्ध 'बीजिंग नेशनल एक्वाटिक्स सेंटर' में '11.11 ग्लोबल शॉपिंग फेस्टिवल' नाम के एकदिवसीय छूट बिक्री के आश्चर्यजनक आँकड़ों को चीन सहित विश्व के

सैकड़ों पत्रकारों के सामने प्रस्तुत किया था। वैसे तो वर्ष 2009 से ही वह 11 नवंबर को चीनी ग्राहकों को 'वेलेंटाइन डे' के विरोध में एकदिवसीय छूट ब्रिक्री के लिए आमंत्रित करता रहा था, लेकिन 11 नवंबर, 2015 को इस समारोह को विशेष प्रसारण के साथ अंतरराष्ट्रीय स्तर पर प्रचारित किया था। नीचे प्रस्तुत की गई सारणी अलीबाबा ग्रुप के '11.11. शॉपिंग फेस्टिवल' का क्रमिक विकास को देखें तो स्पष्ट होगा कि चीन का मध्यम वर्ग किस प्रकार अलीबाबा के सुदृढ़ मंच से जैक मा के जादू पर दीवाना हो रहा था...और आगे भी उनकी दीवानगी किस तीव्रता के साथ लगातार बनी रही थी!

अलीबाबा ग्रुप के '11.11. ग्लोबल शॉपिंग फेस्टिवल' का क्रमिक विकास

वर्ष	2013	2014	2015	2016	2017
जी.एम.वी.	5.7 अरब डॉलर	9.3 अरब डॉलर	14.3 अरब डॉलर	17.8 अरब डॉलर	25.3 अरब डॉलर
मोबाइल जी.एम.वी.	21%	42.6%	68.7%	82%	90%
लेन-देन की कुल संख्या	18.8 करोड़	28.5 करोड़	71.0 करोड़	1 अरब	1.48 अरब
प्रति सेकंड शीर्ष लेन-देन	--	80,000	85,900	1,20,000	3,25,000
कुल डाक-वितरण आदेश	15.6 करोड़	27.80 करोड़	46.7 करोड़	65.7 करोड़	81.2 करोड़
कुल ब्रांड संख्या	20,000	27,000	40,000	98,000	1,40,000
कुल अंतरराष्ट्रीय ब्रांड संख्या	--	--	5000	11,000	60,000
स्रोत : अलीबाबा ग्रुप की संबंधित प्रेस विज्ञप्तियाँ					

इन आँकड़ों को पढ़ना और आश्चर्यचकित होना स्वाभाविक है। अब सहज ही आपके मन में प्रश्न उठ रहा है कि जैक मा ने कैसे अलीबाबा ग्रुप के विशाल व सक्षम तंत्र को विकसित किया था, जो प्रति सेकंड 3.25 लाख लेन-देन करने में, 24 घंटों में कुल 81.2 करोड़ डाक वितरण आदेशों को पूरा करने में सक्षम था? इसके बारे में हम अगले अध्याय में पढ़नेवाले हैं।

□

2

इबेय को पटकनी व याहू से साझेदारी

जैसा कि हमने पीछे चीन में अलीबाबा ग्रुप द्वारा आयोजित 'एकदिवसीय छूट बिक्री' के बारे में पढ़ा है, याद रहे कि जब 2009 में पहली बार इसे शुरू किया गया था तो उसमें 27 विक्रेताओं ने ही हिस्सा लिया था, जो वर्ष 2013 में 20,000, वर्ष 2014 में 27,000 और उसके बाद वर्ष 2015 में सीधे 40,000 के स्तर पर चला गया था। जी हाँ, तब जैक मा ने चीनी उपभोक्ताओं की अद्भुत 'उपभोग-शक्ति' को वैश्विक स्तर पर प्रचारित-प्रसारित किया था, और विश्व इ-वाणिज्य क्षेत्र को यह संकेत देने की कोशिश की थी कि अलीबाबा ग्रुप इस उपभोक्ता क्रांति में उसकी भूमिका सबसे अधिक महत्त्वपूर्ण रहनेवाली थी···और विश्व ने इसे प्रमाणित होते हुए भी देखा था, जब इस एकदिवसीय छूट बिक्री में वर्ष 2016 में विक्रेताओं की दोगुना से भी अधिक बढ़कर 98,000 हो गई थी, और अगले वर्ष 2017 में 1,40,000 और विक्रेताओं की संख्या इसलिए बढ़ी थी कि इन पाँच वर्षों में इस 'एकदिवसीय छूट बिक्री' में लेन-देन की संख्या क्रमशः 18.8 करोड़, 25.8 करोड़, 71.0 करोड़, 1 अरब व 1.48 अरब हो गई थी और यह संख्या इसलिए बढ़ी थी कि अलीबाबा ग्रुप का डाक वितरण संजाल इतना व्यापक व मजबूत हो चुका था कि वह एकदिवसीय छूट बिक्री के दौरान क्रमशः 15.6 करोड़, 27.80 करोड़, 46.7 करोड़, 65.7 करोड़ व 82.2 करोड़ डाक वितरण आदेशों को 24 घंटे के भीतर पहुँचा सकता था और इससे भी बड़ी बात यह थी कि अलीबाबा ग्रुप ने वर्ष 2014 में अपने प्रौद्योगिकीय आधारभूत ढाँचे को भी

प्रति सेकंड 80,000 लेन-देन को सँभाल पाने में सक्षम बना लिया था, और वर्ष 2017 के 'एकदिवसीय छूट बिक्री' के दौरान शीर्ष स्तर पर 3,25,000 लेन-देन को सँभाला था।

अलीबाबा-मंचों पर 'उपभोक्ता-शक्ति' का विस्फोट

वास्तव में, चीन के उपभोक्ताओ की इस 'उपभोक्ता शक्ति' को लंबे समय से दबाकर रखा गया था, जो अलीबाबा ग्रुप के मंचों पर धीरे-धीरे प्रकट होता हुआ चालू दशक में लगातार चौंकानेवाले आँकड़े प्रस्तुत कर रहा है, लेकिन ध्यान देने की बात यह भी है कि संयुक्त राज्य अमेरिका में 'घरेलू उपभोग' (हाउसहोल्ड कंजंप्शन) वहाँ की अर्थव्यवस्था के दो-तिहाई हिस्से को संचालित करता है, लेकिन चीन में यह अभी केवल एक-तिहाई के स्तर पर ही पहुँचा है और इसका मुख्य कारण है, जैसा कि हमने पिछले अध्याय में भी पढ़ा है, चीनी नागरिक ने 'बहुत अधिक बचत करने व बहुत कम खर्च करने' की अपने माता-पिता व दादा-दादी के संस्कारों को अभी भी बनाए रखा हुआ है। जी हाँ, अधिकाश चीनी परिवार अपनी भविष्य की शिक्षा, स्वास्थ्य संबंधी व्यय या फिर सेवानिवृत्त जीवन के लिए बहुत अच्छी मात्रा में सावधानीपूर्वक बचत करते हैं। हाँ, इसकी एक बड़ी वजह यह भी थी कि वर्ष 2010 से पहले तक चीनी उपभोक्ताओं के पास व्यय करने के लिए गुणवत्तापूर्ण उत्पाद विकल्प भी सीमित थे। ऐसे में, अलीबाबा ग्रुप के इ-वाणिज्य मंचों सहित अन्य मंचों ने

चीन के उपभोक्ताओ की इस 'उपभोक्ता शक्ति' को लंबे समय से दबाकर रखा गया था, जो अलीबाबा ग्रुप के मंचों पर धीरे-धीरे प्रकट होता हुआ चालू दशक में लगातार चौंकानेवाले आँकड़े प्रस्तुत कर रहा है, लेकिन ध्यान देने की बात यह भी है कि संयुक्त राज्य अमेरिका में 'घरेलू उपभोग' (हाउसहोल्ड कंजंप्शन) वहाँ की अर्थव्यवस्था के दो-तिहाई हिस्से को संचालित करता है"

उन ग्राहकों के समक्ष इन विकल्पों को प्रस्तुत करना शुरू किया था तो उन्होंने भी उनके प्रति अपने उत्साह को प्रदर्शित किया और धीरे-धीरे ही सही, चीन की 'विनिर्माण' आधारित अर्थव्यवस्था अब 'उपभोक्ता अर्थव्यवस्था' की दिशा में तेजी से बढ़ती जा रही है।

सितंबर 2015 में, जैक मा ने स्टैनफोर्ड विश्वविद्यालय में अपने भाषण में इस तथ्य को बहुत ही हास्यपूर्ण ढंग से प्रस्तुत किया था, "अमेरिका में जब अर्थव्यवस्था सुस्त हो रही है तो इसका अर्थ है कि लोगों के पास खर्च करने के लिए पैसे नहीं हैं...लेकिन आप लोग जानते हैं कि कल के धन को या भविष्य के धन को या दूसरों के धन को कैसे खर्च किया जाए. चीन बहुत वर्षों तक गरीब रहा है, हम अपने पैसे को बैंक में रखते हैं।"

जी हाँ, जैक मा के इस हास्य में बहुत बड़ी सच्चाई है। चीन के ग्राहकों ने अपने पुराने जीवन-मूल्यों, संस्कारों व आदतों को छोड़ा नहीं है...वैसे भी पुरानी आदतों को छोड़ना आसान नहीं होता है, लेकिन फिर भी वे नई आदतों—ऑनलाइन खरीदारी करने—को विकसित करने में जिस प्रकार के अति-उत्साह का प्रदर्शन कर रहे हैं, वह भी चौंकानेवाला ही है और चीनी ग्राहकों में इस नई आदत को विकसित करने में अलीबाबा ग्रुप का ऑनलाइन खरीदारी मंच 'ताओबाओ.कॉम' नेतृत्वकारी भूमिका में है। मार्च 2013 में ही, अलीबाबा ग्रुप के चीन के खुदरा इ-वाणिज्य मंचों ने संयुक्त रूप से 30 अरब युआन (4.52 अरब डॉलर) की सकल व्यापार मात्रा (ग्रॉस मर्चेंडाइज वॉल्यूम/जी.एम.वी.) को प्राप्त कर लिया था। इस प्रकार अलीबाबा अलीबाबा ग्रुप होल्डिंग लिमिटेड विश्व की सबसे बड़ी

जैक मा के इस हास्य में बहुत बड़ी सच्चाई है। चीन के ग्राहकों ने अपने पुराने जीवन-मूल्यों, संस्कारों व आदतों को छोड़ा नहीं है...वैसे भी पुरानी आदतों को छोड़ना आसान नहीं होता है, लेकिन फिर भी वे नई आदतों—ऑनलाइन खरीदारी करने—को विकसित करने में जिस प्रकार के अति-उत्साह का प्रदर्शन कर रहे हैं...

खुदरा अर्थव्यवस्था को नियंत्रित करनेवाली कंपनी बन गई थी और उसकी ग्राहक-से-ग्राहक तक (सी2सी) इ-वाणिज्य मंच 'ताओबाओ.कॉम' विश्व की सबसे बड़ी इ-वाणिज्य वेबसाइट।

इंटरनेट यातायात व विश्लेषिकी कंपनी 'अलेक्सा इंटरनेट इंक.' (अमेजन.कॉम की सहायक कंपनी) के अनुसार, 16 जून, 2018 को 'ताओबाओ.क़ॉम' विश्व की 8वीं सबसे अधिक यातायात आकर्षित करनेवाली वेबसाइट थी, जबकि अमेजन.कॉम उसके पीछे 9वें स्थान पर। सबसे अधिक यातायात आकर्षित करनेवाली वेबसाइट की इस सूची में पहले से सातवें स्थान पर क्रमशः गूगल.कॉम, यूट्यूब.कॉम, फेसबुक.कॉम, बाइदु.कॉम (चीनी भाषा की सबसे बड़ी सर्च इंजन), विकिपीडिया.ऑर्ग, याहू.कॉम व 'क्यूक्यू.कॉम' (टेंसेंट इंक. स्वामित्ववाली चीन की सबसे बड़ी इंटरनेट सेवा कंपनी) थी और इनमें से कोई इ-वाणिज्य वेबसाइट नहीं है। तो 'ताओबाओ.कॉम' सबसे अधिक यातायात आकर्षित करनेवाली सबसे बड़ी वेबसाइट थी और अमेजन.कॉम उसके पीछे थी।

इंटरनेट यातायात व विश्लेषिकी कंपनी 'अलेक्सा इंटरनेट इंक.' (अमेजन.कॉम की सहायक कंपनी) के अनुसार, 16 जून, 2018 को 'ताओबाओ.कॉम' विश्व की 8वीं सबसे अधिक यातायात आकर्षित करनेवाली वेबसाइट थी, जबकि अमेजन.कॉम उसके पीछे 9वें स्थान पर।

जी हाँ, चीन में कुछ वर्ष पहले से ही यह कहावत प्रचलित हो चुकी थी कि 'वान्नेंग दे ताओवाओ', जिसका तात्पर्य यह है—"आप 'ताओबाओ' पर सबकुछ पा सकते हैं।" याद रहे कि अमेजन.कॉम को उसके दूरद्रष्टा संस्थापक जेफ बेजोस ने 'द एवरीथिंग स्टोर', अर्थात् 'सभी प्रकार की वस्तुओं के भंडार' के रूप में विकसित किया था। 'ताओबाओ.कॉम' भी लगभग सभी प्रकार की चीजें, लगभग सभी स्थानों पर बेचती है। जिस प्रकार 'गूगल' शब्द को 'इंटरनेट पर खोज करने' के समानार्थक शब्द के रूप

अंग्रेजी शब्दकोश में समाहित किया जा चुका है, उसी प्रकार 'ताओ' शब्द भी चीनी भाषा में 'इंटरनेट पर पर उत्पाद खोजने' का पर्याय बन चुका है।... लेकिन अमेरिका में अमेजन.कॉम के प्रभाव की तुलना में, अलीबाबा का चीन के खुदरा व्यवसाय पर बहुत ही अधिक प्रभाव है।

जैसा कि हमने पिछले अध्याय में पढ़ा है कि वर्ष 2012 में चीन लगभग रातोरात विश्व का दूसरा सबसे बड़ा इ-वाणिज्य बाजार बन गया था और वहाँ इ-वाणिज्य का संयुक्त राजस्व 210 अरब डॉलर के स्तर पर चला गया था और इसका कारण यह था कि वर्ष 2003 से ही चीन का इ-वाणिज्य क्षेत्र 120 प्रतिशत चक्रवृद्धि वार्षिक वृद्धि दर के साथ बढ़ रहा था। ऐसे में चीन का पारंपरिक खुदरा व्यापार विश्व के अन्य देशों की तुलना में सबसे अधिक खतरे में पड़ गया था, क्योंकि वहाँ इ-वाणिज्य कंपनियाँ अन्य देशों की तुलना में बहुत अधिक तेजी से उनके बाजार को निगलती जा रही थीं, और वे ऐसा इसलिए कर पा रही थीं, क्योंकि देश में तेजी से उभर रहा मध्यम वर्ग उनकी सेवाओं को बहुत तेजी से अपना रहा था। उस समय चीन के समूचे खुदरा बाजार में इ-वाणिज्य की हिस्सेदारी लगभग 6 प्रतिशत हो चुकी थी, जबकि तब संयुक्त राज्य अमेरिका में यह हिस्सेदारी 5 प्रतिशत पर ही अटकी हुई थी।

इ-मार्केटर के अनुमानों के अनुसार, वर्ष 2017 में चीन की ऑनलाइन बिक्री 1132 अरब डॉलर के स्तर पर पहुँच जानेवाली थी, जो विश्व के कुल इ-वाणिज्य बिक्री राजस्व का लगभग आधा थी और चीन में इ-वाणिज्य की खुदरा बाजार हिस्सेदारी पिछले वर्ष (2016) की तुलना में 15.8 प्रतिशत बढ़कर 23.1 प्रतिशत होनेवाली थी।

इ-मार्केटर के अनुमानों के अनुसार, वर्ष 2017 में चीन की ऑनलाइन बिक्री 1132 अरब डॉलर के स्तर पर पहुँच जानेवाली थी, जो विश्व के कुल इ-वाणिज्य बिक्री राजस्व का लगभग आधा थी और चीन में इ-वाणिज्य की

खुदरा बाजार हिस्सेदारी पिछले वर्ष (2016) की तुलना में 15.8 प्रतिशत बढ़कर 23.1 प्रतिशत होनेवाली थी। बात यहीं खत्म नहीं होती है, चीन के संपूर्ण खुदरा व्यवसाय में वर्ष 2021 तक इ-वाणिज्य की हिस्सेदारी 40.8 प्रतिशत हो जाने का आकलन किया जा रहा था। इसके उलट, संयुक्त राज्य अमेरिका में समूचे खुदरा उद्योग में इ-वाणिज्य की हिस्सेदारी बहुत ही धीरे-धीरे बढ़ रही थी और वर्ष 2017 में केवल 9 प्रतिशत के स्तर तक ही पहुँच सकी थी''और वर्ष 2021 में भी उसके 13.7 प्रतिशत तक ही पहुँचने का अनुमान था। इस प्रकार, जब चीन में अलीबाबा ग्रुप अपने व्यवसाय-से-उपभोक्ता तक (बी2सी) इ-वाणिज्य मंच 'टीमॉल.कॉम' के माध्यम से 51 प्रतिशत से अधिक इ-वाणिज्य पर कब्जा कर रखा था, तब संयुक्त अमेरिका में सी2सी इ-वाणिज्य मंच अमेजन.कॉम की बाजार हिस्सेदारी 41 प्रतिशत ही थी। याद रहे कि 'टीमॉल' सहित अन्य मंचों के माध्यम से अलीबाबा ग्रुप ने वर्ष वित्त वर्ष 2017-18 (अप्रैल से मार्च तक) में चीन में 768 अरब डॉलर का सकल वाणिज्य मात्रा (जी.एम.वी.) अर्जित कर बाजार पर लगभग एकाधिकार बना लिया था।

याद रहे कि चीन में वर्ष 1994 में विश्वव्यापी प्रौद्योगिकी क्रांति के अनिवार्य परिणाम और वहाँ की 'समाजवादी बाजार अर्थव्यवस्था के लिए सहायक उपकरण के रूप में इंटरनेट की पहुँच हुई थी। जैसा कि विश्व भर में हुआ था, चीन में भी इंटरनेट की पहुँच धीरे-धीरे आगे बढ़ी थी और वह सामान्य संचार का मंच बनने के साथ-साथ व्यापारिक सूचनाओं के आदान-प्रदान के लिए अनिवार्य औजार भी बन गया था''

याद रहे कि चीन में वर्ष 1994 में विश्वव्यापी प्रौद्योगिकी क्रांति के अनिवार्य परिणाम और वहाँ की 'समाजवादी बाजार अर्थव्यवस्था के लिए सहायक उपकरण के रूप में इंटरनेट की पहुँच हुई थी। जैसा कि विश्व भर में हुआ था, चीन में भी इंटरनेट की पहुँच धीरे-धीरे आगे बढ़ी थी और वह

सामान्य संचार का मंच बनने के साथ-साथ व्यापारिक सूचनाओं के आदान-प्रदान के लिए अनिवार्य औजार भी बन गया था, लेकिन चीन सरकार के सार्वजनिक सुरक्षा मंत्रालय (मिनिस्ट्री ऑफ पब्लिक सिक्योरिटी) ने वर्ष 1997 में इंटरनेट के उपयोग को प्रशासित व नियंत्रित करने के लिए व्यापक नियम जारी किया था। अगले एक दशक में, चीन ने इंटरनेट नियंत्रण-प्रणाली को 'चीन की महान् दीवार' (द ग्रेट वाल ऑफ चाइना) की तरह 'चीन की महान् अग्नि-दीवार' (द ग्रेट फायर वाल ऑफ चाइना), जिसे संक्षेप में 'जी.एफ.डब्ल्यू.' कहा जाता है। इस 'अग्नि दीवार' के माध्यम से चीन ने देश में गूगल.कॉम, फेसबुक.कॉम, अमेजन.कॉम सहित लगभग सभी प्रमुख इंटरनेट मंचों व अनुप्रयोगों (एप्लीकेशन/एप्प) को प्रतिबंधित कर दिया था।

चीन की महान् अग्नि-दीवार ने उसे अद्वितीय इंटरनेट मंचों व अनुप्रयोगों को विकसित करने का अवसर प्रदान किया था, जो पश्चिमी इंटरनेट मंचों व अनुप्रयोगों से कई अर्थों में अगल हैं। जैसे कि 'बाइदु' चीनी भाषा का विशाल सर्च-इंजन है, लेकिन उसे 'चीन का गूगल' नहीं कहा जा सकता।

चीन की महान् अग्नि-दीवार ने उसे अद्वितीय इंटरनेट मंचों व अनुप्रयोगों को विकसित करने का अवसर प्रदान किया था, जो पश्चिमी इंटरनेट मंचों व अनुप्रयोगों से कई अर्थों में अगल हैं। जैसे कि 'बाइदु' चीनी भाषा का विशाल सर्च-इंजन है, लेकिन उसे 'चीन का गूगल' नहीं कहा जा सकता। इसी प्रकार टेंसेंट इंक. द्वारा 'क्यूक्यू.कॉम' विशालकाय सामाजिक संजालीकरण मंच (सोशल नेटवर्किंग प्लेटफॉर्म) है, लेकिन उसे 'चीन का फेसबुक' नहीं कहा जा सकता। वैसे तो इनकी ऊपरी समानताएँ भी बहुत अधिक सीमित हैं ही, लेकिन इनकी आधारभूत प्रौद्योगिकीय संरचना तो अत्यंत जटिल हैं। यही कारण है कि चीन के इंटरनेट मंच अपने पश्चिमी प्रतिस्पर्धी मंचों की तुलना में अधिक सेवाओं व कार्यप्रणालियों को प्रस्तुत कर पाने में सक्षम हैं। अब अलीबाबा ग्रुप को ही लें, तो यह अमेजन.कॉम की तरह वहीं

तक हैं कि दोनों इंटरनेट आधारित खुदरा भंडार (ऑनलाइन रिटेल स्टोर) हैं। अमेजन.कॉम व्यवसाय-से-ग्राहक-तक (बी2सी) इ-वाणिज्य मंच के रूप में काम करता है, और इ-वाणिज्य के इस बाजार-खंड में अलीबाबा ग्रुप ने उसकी प्रतिस्पर्धा में अपने 'टीमॉल.कॉम' को उससे भी अधिक विशाल स्वरूप प्रदान किया है। इसके साथ ही, अलीबाबा ग्रुप अन्य इ-वाणिज्य मंचों के माध्यम से चीन के इ-वाणिज्य उद्योग अन्य संबंधित बाजार-खंडों पर वर्चस्व स्थापित करने के साथ-साथ विश्व बाजार में भी तेजी से विकास करता जा रहा है, जैसे अलीबाबा का मुख्य इ-वाणिज्य मंच है—ताओबाओ.कॉम, जो चीन में मुख्य रूप से ग्राहक-से-ग्राहक तक (सी2सी) बाजार-खंड पर केंद्रित है। इसी प्रकार, '1688.कॉम' चीन के व्यवसाय-से-व्यवसाय तक (बी2बी) बाजार-खंड अर्थात् चीनी थोक बाजार पर केंद्रित है। अलीबाबा ग्रुप ने अलीबाबा.कॉम को वैश्विक 'बी2सी' मंच के रूप में विकसित किया है, जो विश्व भर के व्यापारिक अभिकर्ताओं, थोक-विक्रेताओं, विनिर्माताओं, खुदरा विक्रेताओं और लघु एवं मध्यम उद्यमों (स्मॉल-मीडियम एंटरप्राइज/एसएमई) को आपस में थोक व्यापार करने के लिए मंच प्रदान करता है। इसी प्रकार, अलीबाबा ग्रुप ने चीनी खुदरा विक्रेताओं को विश्व बाजार के खुदरा ग्राहकों को अपना माल बेचने के लिए अलीएक्सप्रेस.कॉम का विकास किया है, जो ग्राहक-से-ग्राहक तक (सी2सी) मंच के रूप में परिचालित होता है और हाँ, अलीबाबा चीन में ही केंद्रित बी2सी मंच 'टीमॉल.कॉम' पर केवल उच्च गुणवत्तापूर्ण उत्पाद नामों (हाई क्वालिटी प्रोडक्ट ब्रांड्स) को ही प्रोत्साहित करती है, जिनमें राष्ट्रीय व अंतरराष्ट्रीय दोनों ब्रांड शामिल होते हैं। (सारणी देखें)।

अमेजन.कॉम व्यवसाय-से-ग्राहक-तक (बी2सी) इ-वाणिज्य मंच के रूप में काम करता है, और इ-वाणिज्य के इस बाजार-खंड में अलीबाबा ग्रुप ने उसकी प्रतिस्पर्धा में अपने 'टीमॉल.कॉम' को उससे भी अधिक विशाल स्वरूप प्रदान किया है।

अलीबाबा ग्रुप द्वारा संचालित विभिन्न प्रकार के इ-वाणिज्य मंच

नाम	विक्रेता	क्रेता	व्यवसाय प्रारूप
ताओबाओ (www.taobao.com)	चीन के छोटे व घरेलू व्यवसाय	चीन के उपभोक्ता	खुदरा (सी2सी)
टीमॉल (www.tmall.com)	उच्च-गुणवत्ता वस्तुएँ	चीन के उपभोक्ता	खुदरा (बी2सी)
अलीएक्सप्रेस (www.aliexpress.com)	चीन के विक्रेता	विश्व भर के उपभोक्ता	खुदरा (सी2सी)
अलीबाबा ग्लोबल ट्रेड (www.alibaba.com)	विश्व भर के व्यवसाय-अभिकर्ता, थोक विक्रेता, विनिर्माता और लघु-मध्यम उद्यम		थोक व्यापार (बी2सी)
अलीबाबा1688 (www.1688.com)	चीन के व्यवसाय-अभिकर्ता, थोक विक्रेता, विनिर्माता और लघु-मध्यम उद्यग		थोक व्यापार (बी2सी)
स्रोत : डक्सुए कंसल्टिंग			

ताओबाओ.कॉम द्वारा 'इबेय चाइना' को पटकनी

वैसे तो अलीबाबा ग्रुप ने 'ताओबाओ' को मई 2003 में 'ताओबाओ मार्केटप्लेस' (पहले ताओबाओ) का शुभारंभ किया था और इसका मुख्य कारण यह था कि मार्च 2002 में इबेय (eBay) ने शंघाई स्थित उस समय चीन के सबसे बड़े बोली (ऑक्शन) आधारित इ-वाणिज्य मंच ईचनेट (EachNet.com) के साथ रणनीतिक व्यवसाय-संबंध स्थापित कर वहाँ के इ-वाणिज्य उद्योग में परोक्ष रूप से प्रवेश किया था। यह वह समय था, जब अलीबाबा ग्रुप वर्ष 1999 में स्थापित थोक व्यापार (बी2सी) मंच '1688.कॉम' को दिसंबर 2001 तक 10 पंजीकृत उपयोगकर्ताओं का विशाल मंच बना लिया था और तेजी से लाभदायकता की स्थिति में आ जाने की दिशा में बढ़ रहा था। दिसंबर 2002 में अपने थोक बाजार मंच को लाभ की स्थिति में ठोस आधार प्रदान करने के बाद, अलीबाबा ग्रुप के संस्थापक जैक मा ने चीन में इबेय को धूल चटाने की ठानी थी तथा अपने अपार्टमेंट से ही

ताओबाओ का परिचालन शुरू कर दिया था।

याद रहे कि शंघाई ईचनेट इनफॉर्मेशन कंपनी व शंघाई ईचनेट कॉमर्शियल कंपनी लिमिटेड ने अगस्त 1999 में ईचनेट की स्थापना की थी। यह ऑनलाइन व्यापरिक मंच थी, जो अपने उपयोगकर्ताओं को वस्तुओं की व्यापक श्रृंखला—वस्त्रों व प्राचीन सुलेख (एंटीक कैलीग्राफी) से लेकर कंप्यूटर व अचल संपत्ति (रियल एस्टेट) तक—खरीदने व बेचने में समर्थ बनाती थी। यह खरीद-बिक्री बोली (ऑक्शन) व निश्चित मूल्य (फिक्स्ड प्राइस) दोनों ही प्रारूपों पर की जा सकती थी। ईचनेट के उपयोगकर्ता-आधार में तेजी से विस्तार हुआ था और वह चीन की सबसे बड़ी ऑनलाइन ऑक्शन वेबसाइट बन गई थी। यह वही समय था, जब अमेजन.कॉम के 'वस्तु-सूची' (इन्वेंटरी) आधारित इ-वाणिज्य प्रारूप के समानांतर इबेय (सैन जोस, कैलिफोर्निया, संयुक्त राज्य अमेरिका) ने बोली (ऑक्शन) आधारित इ-वाणिज्य प्रारूप में आश्चर्यजनक सफलता अर्जित करने के बाद अंधाधुंध अधिग्रहणों के माध्यम से विश्वव्यापी विस्तार कर रहा था। इसी क्रम में, चीन के उभरते हुए बाजार में पिछले दरवाजे से घुसने के रणनीतिक उद्देश्य से इबेय ने 17 मार्च, 2002 को 3 करोड़ डॉलर के निवेश से ईचनेट में 33 प्रतिशत स्वामित्व हिस्सेदारी (शेयर ऑफ स्टॉक) को अधिगृहीत कर लिया था। फिर 16 जुलाई, 2003 को इबेय ने 15 करोड़ डॉलर में ईचनेट की शेष स्वामित्व हिस्सेदारियों को अधिगृहीत कर कंपनी पर संपूर्ण स्वामित्व अधिकार प्राप्त कर लिया था। जुलाई 2004

याद रहे कि शंघाई ईचनेट इनफॉर्मेशन कंपनी व शंघाई ईचनेट कॉमर्शियल कंपनी लिमिटेड ने अगस्त 1999 में ईचनेट की स्थापना की थी। यह ऑनलाइन व्यापरिक मंच थी, जो अपने उपयोगकर्ताओं को वस्तुओं की व्यापक श्रृंखला—वस्त्रों व प्राचीन सुलेख (एंटीक कैलीग्राफी) से लेकर कंप्यूटर व अचल संपत्ति (रियल एस्टेट) तक—खरीदने व बेचने में समर्थ बनाती थी।

में इसका नाम 'इबेय ईचनेट' कर दिया गया था और चीन में आगे विस्तार के लिए इबेय ने 10 करोड़ डॉलर अतिरिक्त निवेश किया था, लेकिन स्थानीय नेतृत्व को प्रोत्साहित न करने, अलीबाबा ग्रुप के 'ताओबाओ' मार्केटप्लेस से प्रतिस्पर्धा न कर पाने और आंतरिक प्रबंधन की समस्याओं के कारण वर्ष 2006 में इबेय ने चीन के इ-वाणिज्य मंच को बंद कर दिया था।

वास्तव में, चीन के इ-वाणिज्य बाजार में इ-बेय के विस्तार को रोकने के लिए अलीबाबा ग्रुप ने 'ताओबाओ' मंच पर कई महत्त्वपूर्ण कदम उठाए थे। 'ताओबाओ' का सबसे पहला लक्ष्य था—ईचनेट के उपयोगकर्ता आधार को ध्वस्त करना और इसके लिए उसने विक्रेताओं के सूचीकरण (लिस्टिंग) को निःशुल्क कर देने का क्रांतिकारी फैसला किया था।

चीन के इ-वाणिज्य बाजार में इ-बेय के विस्तार को रोकने के लिए अलीबाबा ग्रुप ने 'ताओबाओ' मंच पर कई महत्त्वपूर्ण कदम उठाए थे। 'ताओबाओ' का सबसे पहला लक्ष्य था—ईचनेट के उपयोगकर्ता आधार को ध्वस्त करना और इसके लिए उसने विक्रेताओं के सूचीकरण (लिस्टिंग) को निःशुल्क कर देने का क्रांतिकारी फैसला किया था।

चूँकि, अलीबाबा ग्रुप अपने थोक व्यापार (बी2सी) मंच '1688.कॉम' के साथ चीन के इ-वाणिज्य बाजार में अपनी साख स्थापित कर चुका था और उसका नकदी-प्रवाह उसके परिचालन के लाभ को भी बढ़ा रहा था, इसीलिए निःशुल्क सूचीकरण का 'खतरा' मोल लेना उसके लिए अधिक खतरनाक नहीं था। याद रहे कि जैक मा ने दिसंबर 1999 में 17 अन्य सह-संस्थापकों के साथ अलीबाबा ग्रुप की स्थापना कर '1688.कॉम' का परिचालन शुरू करने के एक वर्ष के भीतर ही सॉफ्ट बैंक, गोल्डमैन साक्स, फिडेलिटी सहित कुछ अन्य उद्यम पूँजी (वेंचर कैपिटल) निवेश संस्थाओं से कुल 2.5 करोड़ डॉलर निवेश आकर्षित कर लिया था और जब दो वर्षों के परिचालन के भीतर दिसंबर 2001 में यह थोक व्यापार वेबसाइट लाभ की

स्थिति में आ गई थी, तो जैक मा के लिए अपनी नई वेबसाइट 'ताओबाओ.कॉम' को वित्तीय समर्थन प्रदान करने लिए निवेशकों को आकर्षित करना भी कोई कठिन काम नहीं रहा था और जैक मा ने कई प्रथम श्रेणी के निवेशकों से 8.20 करोड़ डॉलर का भारी निवेश अर्जित कर अलीबाबा ग्रुप के 'युद्ध-कोष' को भर लिया था। याद रहे कि चीन के इंटरनेट व्यवसाय में यह अब तक सबसे बड़ा निजी औचित्य निवेश (प्राइवेट इक्विटी इनवेस्टमेंट) था।

फिर, जून 2004 में 'नेट्रेप्रेन्योर समिट' नाम से चीनी इंटरनेट उद्यमियों का पहला विशाल सम्मेलन आयोजित किया था और 'वर्ष के 10 शीर्ष इंटरनेट उद्यमियों' को सम्मानित किया था। इस सम्मेलन के माध्यम से जैक मा ने स्वयं को चीन के इंटरनेट उद्यमियों के समुदाय के बीच अघोषित नेतृत्वकर्ता के रूप प्रस्तुत किया था और अनेक प्रतिभाशाली युवाओं को अपनी मंडली में शामिल किया था। अब जैक मा की दृष्टि इ-बेय को प्रौद्योगिकी नवाचार के माध्यम से परास्त करने पर टिकी हुई थी और अगले ही माह अलीबाबा ग्रुप ने 'ताओबाओ' मार्केटप्लेस मंच पर 'अलीवांगवांग' नाम से पर्सनल कंप्यूटर आधारित तत्काल संवाद करने की सुविधा (इंस्टेंट मैसेजिंग टूल) का शुभारंभ कर दिया था। इस सुविधा ने 'ताओबाओ' मंच के पंजीकृत उपयोगकर्ताओं, अर्थात् खरीदारों व विक्रेताओं को पाठ-संवाद (टेक्स्ट मैसेज), श्रव्य-संवाद (ऑडियो मैसेज) व चलचित्र संवाद (वीडियो मैसेज) के माध्यमों से आपस में संचार करने में सक्षम बना दिया था। स्पष्ट है

जून 2004 में 'नेट्रेप्रेन्योर समिट' नाम से चीनी इंटरनेट उद्यमियों का पहला विशाल सम्मेलन आयोजित किया था और 'वर्ष के 10 शीर्ष इंटरनेट उद्यमियों' को सम्मानित किया था। इस सम्मेलन के माध्यम से जैक मा ने स्वयं को चीन के इंटरनेट उद्यमियों के समुदाय के बीच अघोषित नेतृत्वकर्ता के रूप प्रस्तुत किया था और अनेक प्रतिभाशाली युवाओं को अपनी मंडली में शामिल किया था।

कि इस सुविधा ने 'ताओबाओ' मार्केटप्लेस के उपयोगकर्ताओं के बीच पारदर्शिता व विश्वसनीयता की स्थापना की थी और यह क्रेता-विक्रेताओं के विशिष्ट समुदाय के रूप में उभरा था और फिर दिसंबर 2004 में जैक मा ने 'ताओबाओ' मार्केटप्लेस पर 'अली पे' नाम से ऑनलाइन भुगतान सेवा का शुभारंभ कर प्रमाणित कर दिया था कि अलीबाबा ग्रुप केवल व्यावसायिक दृष्टि से ही नहीं, वरन् प्रौद्योगिकीय दृष्टि से भी चीन की अग्रणी कंपनी है। इसका परिणाम यह हुआ था कि वर्ष 2003 से 2005 के बीच 'ताओबाओ' मार्केटप्लेस की बाजार-हिस्सेदारी 8 प्रतिशत से बढ़कर 59 प्रतिशत हो गई थी, जबकि इबेय चाइना की बाजार-हिस्सेदारी 79 प्रतिशत के उच्च शिखर से तेजी से लुढ़कती हुई 36 प्रतिशत पर आ गिरी थी।

वर्ष 2005 अलीबाबा ग्रुप की सफलता के लिए मील का पत्थर प्रमाणित हुआ था। इसी वर्ष अगस्त में उसने 'याहू!' चाइना से रणनीतिक साझेदारी स्थापित की थी। इस समझौते के अंतर्गत अक्तूबर में मूल कंपनी 'याहू!' (सनीवेल, सांता क्लारा काउंटी, कैलिफोर्निया, संयुक्त राज्य अमेरिका) ने अलीबाबा ग्रुप में 1 अरब डॉलर नकद निवेश किया था।

याहू! चाइना का अधिग्रहण व रणनीतिक साझेदारी

सचमुच, वर्ष 2005 अलीबाबा ग्रुप की सफलता के लिए मील का पत्थर प्रमाणित हुआ था। इसी वर्ष अगस्त में उसने 'याहू!' चाइना से रणनीतिक साझेदारी स्थापित की थी। इस समझौते के अंतर्गत अक्तूबर में मूल कंपनी 'याहू!' (सनीवेल, सांता क्लारा काउंटी, कैलिफोर्निया, संयुक्त राज्य अमेरिका) ने अलीबाबा ग्रुप में 1 अरब डॉलर नकद निवेश किया था। निश्चित रूप से इसके बदले में अलीबाबा ग्रुप को अपनी 40 प्रतिशत स्वामित्व हिस्सेदारी (शेयर ऑफ स्टॉक) याहू को बेचनी पड़ी थी, लेकिन इस सौदे में उसने चाइना 'याहू!' के परिचालन को भी अधिगृहीत कर लिया

था। इस प्रकार, जैक मा ने वर्ष 2005 में एक ओर इबेय को शीघ्र ही चीन में अपना व्यवसाय बंद कर बाहर निकल जाने की स्थिति में ला दिया था, तो दूसरी महारथी इंटरनेट कंपनी 'याहू!' को रणनीतिक साझेदार बनाकर व्यावहारिक रूप से चीन से पूरी तरह बाहर निकाल दिया था।

उस समय 'याहू!' के सह-संस्थापक जैरी चिह-युआन यांग द्वारा लिये गए उस निर्णय की, विशेष रूप से सिलिकॉन वैली, तीखी आलोचना हुई थी कि उसने अलीबाबा पर 1 अरब डॉलर का दाँव लगाकर न केवल बहुत बड़ी भूल की थी, बल्कि चाइना 'याहू!' की भी हत्या कर दी थी, लेकिन नौ वर्षों बाद जब वर्ष 2014 में लगभग 90 डॉलर प्रति स्वामित्व हिस्सेदारी (शेयर ऑफ स्टॉक) के प्रस्ताव मूल्य पर अलीबाबा ग्रुप का आई.पी.ओ. था, तब जाकर जैरी यंग की अद्भुत दूरदर्शिता प्रमाणित हुई थी। वैसे तो वर्ष 2007 से 2009 तक मुख्य कार्यकारी अधिकारी (सी.ई.ओ.) का उत्तरदायित्व सँभालने के बाद वर्ष 2012 में जैरी यांग ने 'याहू!' छोड़ दिया था, लेकिन उसने अलीबाबा में अपने हिस्से की हिस्सेदारी नहीं बेची थी, जबकि उसके जाने के बाद याहू निदेशकमंडल ने अलीबाबा के आई.पी.ओ. आने से बहुत पहले 2012 में ही मात्र 13 डॉलर की दर पर अलीबाबा में अपनी लगभग आधी स्वामित्व हिस्सेदारियों को कुल 7.6 अरब डॉलर वापस अलीबाबा को बेचने के लिए सहमत हो गया था, क्योंकि उस समय 'याहू!' की वित्तीय स्थिति चरमरा गई थी और तब निदेशकमंडल में अलीबाबा की निकट भविष्य की बाजार संभावनाओं को पहचाननेवाला जैरी यांग नहीं था।

> ***उस समय 'याहू!' के सह-संस्थापक जैरी चिह-युआन यांग द्वारा लिये गए उस निर्णय की, विशेष रूप से सिलिकॉन वैली, तीखी आलोचना हुई थी कि उसने अलीबाबा पर 1 अरब डॉलर का दाँव लगाकर न केवल बहुत बड़ी भूल की थी, बल्कि चाइना 'याहू!'***

वैसे तो 'याहू!' ने अलीबाबा में अपनी लगभग 22 प्रतिशत स्वामित्व

हिस्सेदारी को बनाए रखा था, जिसका बाजार मूल्य आई.पी.ओ. के समय (19 सितंबर, 2014) 36 अरब डॉलर हो गया था। रोचक तथ्य है कि उस समय 'याहू!' इंक का कुल बाजार मूल्यांकन 42 अरब डॉलर ही था, अर्थात् यदि अलीबाबा में याहू की हिस्सेदारी को निकाल दिया जाए तो मात्र 6 अरब डॉलर। यदि 'याहू!' का निदेशक मंडल अपने सह-संस्थापक जैरी यांग की दूरदर्शिता पर दृढ़ रहता और वर्ष 2012 में अलीबाबा में अपनी महत्त्वपूर्ण स्वामित्व हिस्सेदारियों को बेचने की भूल न की होती तो आई.पी.ओ. के समय याहू के अलीबाबा में कुल निवेश का बाजार मूल्य 64 अरब डॉलर होता। जो भी हो, आई.पी.ओ. के समय 'याहू!' को अलीबाबा में अपनी लगभग 6 प्रतिशत स्वामित्व हिस्सेदारियों को विनिवेशित कर 9.4 अरब डॉलर का नकद राशि अर्जित करने का अवसर मिला था, लेकिन तब याहू के निदेशकमंडल ने पुरानी गलती नहीं दोहराई थी, क्योंकि अब उसको अलीबाबा की भविष्य की बाजार संभावनाओं का पता चल गया था और उसने अलीबाबा में शेष बची 16.3 प्रतिशत हिस्सेदारी को बनाए रखा था। जी हाँ, 16 जून, 2017 को वेरिजोन कम्युनिकेशंस ने 'याहू! इंक.' के इंटरनेट व्यवसाय को 4.5 अरब डॉलर अधिगृहीत करने की प्रक्रिया पूरी कर ली थी। उसके बाद शेष बची मूल कंपनी 'याहू! इंक.' (जल्द ही जिसका वैधानिक नाम अल्टाबा इंक. हो जाना था) का बाजार मूल्यांकन 62 अरब डॉलर आँका जा रहा था, जबकि 'याहू!' अपने ब्रांड नाम की सभी परिसंपत्तियों (याहू! जापान को छोड़कर) को वेरिजोन को बेच चुकी थी। अर्थात्, 'याहू!' इंक (अल्टाबा इंक.) अपनी

यदि 'याहू!' का निदेशक मंडल अपने सह-संस्थापक जैरी यांग की दूरदर्शिता पर दृढ़ रहता और वर्ष 2012 में अलीबाबा में अपनी महत्त्वपूर्ण स्वामित्व हिस्सेदारियों को बेचने की भूल न की होती तो आई.पी.ओ. के समय याहू के अलीबाबा में कुल निवेश का बाजार मूल्य 64 अरब डॉलर होता। जो भी हो, आई.पी.ओ. के समय 'याहू!'

सभी मूल परिसंपत्तियों को 4.5 अरब डॉलर में बेचने के बाद भी लगभग 14 गुना अधिक क्यों आँकी जा रही थी। क्योंकि, तब उसके पास 'याहू !' जापान व कुछ अन्य परिसंपत्तियों के साथ सबसे मूल्यवान् निवेश परिसंपत्ति बची हुई थी, और वह थी अलीबाबा ग्रुप में उसकी 16.3 प्रतिशत स्वामित्व हिस्सेदारी, जिसका उस दिवस (16 जून, 2017) का बाजार मूल्य 53 अरब डॉलर था। अर्थात्, मूल कंपनी 'याहू !' अपनी गलतियों के कारण भले ही अपने 'ब्रांड नाम' अपने पास बनाए रखने भी विफल हो गई थी, लेकिन अकेले अपने सह-संस्थापक जैरी यांग की दूरदर्शिता के कारण अपने वास्तविक मूल्य से लगभग 12 गुना अधिक धनवान् बन गई थी!

यह चमत्कार होने में 12 वर्ष से अधिक समय लगा था। अगस्त 2005 में जैरी यांग द्वारा अलीबाबा में 1 अरब डॉलर के भारी-भरकम निवेश के साथ-साथ चाइना 'याहू!' को भी उसे सुपुर्द कर देने के एक माह बाद इस समाचार ने अमेरिका सहित विश्व भर में सुर्खियाँ बटोरी थीं कि 'याहू!'

लेकिन, यह चमत्कार होने में 12 वर्ष से अधिक समय लगा था। अगस्त 2005 में जैरी यांग द्वारा अलीबाबा में 1 अरब डॉलर के भारी-भरकम निवेश के साथ-साथ चाइना 'याहू !' को भी उसे सुपुर्द कर देने के एक माह बाद इस समाचार ने अमेरिका सहित विश्व भर में सुर्खियाँ बटोरी थीं कि 'याहू !' (अर्थात् परोक्ष रूप से जैरी यांग) ने साल भर पहले नवंबर 2004 में चीनी पत्रकार शी ताओ को गिरफ्तार करने में चीनी पदाधिकारियों के साथ सहभागिता की थी। वास्तव में, शी ताओ ने गुमनाम रूप से याहूमेल के माध्यम से अमेरिका में एक लोकतंत्र समर्थक वेबसाइट को सूचित किया था कि चीनी सरकार ने 4 जून (2004) को 'तियानानमेन स्क्वायर विरोध प्रदर्शन' की पंद्रहवीं सालगिरह पर आयोजित होनेवाले विरोध प्रदर्शन के समाचार को प्रकाशित नहीं करने का आदेश दिया था। उपरोक्त सनसनीखेज खबर में आरोप लगाया कि 'याहू !' ने चीनी सुरक्षा अभिकरणों को सूचना

के प्रेषकों, प्राप्तकर्ताओं के इंटरनेट पते (इंटरनेट प्रोटोकॉल/आईपी एड्रेस) व संदेश का समय प्रदान किया था। 'याहू !' द्वारा प्रदान किए गए इसी प्रमाण के आधार पर चीनी पत्रकार शी ताओ को 'राज्य रहस्यों को विदेश में प्रकट करने' का दोषी ठहराया गया था और उसे 10 वर्षों के कारावास की सजा दी गई थी।

वैसे तो जैरी यंग ने यह स्पष्टीकरण देते हुए का बचाव किया था कि "चीन या विश्व में कहीं भी व्यापार करते रहने के लिए, हमें स्थानीय कानूनों का पालन करना है," लेकिन उसकी व 'याहू !' की विश्व भर में तीखी आलोचना हुई थी। यहाँ तक कि 'रिपोर्टर्स विदाउट बॉर्डर्स' ने तो जैरी यांग व 'याहू !' को 'चीनी पुलिस का मुखबिर' तक घोषित कर दिया था। यह मामला वहीं शांत नहीं हुआ था। अप्रैल 2007 में वांग जियाओनिंग की पत्नी और अन्य चीनी पत्रकारों ने 'याहू !' के खिलाफ दीवानी मुकदमा (सिविल सूट) भी लाया था। उस मुकदमे में दावा किया गया था कि 'याहू !' द्वारा कथित रूप से चीनी सरकार की सहायता करने के कारण वांग जियाओनिंग को उत्पीड़न व 10 वर्षों का कारावास दिया गया था। इन मामलों को लेकर अमेरिका 'याहू !' के विरुद्ध ऐसा वातावरण बन गया था कि 'चीन में शी ताओ व अन्य पत्रकारों की गिरफ्तारियों में 'याहू !' की भूमिका' की जाँच के लिए विधिवत् संसदीय समिति गठित की गई थी और नवंबर 2007 में जैरी यांग को समिति के प्रश्नों सामना करना पड़ा था। समिति की सुनवाई के समय जैरी यांग ने वहाँ उपस्थित शी ताओ की माँ से क्षमा माँगी थी। एक सप्ताह बाद ही 'याहू ! इंक.' ने प्रभावित चीनी असंतुष्टों को अघोषित क्षतिपूर्ति राशि का भुगतान कर

वैसे तो जैरी यंग ने यह स्पष्टीकरण देते हुए का बचाव किया था कि "चीन या विश्व में कहीं भी व्यापार करते रहने के लिए, हमें स्थानीय कानूनों का पालन करना है," लेकिन उसकी व 'याहू!' की विश्व भर में तीखी आलोचना हुई थी। यहाँ तक कि 'रिपोर्टर्स विदाउट बॉर्डर्स' ने तो जैरी यांग व 'याहू!'

प्रकरण का न्यायालय के बाहर निपटान कर लिया था। उस समय यांग ने कहा था कि प्रभावित परिवारों से मिलने के बाद उसे यह स्पष्ट हो गया था कि उनके लिए, याहू के लिए और भविष्य के लिए क्या सही कदम उठाना चाहिए! उसी सप्ताह यांग ने चीनी असंतुष्टों को 'मानवीय व कानूनी समर्थन' प्रदान करने के लिए 'याहू! मानवाधिकार निधि' की स्थापना भी की थी, लेकिन इस मामले ने बहुत बाद तक भी 'याहू!' व जैरी यांग का पीछा नहीं छोड़ा था।

जब जैरी यांग मुख्य कार्यकारी अधिकारी के रूप में इंटरनेट बाजार में गूगल से बहुत पीछे छूट गए 'याहू!' को उसकी प्रतिस्पर्धा में लाने का संघर्ष कर रहा था, तो फरवरी 2008 में माइक्रोसॉफ्ट ने 'याहू!' को 44.6 अरब डॉलर में खरीदने का अनचाहा प्रस्ताव रख दिया था।

इसी क्रम में, जब जैरी यांग मुख्य कार्यकारी अधिकारी के रूप में इंटरनेट बाजार में गूगल से बहुत पीछे छूट गए 'याहू!' को उसकी प्रतिस्पर्धा में लाने का संघर्ष कर रहा था, तो फरवरी 2008 में माइक्रोसॉफ्ट ने 'याहू!' को 44.6 अरब डॉलर में खरीदने का अनचाहा प्रस्ताव रख दिया था। याद रहे कि इंटरनेट बाजार में गूगल की आश्चर्यकारी सफलता से माइक्रोसॉफ्ट तिलमिलाई हुई थी और इंटरनेट से जुड़े हुए किसी भी व्यवसाय को किसी भी मूल्य पर खरीद लेने का अभियान चला रही थी। माइक्रोसॉफ्ट के तत्कालीन मुख्य कार्यकारी अधिकारी स्टीव बामर की बाजार छवि किसी 'अपहरणकर्ता गिरोह के सरगना' से कम नहीं थी। वह लक्षित कंपनियों को उसके बाजार मूल्य से बहुत अधिक मूल्य पर खरीदने का प्रस्ताव देता था और अपने प्रस्ताव को ठुकरानेवाले को घुटने टेकने के लिए बाध्य कर देने के लिए कोई भी हथकंडा अपना सकता था। बामर ने जैरी यांग के पास 'याहू!' को खरीदने का जो प्रस्ताव रखा था, वह उसके बाजार मूल्य से 62 प्रतिशत अधिक था, लेकिन यांग ने उसके प्रस्ताव को ठुकरा दिया था। इसका

परिणाम यह हुआ था कि पूँजी बाजारों में 'याहू!' अचानक बहुत नीचे लुढ़क गया था। कहा जाता है कि इसको आधार बनाकर बामर ने परोक्ष रूप से यांग के विरुद्ध याहू के बहुत बड़े निवेशक समुदाय को खड़ा कर दिया था। यांग अभी चीन सरकार को परोक्ष रूप से सहायता करने और अलीबाबा में निवेश के अपने विवादित फैसलों के तूफान से बाहर ही निकला ही था कि अब उसे माइक्रोसॉफ्ट सौदे को ठुकराने के कारण संभावित लाभ से वंचित रह गए निवेशकों के गुस्से का सामना करना पड़ा था···इतना ही नहीं, स्टीव बामर की 'दादागिरी' में माइक्रोसॉफ्ट के एकाधिकारवादी व्यवहार को चुनौती देते हुए जैरी यांग ने गूगल के साथ याहू के रणनीतिक विज्ञापन समझौते को हरी झंडी दे दी थी। ऐसे में, गुस्साए निवेशकों का दबाव और अधिक बढ़ गया था और अंततः 17 नवंबर, 2008 को यांग को अपनी कंपनी के मुख्य कार्यकारी अधिकारी पद से त्याग-पत्र देना पड़ गया था।

इन घटनाओं से यांग इतना दुःखी हुआ था कि जनवरी 2012 में 'याहू!' के निदेशक सहित अन्य सभी पदों के अतिरिक्त 'याहू!' जापान व अलीबाबा में 'याहू!' के प्रतिनिधि निदेशक के पद से भी त्याग-पत्र दे दिया था। फिर यांग ने उद्यम पूँजी कंपनी ए.एम.ई. क्लाउड वेंचर्स की स्थापना की थी और मार्गदर्शक के रूप में आरंभिक प्रौद्योगिकी कंपनियों में निवेश करना आरंभ किया था।

इन घटनाओं से यांग इतना दुःखी हुआ था कि जनवरी 2012 में 'याहू!' के निदेशक सहित अन्य सभी पदों के अतिरिक्त 'याहू!' जापान व अलीबाबा में 'याहू!' के प्रतिनिधि निदेशक के पद से भी त्याग-पत्र दे दिया था। फिर यांग ने उद्यम पूँजी कंपनी ए.एम.ई. क्लाउड वेंचर्स की स्थापना की थी और मार्गदर्शक के रूप में आरंभिक प्रौद्योगिकी कंपनियों में निवेश करना आरंभ किया था। जैक मा न केवल जैरी यांग का मित्र था, वरन् उसकी अद्‌भुत प्रतिभा को भी बहुत अच्छी तरह से जानता-समझता था···और जैक मा कभी भी जैरी यांग की सूझ-बूझ

से अगस्त 2005 में संपन्न हुई उस रणनीतिक साझीदारी के 'ऐतिहासिक उपकार' (भले ही तात्कालिक परिस्थितियों की बाध्यता में किया गया था) को भी नहीं भूल सकता था···और उसने वर्ष 2014 में जैरी यांग को अलीबाबा में निदेशक नियुक्त कर उसके उपकार का प्रतिदान करने की कोशिश की थी। अब तक सिलिकॉन वैली में ही नहीं, विश्वव्यापी प्रौद्योगिकी समुदाय में चीनी बाजार के विशेषज्ञ के रूप में जैरी यांग स्थापित हो चुका था···उसने 50 से अधिक प्रारंभिक प्रौद्योगिकी कंपनियों में निवेश किया था और जून 2018 में उसका व्यक्तिगत निवल मूल्य 2.8 अरब डॉलर के स्तर पर था।

अब तक सिलिकॉन वैली में ही नहीं, विश्वव्यापी प्रौद्योगिकी समुदाय में चीनी बाजार के विशेषज्ञ के रूप में जैरी यांग स्थापित हो चुका था···उसने 50 से अधिक प्रारंभिक प्रौद्योगिकी कंपनियों में निवेश किया था और जून 2018 में उसका व्यक्तिगत निवल मूल्य 2.8 अरब डॉलर के स्तर पर था।

जी हाँ, अलीबाबा ग्रुप के उत्थान में महत्त्वपूर्ण भूमिका निभानेवाले उपरोक्त विवादित सौदे का वास्तविक आधार जैक मा के साथ जैरी यांग की पुरानी मित्रता थी और जैरी यांग ने इसी मित्रता के माध्यम से चीन में याहू के भविष्य को सुरक्षित करने के दूरगामी उद्देश्य से ही चीनी अधिकारियों के साथ सहयोग भी किया था और फिर अलीबाबा के साथ रणनीतिक निवेश-सौदा भी और दोनों के बीच इस मित्रता का अंकुर तब फूटा था, जब वर्ष 1997 में जैरी यांग ने 'याहू !' के सह-संस्थापक के नाते व्यवसाय की संभावना खोजने के मूल उद्देश्य से पहली बार चीन की यात्रा की थी। उस समय पूर्व अंग्रेजी शिक्षक जैक मा 'यात्रा-मार्गदर्शक' (टूर गाइड) के रूप चीनी सरकार में सेवारत कर्मचारी था। संयोगवश उसी समय जैरी यांग के चीन-दर्शन के क्रम में वह उसे 'चीन की महान् दीवार' की यात्रा पर ले गया था।

दोनों में तत्काल मित्रता हो गई थी। उस समय जैरी यांग ने तायपेई से सिलिकॉन वैली की अपनी संघर्षपूर्ण शिखर-यात्रा को जैक मा से साझा

किया था और दोनों के बीच इंटरनेट की महान् संभावनाओं के बारे में गंभीर चर्चा हुई थी। याद रहे कि ताइवान की राजधानी तायपेई में जनमा (6 नवंबर, 1968) जैरी यांग अभी दो वर्ष का ही था, जब पिता की अकाल मृत्यु हो गई थी, तब तक उसका दूसरा भाई भी जन्म ले चुका था…फिर अंग्रेजी व नाट्यकला की प्राध्यापक उसकी माँ ने उनका किस तरह से पालन-पोषण किया था…कैसे उसकी माँ अपने दोनों बच्चों के सुनहरे भविष्य की आशा में अपनी सास के साथ वर्ष 1978 में सैन जोस (सिलिकॉन) वैली आप्रवासित हो गई थी और आप्रवासियों को अंग्रेजी पढ़ाकर परिवार का खर्च चलाया था…कैसे स्वयं उसने स्टैनफोर्ड विश्वविद्यालय में स्नातक-परास्नातक—विद्युत् अभियांत्रिकी (इलेक्ट्रिकल इंजीनियरिंग) की उपाधि ली थी…कैसे वहाँ पढ़ाई करते समय अपने सहपाठी डेविड रोबर्ट फिलो (परास्नातक—कंप्यूटर अभियांत्रिकी) के साथ मिलकर 1994 में इंटरनेट वेबसाइट 'जैरी ऐंड फिलोस गाइड टू द वर्ल्ड वाइड वेब' की सह-रचना की थी…कैसे उन दोनों ने अप्रैल 1995 में सिकोइया कैपिटल से 20 लाख डॉलर का उद्यम पूँजी निवेश प्राप्त किया था और फिर 'याहू! इंक.' के नाम से टिमोथी एंड्रयू कोगल (स्टैनफोर्ड विश्वविद्यालय से यांत्रिक अभियांत्रिकी में परास्नातक व पी-एच.डी.) के नेतृत्व (जो 1995 से 2001 के बीच पहले मुख्य कार्यकारी अधिकारी, फिर अध्यक्ष व सभापति रहा था) में व्यवसाय को आगे बढ़ाया था।

> ***दोनों में तत्काल मित्रता हो गई थी। उस समय जैरी यांग ने तायपेई से सिलिकॉन वैली की अपनी संघर्षपूर्ण शिखर-यात्रा को जैक मा से साझा किया था और दोनों के बीच इंटरनेट की महान् संभावनाओं के बारे में गंभीर चर्चा हुई थी।***

वैसे तो जैक मा दो वर्ष पहले 1995 की शुरुआत में ही अपने एक मित्र के साथ संयुक्त राज्य अमेरिका गया था और वहाँ इंटरनेट की संभावनाओं के बारे में भी सुना था, लेकिन जैरी यांग की अद्भुत सफलता-यात्रा से वह इतना अधिक प्रभावित हुआ था कि उसने तत्काल ही इंटरनेट आधारित

व्यवसाय में आने की ठान ली थी और फिर उसकी व्यावहारिक तैयारियों में जुट गया था। जी हाँ, जैक मा वर्ष 1998 में चीन सरकार के विदेश व्यापार एवं आर्थिक सहयोग मंत्रालय (मिनिस्ट्री ऑफ फॉरेन ट्रेड ऐंड इकनोमिक कोऑपरेशन) के अधीन बीजिंग में स्थापित 'चाइना इंटरनेशनल इलेक्ट्रॉनिक कॉमर्स सेंटर' (सी.आई.ई.सी.सी.) के प्रमुख के रूप में इलेक्ट्रॉनिक सूचना परियोजनाओं के विकास के कार्यक्रमों का साक्षात् अनुभव लिया था और फिर नौकरी छोड़कर जब 4 अप्रैल, 1999 को जैक मा ने अपने गृहनगर हांग्जो (झेजियांग, चीन) में अलीबाबा की स्थापना की थी तो कार्यालय की दीवार पर 'जैरी यांग के साथ चीन की महान् दीवार पर लिये गए चित्र' को टाँगना नहीं भूला था...और वह चित्र आज भी अलीबाबा के मुख्यालय में प्रमुखता के साथ प्रदर्शित है।

जैरी यांग को चीन के उभरते इंटरनेट बाजार में 'याहू!' को प्रवेश दिलाने में बहुत समय लग गया था। नवंबर 2003 में 'याहू!' इंक ने 12 करोड़ डॉलर में www.3721.com को अधिगृहीत किया था। यह चीन की नेतृत्वकारी इंटरनेट सर्च इंजन थी, जो रोमन-वर्णमाला 'वेब अधिकार क्षेत्र नामों (वेब डोमेन नेम) के लिए चीनी भाषा के संकेत-शब्द (की-वर्ड) बेचती थी।

लेकिन, जैरी यांग को चीन के उभरते इंटरनेट बाजार में 'याहू!' को प्रवेश दिलाने में बहुत समय लग गया था। नवंबर 2003 में 'याहू!' इंक ने 12 करोड़ डॉलर में www.3721.com को अधिगृहीत किया था। यह चीन की नेतृत्वकारी इंटरनेट सर्च इंजन थी, जो रोमन-वर्णमाला 'वेब अधिकार क्षेत्र नामों (वेब डोमेन नेम) के लिए चीनी भाषा के संकेत-शब्द (की-वर्ड) बेचती थी। इसकी स्थापना हुआंगगांग (हुबेई, चीन) में जनमे व पले-बढ़े और शीआन जियाओटोंग विश्वविद्यालय (शीआन, शानक्सी, चीन) से परास्नातक की उपाधि प्राप्त करनेवाले अग्रणी इंटरनेट उद्यमी झोउ होंगयी ने वर्ष 1998 में की थी। 'याहू!' ने झोउ होंगयी को अपनी चीनी कंपनी 'याहू! चाइना' का प्रमुख बनाया था और उसके नेतृत्व में

तीव्रता से विस्तार करने की कोशिशें की थीं, लेकिन इबेय की तरह ही 'याहू!' के शीर्ष नेतृत्व ने भी स्थानीय नेतृत्व को प्रोत्साहित न करने की गलती की थी और शुरू से ही झोउ होंगयी के साथ उनके टकराव की स्थिति बन गई थी। ऐसे में अलीबाबा ग्रुप के प्रतिभाशाली व श्रमसाध्य प्रौद्योगिकी कर्मियों की आक्रामक सेना ने 'याहू!' चाइना को घुटने टेकने को बाध्य कर दिया था। इस बीच, चीन सरकार ने 'सूचना' क्षेत्र में विदेशी स्वामित्व को प्रतिबंधित करने के नए कानून को भी कठोरता से लागू करने की दिशा में 'याहू! चाइना' को अपना परिचालन बंद करने का दबाव भी बढ़ा दिया था और अंततः जैरी यांग ने अलीबाबा ग्रुप में दूरदर्शितापूर्ण रणनीतिक निवेश व विलय का रास्ता चुना था। 1 अरब डॉलर निवेश व 'याहू!' चाइना (जिसका तत्कालीन बाजार मूल्य 70 लाख डॉलर आँका गया था) को अलीबाबा ग्रुप को बेचकर 'याहू!' इन. ने उसकी 40 प्रतिशत स्वामित्व हिस्सेदारी प्राप्त कर ली थी। 35 मताधिकार के साथ जैरी यांग ने सबसे बड़े निवेशक 'याहू!' के प्रतिनिधि के रूप में अलीबाबा ग्रुप के निदेशकमंडल में अपना स्थान सुरक्षित कर लिया था। इस प्रकार, जैरी यांग ने भले ही प्रत्यक्ष रूप से 'याहू!' के चीनी व्यवसाय की हत्या कर दी थी, लेकिन उसके दूरगामी हित को अलीबाबा के कंधों पर बैठकर सुरक्षित कर लिया था।

35 मताधिकार के साथ जैरी यांग ने सबसे बड़े निवेशक 'याहू!' के प्रतिनिधि के रूप में अलीबाबा ग्रुप के निदेशकमंडल में अपना स्थान सुरक्षित कर लिया था। इस प्रकार, जैरी यांग ने भले ही प्रत्यक्ष रूप से 'याहू!' के चीनी व्यवसाय की हत्या कर दी थी, लेकिन उसके दूरगामी हित को अलीबाबा के कंधों पर बैठकर सुरक्षित कर लिया था।

[...और, उससे पहले ही झोउ होंगयी ने 'याहू! चाइना' को छोड़कर जून 2005 में इंटरनेट सुरक्षा उत्पाद कंपनी—क्यूइहू 360 टेक्नोलॉजी कंपनी लिमिटेड की स्थापना की थी, जो एंटीवायरस सॉफ्टवेयर (360 सेफगार्ड. 360 मोबाइल सेफ), वेब ब्राउजर (360 ब्राउजर्स) व मोबाइल अनुप्रयोग

(एप्प) भंडार (360 मोबाइल असिस्टेंट) के लिए प्रसिद्ध हुई थी। जून 2014 में क्यूइहू 360 के इंटरनेट एंटीवायरस के उपयोगकर्ताओं की संख्या 49.6 करोड़ और मोबाइल एंटीवायरस के उपयोगकर्ताओं की संख्या 64.1 करोड़ हो गई थी···और दिसंबर 2015 में झोऊ ने न्यूयॉर्क स्टॉक एक्सचेंज में सूचीबद्ध कंपनी की सार्वजनिक स्वामित्व हिस्सेदारियों को निजी निवेशकों के एक समूह के माध्यम से 9.3 अरब डॉलर में बेच देने का निर्णय किया था और वर्ष 2016 में कंपनी को गैर-सूचीबद्ध कर लिया था। 6 जुलाई, 2018 को 'फोर्ब्स' पत्रिका की गतिमान मूल्यांकन सूची में झोउ होंगयी का निवल मूल्य (नेटवर्थ) 6.1 अरब डॉलर आँका गया था।]

> ***अलीबाबा.कॉम के व्यवसाय के साथ 'याहू! चाइना' के जोड़ के साथ हम चीन के इंटरनेट उपयोगकर्ताओं को अग्रणी खोज-प्रस्ताव प्रदान करने के लिए अपनी सेवाओं का विस्तार कर रहे हैं। चीन में अलीबाबा.कॉम बी2बी में जीत रहा है, सी2सी में जीत रहा है, ऑनलाइन भुगतान में जीत रहा है और अब हम इंटरनेट सर्च में जीतनेवाले हैं।***

11 अगस्त, 2005 को 'याहू!' और अलीबाबा.कॉम के इस रणनीतिक साझीदारी पर जैक मा ने कहा था, "याहू! के साथ हाथ मिलाना हमें चीन में व्यवसायों और उपभोक्ताओं को इ-वाणिज्य सेवाओं की बेजोड़ श्रृंखला प्रदान करने की अनुमति देगा। अलीबाबा.कॉम के व्यवसाय के साथ 'याहू! चाइना' के जोड़ के साथ हम चीन के इंटरनेट उपयोगकर्ताओं को अग्रणी खोज-प्रस्ताव प्रदान करने के लिए अपनी सेवाओं का विस्तार कर रहे हैं। चीन में अलीबाबा.कॉम बी2बी में जीत रहा है, सी2सी में जीत रहा है, ऑनलाइन भुगतान में जीत रहा है और अब हम इंटरनेट सर्च में जीतनेवाले हैं।" जी हाँ, जैक मा की इस विजय घोषणा का सबसे बड़ा कारण यह था कि उसने एक झटके में अलीबाबा के लिए अनुमानित कुल 4 अरब डॉलर की परिसंपत्तियाँ (1 अरब डॉलर नकद निवेश, 70 लाख डॉलर मूल्य के 'याहू! चाइना' के अतिरिक्त 'याहू!' की

चीन स्थित अन्य परियोजनाओं से संबंधित परिसंपत्तियाँ) जुटा ली थीं। याद रहे कि वर्ष 2004 के अंत तक अलीबाबा ग्रुप के विभिन्न इ-वाणिज्य बाजार मंचों ने 200 देशों व क्षेत्रों में 1.5 करोड़ से अधिक पंजीकृत उपयोगकर्ताओं का मजबूत समुदाय विकसित कर लिया था। इनमें 1,00,000 से अधिक वे व्यावसायिक इकाइयाँ भी शामिल थीं, जो अलीबाबा की ऑनलाइन सेवाओं के लिए प्रतिवर्ष 250 से 10,000 डॉलर तक का भुगतान कर रही थीं। अलीबाबा के निम्नलिखित बाजार मंचों से वर्ष 2004 में कुल 4 अरब डॉलर मूल्य का व्यवसाय हुआ था—

- **अलीबाबा इंटरनेशनल (www.alibaba.com) :** यह वेबसाइट अंग्रेजी भाषा में मुख्य रूप से अंतरराष्ट्रीय व्यापार समुदाय लघु व मध्यम आकार के उद्यमों को ऑनलाइन बाजार-मंच की सेवाएँ प्रदान कर रही थी, जिस पर 200 देशों व क्षेत्रों के लगभग 15 लाख उपयोगकर्ता पंजीकृत हो चुके थे।

यह वेबसाइट अंग्रेजी भाषा में मुख्य रूप से अंतरराष्ट्रीय व्यापार समुदाय लघु व मध्यम आकार के उद्यमों को ऑनलाइन बाजार-मंच की सेवाएँ प्रदान कर रही थी, जिस पर 200 देशों व क्षेत्रों के लगभग 15 लाख उपयोगकर्ता पंजीकृत हो चुके थे।

- **अलीबाबा चाइना (www.china.alibaba.com) :** यह वेबसाइट व्यवसायियों के बीच घरेलू व्यापार के लिए चीन का सबसे बड़ा ऑनलाइन बाजार मंच बन चुकी थी। इस मंच पर तब तक 60 लाख पंजीकृत उपयोगकर्ताओं का बड़ा समुदाय एकत्र हो चुका था, जो नियमित रूप से मिलता था, तत्काल पाठ-श्रव्य-दृश्य संवादों का आदान-प्रदान करता था, उत्पादों की खोज करता था और ऑनलाइन व्यवसाय करता था। ये पंजीकृत उपयोगकर्ता अपने व्यापार प्रस्तावों व उत्पादों की सूचनाओं को ऑनलाइन डालने के वार्षिक सदस्यता शुल्क का भुगतान करते थे। इस सदस्यता शुल्क में सदस्य की पहचान का प्रमाणीकरण (ऑथेंटिफिकेशन) व सत्यापन (वेरिफिकेशन) की सेवा भी शामिल थी, जो तीसरे पक्ष के साख-पात्रता

मूल्यांकन अभिकरण (क्रेडिट रेटिंग एजेंसी) द्वारा की जाती थी।

- **ताओबाओ (www.taobao.com) :** यह वेबसाइट 70 लाख से अधिक पंजीकृत उपयोगकर्ताओं के साथ चीन की सबसे लोकप्रिय व सबसे बड़ी ग्राहक-से-ग्राहक तक (सी2सी) इ-वाणिज्य मंच बन चुकी थी। सामान सेवावाली अन्य मंचों की तुलना में इस पर सबसे अधिक उत्पादों का सूचीकरण था और चीन के तत्कालीन 10 करोड़ इंटरनेट उपयोगकर्ताओं के बीच इस वेबसाइट ने सबसे अधिक पैठ बना ली थी।

- **'अली पे' ऑनलाइन पेमेंट सोल्यूशन (www.alipay.com) :** इस वेबसाइट के माध्यम से अलीबाबा ने चीन की इ-वाजिज्य लेन-देन श्रृंखला का संपूर्ण चक्र स्थापित कर लिया था। यह उपयोगकर्ताओं को बहुत ही आसानी व तीव्रता के साथ सुरक्षित रूप से ऑनलाइन भुगतान की सुविधा प्रदान करती थी। 'अली पे' की यह सेवा बैंक खाताओं (बैंक एकाउंट्स) व साख-पत्रकों (क्रेडिट कार्ड) की तत्कालीन आधारभूत ढाँचे पर अपना परिचालन करती थी और सुरक्षित भुगतान-समाधान की रचना के लिए 'संपत्ति-संबंधी धोखाधड़ी रोकथाम प्रणाली' (प्रोप्राइटरी फ्रॉड प्रिवेंशन सिस्टम) का उपयोग करती थी। 'अली पे' का ऑनलाइन भुगतान मंच प्रदान करने के लिए अलीबाबा ने चीन के प्रमुख बैंकों—चाइना मर्चेंट बैंक, चाइना कंस्ट्रक्शन बैंक, एग्रीकल्चर बैंक ऑफ चाइना और इंडस्ट्रियल ऐंड कॉमर्शियल बैंक ऑफ चाइना से साझेदारी स्थापित की थी।

'अली पे' की यह सेवा बैंक खाताओं (बैंक एकाउंट्स) व साख-पत्रकों (क्रेडिट कार्ड) की तत्कालीन आधारभूत ढाँचे पर अपना परिचालन करती थी और सुरक्षित भुगतान-समाधान की रचना के लिए 'संपत्ति-संबंधी धोखाधड़ी रोकथाम प्रणाली' (प्रोप्राइटरी फ्रॉड प्रिवेंशन सिस्टम) का उपयोग करती थी।

...और इस सौदे में सॉफ्ट बैंक के संस्थापक मासायोशी सोन ने महत्त्वपूर्ण भूमिका निभाई थी। वास्तविकता तो यही है कि यदि सोन वर्ष 1995 में माउंटेन

व्यू (सिलिकॉन वैली) न आया होता और उसने युवा 'याहू!' संस्थापकों— जैरी यांग व डेविड फिलो से भेंट न की होती, तो 'याहू!' व अलीबाबा के बीच वह 'रणनीतिक साझेदारी' भी संपन्न नहीं हुई होती, जो अलीबाबा के लिए तो तत्काल ही फलदायी प्रमाणित हो गई थी, लेकिन 'याहू!' के लिए भी 'महान् फलदायी' प्रमाणित होने में उसे बहुत अधिक समय लगनेवाला था! हुआ ऐसा था कि मासायोशी सोन के सॉफ्ट बैंक कॉरपोरेशन ने कंप्यूटर केंद्रित प्रकाशन कंपनी जिफ्फ डेविस पब्लिशिंग को हाल में (जिसकी घोषणा 10 नवंबर, 1995 को हुई) ही 2.1 अरब डॉलर में खरीदा था। वैसे तो सॉफ्ट बैंक कॉरपोरेशन इससे पहले ही विश्व का सबसे बड़ा कंप्यूटर व्यापार प्रदर्शनी परिचालक व जापान की प्रक्रिया सामग्री (सॉफ्टवेयर) व कंप्यूटर प्रौद्योगिकी केंद्रित पत्रिकाओं का सबसे प्रकाशक बन चुका था, लेकिन जिफ्फ डेविस के अधिग्रहण के बाद इस क्षेत्र में विश्व का सबसे बड़ा प्रकाशक बन गया था, क्योंकि अब उसके पास 'पीसी मैगजीन' व 'पीसी वीक' सहित कुछ अन्य सर्वाधिक बिक्रीवाली कंप्यूटर पत्रिकाएँ आ गई थीं। अब संयुक्त राज्य अमेरिका में कंप्यूटर विज्ञापन के कुल 1.7 अरब डॉलर के बाजार में सॉफ्ट बैंक कॉरपोरेशन की बाजार हिस्सेदारी बढ़कर 46 प्रतिशत हो गई थी। उस समय जिफ्फ डेविस अपनी व्यवसाय प्रौद्योगिकी वेबसाइट www.ZDNet.com को 'याहू!' की सेवाओं के साथ जोड़ने के लिए उसमें निवेश की योजना बना रही थी, लेकिन अधिग्रहण के कारण यह संभव नहीं हो सका था। यही कारण था कि मासायोशी सोन ने माउंटेन व्यू में 'याहू!' के युवा संस्थापकों से भेंट की थी और तत्काल ही 'याहू!' में 5 प्रतिशत स्वामित्व हिस्सेदारी के लिए 20 लाख डॉलर के निवेश का निर्णय ले लिया था। फिर सोन ने वर्ष 1996 में

> ***"और इस सौदे में सॉफ्ट बैंक के संस्थापक मासायोशी सोन ने महत्त्वपूर्ण भूमिका निभाई थी। वास्तविकता तो यही है कि यदि सोन वर्ष 1995 में माउंटेन व्यू (सिलिकॉन वैली) न आया होता और उसने युवा 'याहू!'***

10.5 करोड़ डॉलर व वर्ष 1998 में 25 करोड़ डॉलर का निवेश कर 'याहू!' में अपनी स्वामित्व हिस्सेदारी को बढ़ाकर 37 प्रतिशत पर पहुँचा दिया था। उसके बाद सोन ने वर्ष 1999 में जैक मा की कंपनी अलीबाबा में 2 करोड़ डॉलर का निवेश किया था।

याद रहे कि कोरियाई मूल के सोन के दादा-दादी जापान में आ बसे थे। सोन का जन्म (11 अगस्त, 1957) जान के दक्षिणी द्वीप क्युशु के छोटे शहर में हुआ था। सोन ने अपने व्यापारिक लक्ष्य को आगे बढ़ाने के लिए जापान मैकडोनाल्ड'स के तत्कालीन अध्यक्ष डेन फुजिता से संपर्क स्थापित किया था। उसकी सलाह पर सोन ने अंग्रेजी व कंप्यूटर विज्ञान के अध्ययन पर अपना ध्यान केंद्रित किया था। फिर 16 वर्ष की आयु में जापान से साउथ सैनफ्रांसिस्को (कैलिफोर्निया, संयुक्त राज्य अमेरिका) आ गया था और वहाँ अपने मित्रों व उनके परिवार के बीच रहते हुए तीन सप्ताहों में अपेक्षित परीक्षा देकर उच्च विद्यालय की पढ़ाई पूरी कर ली थी। स्थानीय सामुदायिक महाविद्यालय में दो वर्षों तक पढ़ाई के बाद, सोन को कैलिफोर्निया विश्वविद्यालय, बर्कले स्थानांतरित कर दिया गया था, जहाँ उसने अर्थशास्त्र में स्नातक करने के साथ कंप्यूटर विज्ञान का भी गंभीर अध्ययन किया था। वहाँ पढ़ाई करते हुए सोन ने कुछ प्राध्यापकों की सहायता से इलेक्ट्रॉनिक ट्रांसलेटर का आविष्कार किया था और उसे 17 लाख डॉलर में बेच दिया था। फिर उसने जापान से पुरानी वीडियो गेम मशीनों का आयात कर छात्रावासों व रेस्तराओं में स्थापित कर 15 लाख डॉलर अर्जित किया था। इस प्रकार कैलिफोर्निया विश्वविद्यालय, बर्कले में पढ़ाई करते हुए सोन ने कुल 32

याद रहे कि कोरियाई मूल के सोन के दादा-दादी जापान में आ बसे थे। सोन का जन्म (11 अगस्त, 1957) जान के दक्षिणी द्वीप क्युशु के छोटे शहर में हुआ था। सोन ने अपने व्यापारिक लक्ष्य को आगे बढ़ाने के लिए जापान मैकडोनाल्ड'स के तत्कालीन अध्यक्ष डेन फुजिता से संपर्क स्थापित किया था।

लाख डॉलर अर्जित कर लिया था और वर्ष 1980 में पढ़ाई पूरी करने बाद 'यूनिसोन' (ओकलैंड, ईस्ट बेय, सैनफ्रांसिस्को बेय एरिया, कैलिफोर्निया) नामक कंपनी स्थापित की थी और उसे जापान की क्योसेरा कॉरपोरेशन को बेचकर 3 सितंबर, 1981 को सॉफ्ट बैंक कॉरपोरेशन (टोक्यो जापान) की स्थापना की थी, और फिर पीछे मुड़कर नहीं देखा था।

शुरुआती निवेश के एक माह बाद जब सोन ने जैरी यांग से भेंट की थी तो उसने बताया था कि 'याहू!' को जापान में विस्तार करने के लिए कई कंपनियों के प्रस्ताव मिले थे। सोन ने जैरी यांग से वहाँ उसके बारे में विस्तार से चर्चा की थी और अगले माह सॉफ्ट बैंक की साझेदारी में याहू! जापान का शुभारंभ हो गया था। जब याहू! जापान को लाखों ग्राहक मिलने लगे थे, तब वर्ष 1997 में सोन के सुझाव पर जैरी यांग ने चीन की यात्रा की थी, उसकी जैक मा से भेंट हुई थी और दोनों के बीच इंटरनेट व्यवसाय की अनंत संभावनाओं के बारे में चर्चा हुई थी। इससे पहले जैक माने 'याहू!' की नकल कर येलो पेजज का चीनी संस्करण निकालने की कोशिश की थी और विफल हो चुका था। फिर अप्रैल 1999 में जैक मा ने चीन की कंपनियों को बाकी विश्व के साथ जोड़ने की भव्य लेकिन अस्पष्ट योजना के साथ आरंभिक कंपनी की स्थापना की थी और उसे 'अलीबाबा' कहा था।

यह वही समय था, जब संयुक्त राज्य अमेरिका में 'डॉटकॉम बुलबुला' अपने फुलाव के शिखर को छूने लगा था और 'याहू!' विश्व की सबसे अधिक लोकप्रिय वेबसाइट बन गई थी और उसकी स्वामित्व हिस्सेदारियों (शेयर ऑफ स्टॉक) के मूल्य आश्चर्यजनक तेजी से बड़े थे।

यह वही समय था, जब संयुक्त राज्य अमेरिका में 'डॉटकॉम बुलबुला' अपने फुलाव के शिखर को छूने लगा था और 'याहू!' विश्व की सबसे अधिक लोकप्रिय वेबसाइट बन गई थी और उसकी स्वामित्व हिस्सेदारियों (शेयर ऑफ स्टॉक) के मूल्य आश्चर्यजनक तेजी से बड़े थे। वर्ष 1999 के

अंतिम महीनों में 'याहू !' के शेयर के मूल्य दोगुना हो गए थे और 3 जनवरी, 2000 को 118.75 डॉलर प्रति शेयर की ऐतिहासिक ऊँचाई पर पहुँच गया था। उसके 16 दिनों बाद, जापान के इतिहास में 'याहू !' जापान कोर्प का एक शेयर 10 करोड़ येन (94,780 डॉलर) को पीछे छोड़ते हुए 10.14 करोड़ येन (96,140 डॉलर) की ऐतिहासिक ऊँचाई को छू लिया था और कुछ अवधि के लिए मासायोशी सोन बिल गेट्स जितना धनी हो गया था। 'याहू !' की तुलना में, जैक मा का अलीबाबा नगण्य कंपनी थी, जिसे वह अपने हांग्जो स्थित निवास में मुट्ठी भर साथियों के साथ चला रहा था, लेकिन सोन की पारखी आँखों को जैक मा की अद्भुत उद्यमशीलता व अलीबाबा की अपार संभावनाओं को परखने में तनिक भी देर नहीं लगी, जब वह अपनी नियमित निवेश-शिकार यात्रा के क्रम में चीन गया था और उसकी जैक मा से भेंट हुई थी। सोन ने तत्काल 2 करोड़ डॉलर का निवेश कर अलीबाबा की 37 प्रतिशत स्वामित्व हिस्सेदारियाँ खरीद ली थीं और रोचक तथ्य यह है कि सोन ने अलीबाबा में इतना बड़ा निवेश कर दिया था, जबकि 'डॉटकॉम बुलबुला' विस्फोट ने सॉफ्ट बैंक के 99 प्रतिशत बाजार पूँजीकरण के साथ-साथ उसके 90 प्रतिशत निवल मूल्य (नेटवर्थ) का भी सफाया कर दिया था।

लंबे अरसे बाद जब वर्ष 2005 में 'याहू !' अपनी चीनी कंपनी 'याहू ! चाइना' को अलीबाबा की प्रतिस्पर्धा में उसे बाजार में लोकप्रिय बनाने में विफल हो गया था, और चीनी सरकार उसे अपनी दुकान बंद कर बाहर निकलने का दबाव बना रही थी, तो मासायोशी सोन ने दोनों की कंपनियों में अपने निवेश की संभावनाओं को बचाने के लिए जैक मा व जैरी यांग को एक साथ किया था···और 'याहू !' के दूरगामी लाभ सुनिश्चित करने के साथ-साथ अलीबाबा के तात्कालिक उत्थान का मार्ग प्रशस्त करने में अहम भूमिका निभाई थी।

□

3

तीन लौह-स्तंभों पर खड़ा अलीबाबा

हमने पीछे पढ़ा है कि अलीबाबा ने वर्ष 2003 में 'ताओबाओ' का शुभारंभ किया था और उसने अगले दो वर्षों में इबेय को अपना परिचालन बंद कर भाग जाने की स्थिति में पहुँचा दिया था और 'याहू ! चाइना' को निगलकर 1 अरब डॉलर का नकद निवेश भी झटक लिया था, लेकिन वास्तव में 'ताओबाओ' अपने मजबूत आधारों पर खड़े होने में तीन वर्षों का समय और लगा था। 'ताओबाओ' के अस्तित्व में आने से पहले तक चीन के अनगिनत कारखाने अधिकांश रूप से विदेशी बाजारों के लिए उत्पादों का विनिर्माण कर रहे थे। वे उन उत्पादों को वालमार्ट व टारगेट जैसी खुदरा भंडार श्रृंखलाओं के प्रदर्शन-अलमारियों में भरने के लिए निर्यात करते थे, लेकिन वर्ष 2008 में 'आवासीय बुलबुला' (हाउसिंग बबल) फटने के बाद आए विश्वव्यापी वित्तीय संकट ने अचानक सबकुछ बदलकर रख दिया था। चीन का निर्यात बाजार ध्वस्त हो गया था और इसी संकट ने जैक मा को सुनहरा अवसर प्रदान कर दिया था। उसने 'ताओबाओ.कॉम' पर चीनी उपभोक्ताओं के लिए अपने ही देश के अनगिनत कारखानों के द्वार खोल दिए थे...और चीन की विनिर्माण केंद्रित अर्थव्यवस्था को 'उपभोक्ता बाजार' में बदलने की दिशा में क्रांतिकारी भूमिका निभाई थी। इस वित्तीय संकट ने चीनी सरकार के नशे को एक झटके में तोड़ दिया था। वैसे तो कुछ वर्ष पहले से ही चीनी सरकार ने अर्थव्यवस्था को संतुलित करने की दिशा में कई महत्त्वपूर्ण कदम उठाए थे, लेकिन विश्वव्यापी वित्तीय संकट ने उसे अपना पूरा ध्यान 'उपभोक्ता बाजार' के विकास पर केंद्रित

करने के लिए बाध्य किया था···और इसका सबसे अधिक लाभ उठानेवाली चीनी इंटरनेट कंपनियों में अलीबाबा सबसे ऊपर थी।

जैक मा ने कई अवसरों पर सार्वजनिक रूप से स्वीकार किया है कि अलीबाबा की सफलता महज एक संयोग थी। मा ने कहा था कि हो सकता था कि "अलीबाबा की गिनती भी 1001वीं गलती के रूप में जानी जाती!" मा ने इस संदर्भ में तीन व्याख्याएँ प्रस्तुत की थीं कि "हमारे पास कोई पैसा नहीं था, हमारे पास कोई प्रौद्योगिकी नहीं थी, और हमारे पास कोई योजना नहीं थी।" तो फिर जैक मा ने अलीबाबा को किन मजबूत आधारों पर खड़ा किया था कि उसने इबे चाइना को चीन से अपनी दुकान समेट लेने के लिए बाध्य किया था···और फिर 'याहू! चाइना' के परिचालन को निगलने के साथ-साथ मूल कंपनी 'याहू!' से 1 अरब डॉलर की आश्चर्यजनक धनराशि का निवेश भी अर्जित कर लिया था? जी हाँ, हम इस अध्याय में अलीबाबा के त्रिभुजाकार आधारभूत-ढाँचे पर ही विस्तार से चर्चा करनेवाले हैं, जो इन तीन लौह स्तंभों पर खड़े हैं : अलीबाबा इ-वाणिज्य मंचों का नवाचारी व्यवसाय-प्रारूप (बिजनेस मॉडल), जो अपने नाम के अनुसार उपभोक्ताओं के सामने वस्तुओं की अद्वितीय श्रृंखला के रूप में 'अलीबाबा का आभासी संसार' प्रस्तुत कर पाने में सक्षम है। दूसरा अत्यंत सुदृढ़ स्तंभ है—व्यापक व कुशल संभार-तंत्र संजाल (लॉजिस्टिक नेटवर्क), खरीद की गई वस्तुओं को तेजी व विश्वसनीयता के साथ उपभोक्ताओं के हाथों में पहुँचना सुनिश्चित करता है और तीसरा स्तंभ है—अद्भुत वित्तीय प्रणाली (फाइनेंशियल सिस्टम), जो अलीबाबा इ-वाणिज्य मंचों पर खरीदारी को आसान व चिंतामुक्त बनाती है।

जैक मा ने कई अवसरों पर सार्वजनिक रूप से स्वीकार किया है कि अलीबाबा की सफलता महज एक संयोग थी। मा ने कहा था कि हो सकता था कि "अलीबाबा की गिनती भी 1001वीं गलती के रूप में जानी जाती!"

अलीबाबा मंचों का नवाचारी व्यवसाय-प्रारूप

विश्व की अग्रणी इ-वाणिज्य मंच अमेजन.कॉम का व्यवसाय-प्रारूप 'वस्तु-सूची आधारित' (इन्वेंटरी बेस्ड) है। इसके विपरीत, अलीबाबा की उपभोक्ता वेबसाइट 'ताओबाओ.कॉम' व 'टीमॉल.कॉम' कोई वस्तु-सूची नहीं ढोती है। जी हाँ, ये वेबसाइट अपनी कोई वस्तु नहीं बेचती हैं, वरन् दूसरे विक्रेताओं को अपनी वस्तुएँ बेचने के लिए इ-वाणिज्य विपणन मंच (इ-कॉमर्स मार्केटिंग प्लेटफार्म) की सुविधा-सेवा प्रदान करती हैं। यह चीन का विशालतम इ-वाणिज्य विपणन मंच है, जिस पर जुलाई 2018 में 37 करोड़ से अधिक उपयोगकर्ता पंजीकृत थे। इस पर 1 करोड़ से अधिक छोटे व व्यक्तिगत रूप से काम करनेवाले व्यवसायी अपने-अपने भंडार-फलकों (स्टोर फ्रंट) के माध्यम से कुल 80 करोड़ से अधिक उत्पादों या सेवा-प्रस्तावों की बिक्री कर रहे थे, अर्थात् यदि आप 'ताओबाओ.कॉम' पर अपना भंडार-फलक खोलते हैं तो आपको वह 37 करोड़ उपभोक्ताओं तक पहुँचने का अवसर प्रदान करता है। यह ग्राहक-से-ग्राहक तक (सी2सी) व व्यवसाय-से-ग्राहक तक (बी2सी)—दोनों ही प्रकार का मंच प्रदान करता है।

विश्व की अग्रणी इ-वाणिज्य मंच अमेजन.कॉम का व्यवसाय-प्रारूप 'वस्तु-सूची आधारित' (इन्वेंटरी बेस्ड) है। इसके विपरीत, अलीबाबा की उपभोक्ता वेबसाइट 'ताओबाओ.कॉम' व 'टीमॉल.कॉम' कोई वस्तु-सूची नहीं ढोती है।

जी हाँ, 'ताओबाओ.कॉम' पर इतनी बड़ी संख्या में व्यवसायियों का एकत्रीकरण इसीलिए संभव हो सका है कि वह उनसे भंडार-फलक स्थापित करने के कोई भी शुल्क नहीं वसूल करता है। फिर भी 'ताओबाओ' राजस्व अर्जित करता है...बहुत ही अधिक मात्रा में राजस्व अर्जित करता है! कैसे? उन विक्रेताओं को विपणन व विज्ञापन सेवाएँ बेचकर, जो भीड़ से अलग हटकर अपने उत्पादों की बिक्री को प्रोत्साहित करना चाहते हैं। वैसे अमेजन.

कॉम भी ऐसा ही करता है, लेकिन उसका अधिकांश ध्यान अपनी वस्तु-सूची को बेचने पर केंद्रित होता है, लेकिन 'ताओबाओ' की अपनी कोई वस्तु-सूची नहीं है, और उसका संपूर्ण ध्यान अपने मंच पर भंडार-फलक स्थापित करनेवाले व्यवसायियों की वस्तुओं व सेवाओं के विपणन पर केंद्रित होता है।

ताओबाओ.कॉम विक्रेताओं को विज्ञापन करने के लिए दो प्रकार की सुविधाएँ प्रदान करता है—भुगतान-प्राप्त सूचीकरण (पेड लिस्टिंग) या प्रदर्शन विज्ञापन (डिस्प्ले एडवर्टाइजमेंट) के माध्यमों से। भुगतान-प्राप्त सूचीकरण का प्रारूप भी गूगल के 'एड वड्र्स' की तरह ही काम करता है। विज्ञापनदाता संकेत-शब्दों (क्री-वड्र्स) के लिए बोली लगाते हैं, ताकि उनके उत्पादों को 'ताओबाओ' पर अधिक प्रमुख स्थान मिल सके। वे अलीबाबा को अपने विज्ञापनों पर उपभोक्ताओं द्वारा 'क्लिक' किए जाने के आधार पर भुगतान करते हैं। ये विक्रेता अधिक पारंपरिक विज्ञापन प्रारूप का भी उपयोग कर सकते हैं, जिसमें उन्हें 'ताओबाओ' पर अपने विज्ञापनों के प्रदर्शन की संख्या पर भुगतान करना पड़ेगा। वैसे विज्ञापन के बारे में बहुत पुराना व लोकप्रिय परिहास है—मैं जानता हूँ कि कम-से-कम अपने विज्ञापन की आधी लागत काम करती है…लेकिन मैं यह नहीं जानता हूँ कि वह आधा हिस्सा कौन सा है? लेकिन, 'ताओबाओ' अपने विज्ञापनदाताओं को न केवल 'कार्यप्रदर्शन के लिए भुगतान' की विज्ञापन प्रणाली प्रस्तुत करती है, वरन् विशाल उपभोक्ता मंच भी प्रदान करती है। यही कारण है कि उस मंच पर विज्ञापन करने व अपने उत्पादों को प्रोत्साहित करने के लिए छोटे-छोटे विक्रेता दिल खोलकर खर्च करते हैं, क्योंकि उन्हें उनका

ताओबाओ.कॉम विक्रेताओं को विज्ञापन करने के लिए दो प्रकार की सुविधाएँ प्रदान करता है—भुगतान-प्राप्त सूचीकरण (पेड लिस्टिंग) या प्रदर्शन विज्ञापन (डिस्प्ले एडवर्टाइजमेंट) के माध्यमों से। भुगतान-प्राप्त सूचीकरण का प्रारूप भी गूगल के 'एड वड्र्स' की तरह ही काम करता है।

सकारात्मक परिणाम मिलता है···उनकी बिक्री बढ़ती है और वे लाभ कमाते हैं और इस प्रकार 'ताओबाओ' अपने मंच के प्रति विक्रेताओं के उत्साह व आकर्षण को नियंत्रित करता है···और उसकी यह नियंत्रण-शक्ति उसे मालामाल करती है।

और यह सब यूँ ही नहीं होता है, 'ताओबाओ' की आभासी गलियारों को व्यवस्थित रखने के लिए अलीबाबा के हजारों ग्राहक-सेवा प्रबंधक (क्लाइंट सर्विस मैनेजर) जुटे रहते हैं, जो ग्राहकों व विक्रेताओं के बीच उठनेवाले विवादों को सुलझाते रहते हैं। इन युवा प्रबंधकों की औसत आयु 27 वर्ष है; ये लोग लंबे समय तक काम करते हैं और बहुधा विक्रेताओं को देर रात तक संदेश भेजते रहते हैं। इन प्रबंधकों को अलीबाबा की ओर से ग्राहकों के पक्ष में निर्णय करने और उन्हें लागू करने की सभी आवश्यक शक्तियाँ प्रदान की गई हैं···यहाँ तक कि दोषी पाए जाने पर वे किसी भी विक्रेता के भंडार-फलक को पूरी तरह से बंद भी कर सकते हैं, लेकिन इनका काम केवल यही नहीं है। ये प्रबंधक विक्रेताओं को विपणन अभियान में सहभागिता करने की क्षमता भी प्रदान करते हैं। ऐसे में कुछ विक्रेता अनिवार्य रूप से इन ग्राहक-सेवा प्रबंधकों को घूस देकर भ्रष्ट करने की कोशिश भी करते हैं। इस प्रकार की घटनाएँ अलीबाबा के आतंरिक आनुशासनिक इकाई से अधिक समय तक छिप नहीं सकती हैं, क्योंकि वे कर्मचारियों को भ्रष्ट करने की कोशिश करनेवाले विक्रेताओं को पूरी तरह से उखाड़ फेंकते हैं।

और यह सब यूँ ही नहीं होता है, 'ताओबाओ' की आभासी गलियारों को व्यवस्थित रखने के लिए अलीबाबा के हजारों ग्राहक-सेवा प्रबंधक (क्लाइंट सर्विस मैनेजर) जुटे रहते हैं, जो ग्राहकों व विक्रेताओं के बीच उठनेवाले विवादों को सुलझाते रहते हैं।

लेकिन 'ताओबाओ' की सफलता की व्याख्या केवल ग्राहक-सेवा प्रबंधकों की कुशल सेवाओं से ही नहीं की जा सकती है। 'ताओबाओ'

सफल है तो इसका कारण यह है कि इसका समूचा ताना-बाना 'ग्राहकों' को प्राथमिकता देने और उनकी विश्वसनीयता को बनाए रखने के लिए बुना गया है, लेकिन 'ताओबाओ' पर इतनी विशाल संख्या में ग्राहकों के जुटाने का कारण यह है कि ऑनलाइन खरीदारी करते समय उन्हें ऐसा लगता है कि वे मानो चीन की गलियों में लगनेवाले बाजारों में हों! ऑनलाइन खरीदारी करना भी वास्तविक जीवन की तरह ही परस्पर संवादात्मक होता है। ग्राहक अलीबाबा के बातचीत अनुप्रयोग (चैटिंग एप्लीकेशन/एप्प) के माध्यम से उसी प्रकार तोल-मोल कर सकते हैं, जैसे वे बाजारों में खरीदारी के समय करते हैं। यदि ग्राहक किसी चीज को ठीक प्रकार से देखना चाहता है तो विक्रेता उसे अपने वेब कैमरा के सामने उलट-पलटकर दिखा भी सकता है। ग्राहक अंकित मूल्य में छूट के साथ-साथ निःशुल्क डाक सेवा की भी माँग कर सकता है। बात यहीं खत्म नहीं होती। 'ताओबाओ' के अधिकांश संकुलनों (पैकेज) में उपहार के रूप से कुछ अतिरिक्त नमूने या फिर खिलौने भी होते हैं। 'ताओबाओ' के विक्रेता ग्राहकों के साथ अपनी साख को बनाए रखने के लिए हर संभव कोशिशें करते हैं। जी हाँ, जब ग्राहक विक्रेता या उत्पाद के बारे नकारात्मक टिप्पणी करते हैं, तो वे कुछ ही मिनटों में विक्रेता की ओर से भुगतान वापसी या संबंधित उत्पाद को बदलने के प्रस्ताव के संदेश की अपेक्षा भी कर सकते हैं।

यदि ग्राहक किसी चीज को ठीक प्रकार से देखना चाहता है तो विक्रेता उसे अपने वेब कैमरा के सामने उलट-पलटकर दिखा भी सकता है। ग्राहक अंकित मूल्य में छूट के साथ-साथ निःशुल्क डाक सेवा की भी माँग कर सकता है। बात यहीं खत्म नहीं होती। 'ताओबाओ' के अधिकांश संकुलनों (पैकेज) में उपहार के रूप से कुछ अतिरिक्त नमूने या फिर खिलौने भी होते हैं।

अलीबाबा के इ-वाणिज्य की इस ग्राहक-केंद्रित व्यवसाय व्यवहार

को उसके अन्य मंचों के द्वारा भी कठोरता के साथ लागू किया जाता है। जैसे कि 'टीमॉल.कॉम'। यदि 'ताओबाओ' की तुलना गली के बाजारों से की जा सकती है तो टीमॉल की चमचमाते शॉपिंग मॉल से। बड़े खुदरा विक्रेता, यहाँ तक कि विलासितापूर्ण सामग्रियों के विक्रेता भी 'टीमॉल.कॉम' पर अपने भंडार-फलक सजाते हैं। वे वहाँ पर विशेष रूप से उन ग्राहकों के लिए उपस्थित होते हैं, जो भले ही अभी उन महँगी वस्तुओं को खरीदने की क्षमता नहीं रखते हैं, लेकिन यदि वे उन उत्पादों के बारे में जागरूक होंगे तो भविष्य में उन्हें खरीदेंगे भी। इस प्रकार बड़े व विलासितापूर्ण सामग्रियों के विक्रेता अपने उत्पाद नामों (ब्रांड) के प्रति ग्राहकों की जारूकता का निर्माण करते हैं। याद रहे कि 'ताओबाओ' क्रेता व विक्रेता दोनों के लिए ही निःशुल्क है, लेकिन टीमॉल पर विक्रेताओं को अपनी बिक्री पर अलीबाबा को दलाली देनी पड़ती है, जो विभिन्न उत्पाद श्रेणियों में 3 से 6 प्रतिशत तक हो सकती है।

चीनी भाषा में टीमॉल को 'तियान माओ' अर्थात् 'आकाशीय बिल्ली' कहा जाता है, जिसका शुभंकर (मैस्कॉट) है—काली बिल्ली। जबकि 'ताओबाओ' का शुभंकर है 'अज्ञात देश की गुड़िया'। दोनों शुभंकर एक-दूसरे की ब्रांड छवि का अंतर सुस्पष्ट करते हैं। यही दोनों मंच अलीबाबा ग्रुप के लिए लगभग 80 प्रतिशत बिक्री राजस्व एकत्र करते हैं।

चीनी भाषा में टीमॉल को 'तियान माओ' अर्थात् 'आकाशीय बिल्ली' कहा जाता है, जिसका शुभंकर (मैस्कॉट) है—काली बिल्ली। जबकि 'ताओबाओ' का शुभंकर है 'अज्ञात देश की गुड़िया'। दोनों शुभंकर एक-दूसरे की ब्रांड छवि का अंतर सुस्पष्ट करते हैं। यही दोनों मंच अलीबाबा ग्रुप के लिए लगभग 80 प्रतिशत बिक्री राजस्व एकत्र करते हैं।

टीमॉल अपने मंच पर तीन प्रकार के भंडारों को आतिथेय प्रदान करता है—ध्वजवाहक भंडार (फ्लैगशिप स्टोर) का संचालन संबंधित ब्रांड स्वयं

करता है; अधिकृत भंडार (अथराइज्ड स्टोर), जो विक्रेताओं द्वारा व्यवस्थित किया जाता है, जिनके पास ऐसा करने लिए अनुज्ञा-पत्र (मर्चेंट लाइसेंस) होता है; और विशेषता भंडार (स्पेशलिटी स्टोर), जो एक से अधिक ब्रांड के उत्पादों की ब्रिकी करते हैं। टीमॉल के कुल विक्रेताओं में विशेषता भंडारों की संख्या लगभग 90 प्रतिशत है। इस मंच पर चीन के 70,000 से अधिक ब्रांड प्रदर्शित हो रहे थे, जबकि टीमॉल ग्लोबल के माध्यम से लगभग 15,000 ब्रांड भी इसमें भाग ले रहे थे। जी हाँ, इनमें एप्पल से लेकर जारा तक लगभग सभी बहुराष्ट्रीय ब्रांड शामिल थे। यहाँ तक कि वर्ष 2015 से 'अमेजन चाइना' (www.amazon.cn) ने भी टीमॉल मंच पर अपना भंडार-फलक स्थापित किया हुआ है, जहाँ वह आयातित खाद्यों, जूतों, खिलौनों व रसोई के बरतनों की बिक्री करती है। याद रहे कि वर्ष 2004 में अमेजन ने चीन के सबसे बड़े ऑनलाइन पुस्तक भंडार को 7.5 करोड़ डॉलर में अधिगृहीत किया था, जो वर्ष 2011 में 'अमेजन चाइना' हो गया था, लेकिन आयातित वस्तुओं पर केंद्रित रहने और चीनी ग्राहकों द्वारा स्थानीय कंपनियों को प्राथमिकता देने के कारण 'अमेजन चाइना' की बाजार हिस्सेदारी 1 से 2 प्रतिशत के बीच ही झूलती रही है।

याद रहे कि वर्ष 2004 में अमेजन ने चीन के सबसे बड़े ऑनलाइन पुस्तक भंडार को 7.5 करोड़ डॉलर में अधिगृहीत किया था, जो वर्ष 2011 में 'अमेजन चाइना' हो गया था, लेकिन आयातित वस्तुओं पर केंद्रित रहने और चीनी ग्राहकों द्वारा स्थानीय कंपनियों को प्राथमिकता देने के कारण 'अमेजन चाइना' की बाजार हिस्सेदारी 1 से 2 प्रतिशत के बीच ही झूलती रही है।

अलीबाबा ने 'ग्रुपऑन' (www.groupon.com) की तरह ही वर्ष 2010 में समूह-खरीदारी (ग्रुप बाइंग) वेबसाइट 'जुहुआसुआन' का शुभारंभ किया था। यह देखते-देखते चीन का सबसे बड़ा समूह-खरीदारी मंच बन गया था और वर्ष 2015 तक इस पर 20 करोड़ से अधिक पंजीकृत उपयोगकर्ता

जमा हो जाने के बाद यह विश्व का भी सबसे बड़ा समूह खरीदारी मंच बन गया था। इस प्रकार ताओबाओ, टीमॉल व जुहुआसुआन पर कुल 1 करोड़ से अधिक विक्रेताओं का जुटान हो गया था, और जुहुआसुआन.कॉम पर 1 करोड़ से अधिक विशिष्ट वस्तुओं के प्रस्ताव आने लगे थे, लेकिन जुहुआसुआन के दैनिक सौदों ने टीमॉल को प्रभावित करना शुरू कर दिया था। इसीलिए वर्ष 2016 में अलीबाबा ग्रुप ने जुहुआसुआन को टीमॉल के साथ एकीकृत कर दिया था।

जैसा कि हमने पहले अध्याय में पढ़ा है कि चीन में इ-वाणिज्य की खुदरा बाजार हिस्सेदारी पिछले वर्ष 15.8 प्रतिशत से बढ़कर वर्ष 2017 में 23.1 प्रतिशत होनेवाली थी, जिसके वर्ष 2021 तक बढ़कर 40.8 प्रतिशत हो जाने का आकलन किया गया था, लेकिन संयुक्त राज्य अमेरिका में खुदरा बाजार में इ-वाणिज्य की हिस्सेदारी बहुत ही धीरे-धीरे बढ़ रही है, जिसके 2021 तक महज 12 प्रतिशत के आसपास ही पहुँच सकने का अनुमान है। वैसे तो संयुक्त राज्य अमेरिका के ग्राहकों की ही तरह चीन के ग्राहकों को भी ऑनलाइन खरीदारी से समय व धन की बचत होती है, लेकिन चीन के ग्राहकों को ऑनलाइन खरीदारी करने में जितना अधिक आनंद मिलता है, उतना अमेरिका के ग्राहकों को नहीं, क्योंकि चीन में कैरीफोर या वालमार्ट जैसी बहुराष्ट्रीय खुदरा भंडार श्रृंखलाओं के पहुँचने से पहले तक यहाँ स्वदेशी खुदरा-भंडार श्रृंखलाओं या शॉपिंग मॉल विकसित नहीं हो सका था। चीन में अधिकांश स्वदेशी खुदरा विक्रेताओं ने सरकारी स्वामित्ववाले उद्यमों की तरह

जैसा कि हमने पहले अध्याय में पढ़ा है कि चीन में इ-वाणिज्य की खुदरा बाजार हिस्सेदारी पिछले वर्ष 15.8 प्रतिशत से बढ़कर वर्ष 2017 में 23.1 प्रतिशत होनेवाली थी, जिसके वर्ष 2021 तक बढ़कर 40.8 प्रतिशत हो जाने का आकलन किया गया था, लेकिन संयुक्त राज्य अमेरिका में खुदरा बाजार में इ-वाणिज्य की हिस्सेदारी बहुत ही धीरे-धीरे बढ़ रही है...

की शुरुआत की थी। इन विक्रेताओं को स्थानीय सरकारों या सरकारी बैंकों से वित्तीय सहायता प्रदान की जा रही थी, इसीलिए इन विक्रेताओं ने ग्राहकों को प्रतिस्पर्धी सेवाएँ व सुविधाएँ देने की कोशिश ही नहीं की थी। अन्य खुदरा शृंखलाएँ अचल संपत्ति कंपनियों द्वारा स्थापित की गई थीं, जिनका मुख्य उद्देश्य खुदरा भंडारों की आड़ में प्रमुख अचल संपत्तियों को अधिगृहीत करना ही था। इसीलिए चीन के ग्राहक अपनी स्वाभाविक सेवा से वंचित रह गए थे। ऐसे में जब अलीबाबा ने ग्राहक-केंद्रित ऑनलाइन खरीदारी का मंच प्रदान किया था तो चीनी ग्राहकों ने उसे तत्काल ही अपना लिया था। इसीलिए तो जैक मा कहता है कि 'अमेरिका में ऑनलाइन खरीदारी 'डेजर्ट' अर्थात् मुख्य भोजन (मेन कोर्स मील) के बाद परोसे जानेवाले 'मिष्टान्न' की तरह है, जबकि चीन में यह 'मेन कोर्स' है।'

चीन में इ-वाणिज्य की सफलता का एक कारण पारंपरिक खुदरा विक्रेताओं पर अचल संपत्ति का बोझ भी है। वैसे तो अमेरिका में भी अचल संपत्तियों लागत कम नहीं है, लेकिन चीन में यह बोझ अपेक्षाकृत अधिक भारी है। चीन में भू-संपत्ति इसलिए भी अधिक महँगी है, क्योंकि यह सरकार के लिए राजस्व का अति महत्त्वपूर्ण स्रोत है। जी हाँ, भू-संपत्तियों की बिक्री से केंद्र सरकार को कुल राजस्व का एक-चौथाई प्राप्त होता है, जबकि स्थानीय सरकारों को उससे भी अधिक एक-तिहाई; चूँकि चीन की अर्थव्यवस्था की संरचना सरकार-केंद्रित रही है, इसीलिए केंद्र व स्थानीय सरकारों के पास ही अधिकांश संसाधन हैं। सरकार ही जमीन के मूल्य निर्धारित करती है, सरकार ही निर्धारित करती है कि उन

चीन में इ-वाणिज्य की सफलता का एक कारण पारंपरिक खुदरा विक्रेताओं पर अचल संपत्ति का बोझ भी है। वैसे तो अमेरिका में भी अचल संपत्तियों लागत कम नहीं है, लेकिन चीन में यह बोझ अपेक्षाकृत अधिक भारी है। चीन में भू-संपत्ति इसलिए भी अधिक महँगी है, क्योंकि यह सरकार के लिए राजस्व का अति महत्त्वपूर्ण स्रोत है।

संसाधनों को कैसे प्रवाहित किया जाए और कहाँ धन खर्च किया जाए! इसीलिए सरकार जमीन की ब्रिकी पर लिये जानेवाले करों व संबंधित शुल्कों पर अधिक विश्वास करती है। यही कारण है कि चीन में खुदरा शृंखलाओं का विकास संभव नहीं हुआ और सरकार के समर्थन से जो कुछ भी विकास संभव हुआ था, उसमें ग्राहक-सेवा की उपेक्षा हुई। परिणाम यह हुआ कि ज्यों ही ग्राहकों को ऑनलाइन खरीदारी का विकल्प मिला, उन्होंने उसे हृदय से अपना लिया। चाहे वे रेस्तराँ शृंखलाएँ होने या फिर खुदरा भंडार शृंखलाएँ—सभी को अचल संपत्ति लागत की मार पड़ती रही है, क्योंकि जब तक ये कंपनियाँ ग्राहकों को आकर्षित करने में सफल हो पाती हैं, उन पर अचल संपत्तियों का किराया बढ़ जाने की तलवार लटक जाती है।

यही मुख्य कारण है कि चीन में पारंपरिक खुदरा क्षेत्र में विपणन (मार्केटिंग), ग्राहक-सेवा (कस्टमर सर्विस), मानव संसाधन विकास (ह्यूमन रिसोर्स डेवलपमेंट) या फिर संभार-तंत्र (लॉजिस्टिक्स) में बहुत ही कम निवेश संभव हो सका। इसीलिए चीन में खुदरा क्षेत्र संगठित स्वरूप धारण नहीं कर सका। अब यदि संयुक्त राज्य अमेरिका से तुलना करें तो वहाँ तीन किराना भंडार शृंखलाएँ कुल बिक्री का लगभग 37 प्रतिशत नियंत्रित कर रही थीं, जबकि चीन में यह हिस्सेदारी 7 प्रतिशत ही पहुँच सकी थी। संयुक्त राज्य अमेरिका में विशालतम विभागीय भंडार शृंखलाएँ (डिपार्टमेंट स्टोर चेन) अपने बाजार खंड में कुल बिक्री का 44 प्रतिशत राजस्व अर्जित करती हैं, जबकि चीन में यह हिस्सेदारी केवल 6 प्रतिशत तक ही सीमित रही थी। वैसे तो चीन में भी शॉपिंग मॉल व सुपर

यही मुख्य कारण है कि चीन में पारंपरिक खुदरा क्षेत्र में विपणन (मार्केटिंग), ग्राहक-सेवा (कस्टमर सर्विस), मानव संसाधन विकास (ह्यूमन रिसोर्स डेवलपमेंट) या फिर संभार-तंत्र (लॉजिस्टिक्स) में बहुत ही कम निवेश संभव हो सका। इसीलिए चीन में खुदरा क्षेत्र संगठित स्वरूप धारण नहीं कर सका।

मार्केट सहित छोटे खुदरा-भंडारों का बहुत बड़े स्तर पर विकास हुआ, लेकिन चीन के विशाल ग्राहकों में उनकी पैठ बहुत ही कम बनी रही। चीन में प्रति ग्राहक 6 वर्ग फीट खुदरा-स्थान का ही विकास संभव हुआ था, जो संयुक्त राज्य अमेरिका की तुलना में एक-चौथाई से भी कम है।

वैसे तथ्य यह भी है कि अमेरिका की तुलना में वहाँ की जनसंख्या लगभग साढ़े चार गुना है···और वह इस दिशा में कदम बढ़ाने के स्थान पर वह तेजी से इ-वाणिज्य की दिशा में तेजी से आगे बढ़ रहा है, क्योंकि इसी माध्यम से वह अपनी विशाल जनसंख्या को ग्राहक-सेवा उपलब्ध करा पाने में सक्षम हो सकता है। तथ्य यह भी है कि चीन में आज पारंपरिक खुदरा विक्रेता अपने ऑनलाइन ग्राहकों की देखभाल करने में अधिक व्यस्त है और अपने भंडार में आनेवाले ग्राहकों को पहले की तुलना में अधिक अनदेखा कर रहा है। ऐसे विक्रेताओं की संख्या तेजी से बढ़ रही है, जो अपनी दुकानों पूरी तरह बंद कर रहे हैं; क्योंकि इन दुकानदारों के लिए अपनी दुकान का महँगा किराया भरते रहने की कोई सार्थकता नहीं रह गई है, जिसे वे दिन के आधे समय में ही खोल सकते हैं, जबकि वे 'ताओबाओ' पर अपनी दुकानों को 24 घंटे, सातों दिन खुले रख सकते हैं। वैसे भी प्रकृति शून्य से घृणा करती है···और चीन में इंटरनेट सरकारी स्वामित्व व सरकारी आयोजना के द्वारा बनाई गई शून्यता को भर रही है। यही कारण है कि अमेरिका व अन्य पश्चिमी देशों की तुलना में ऑनलाइन खरीदारी कुछ अधिक ही लोकप्रिय हो रही है। इसीलिए तो जैक मा यह कहा करता है कि "दूसरे देशों में इ-वाणिज्य खरीदारी करने का

वैसे तथ्य यह भी है कि अमेरिका की तुलना में वहाँ की जनसंख्या लगभग साढ़े चार गुना है···और वह इस दिशा में कदम बढ़ाने के स्थान पर वह तेजी से इ-वाणिज्य की दिशा में तेजी से आगे बढ़ रहा है, क्योंकि इसी माध्यम से वह अपनी विशाल जनसंख्या को ग्राहक-सेवा उपलब्ध करा पाने में सक्षम हो सकता है।

एक रास्ता है, चीन में यह जीवनशैली है।"

चीन में 'ताओबाओ' ने ऑनलाइन खरीदारी का दरवाजा खोला था और टीमॉल ने उसे और भी चौड़ा कर दिया था। जैसा कि हमें पहले अध्याय में विस्तार से पढ़ा है, पहले अंकीयकृत उपकरणों (डिजिटल इक्विपमेंट) को प्रेमी नवयुवाओं ने ही अपनाया था और आगे बढ़ाया था, लेकिन धीरे-धीरे इस वर्ग ने अपने माता-पिताओं और यहाँ तक कि अपने दादा-दादियों को ऑनलाइन खरीदारी के चमत्कार का साक्षात्कार करवाया था···और वे उस दिशा में आगे बढ़ने लगे थे। यही कारण था कि जैसे-जैसे विभिन्न आयु-वर्ग के ग्राहकों की संख्या बढ़ी थी, वैसे-वैसे उन वर्गों की विशिष्ट आवश्यकताओं की वस्तुओं की संख्या भी बढ़ती चली गई थी। अलीबाबा के मंचों पर सबसे अधिक लोकप्रिय वस्तुएँ हैं—जूते व परिधान। मौजे से लेकर टी-शर्ट और 10,000 डॉलर मूल्य के विशेष आयोजन पोशाकों तक—सबकुछ ऑनलाइन उपलब्ध है। किराना वस्तुएँ दूसरी सबसे लोकप्रिय उत्पाद-श्रेणी है।

अंतरराष्ट्रीय खाद्य व किराना अनुसंधान संगठन—आई.जी.डी.—के नवीनतम एशिया प्रतिवेदन (जुलाई 2018) के अनुसार, वर्ष 2022 तक चीन में ऑनलाइन किराना बिक्री की वृद्धि दर 286 प्रतिशत हो जाएगी, जो चीन कुल किराना बाजार का 11.1 प्रतिशत होगी, जबकि अमेरिका में यह दर 129 प्रतिशत (कुल किराना बाजार का 2 प्रतिशत) और यूनाइटेड किंगडम में 48 प्रतिशत (कुल किराना बाजार का 7.5 प्रतिशत)।

अंतरराष्ट्रीय खाद्य व किराना अनुसंधान संगठन—आई.जी.डी.—के नवीनतम एशिया प्रतिवेदन (जुलाई 2018) के अनुसार, वर्ष 2022 तक चीन में ऑनलाइन किराना बिक्री की वृद्धि दर 286 प्रतिशत हो जाएगी, जो चीन कुल किराना बाजार का 11.1 प्रतिशत होगी, जबकि अमेरिका में यह दर 129 प्रतिशत (कुल किराना बाजार का 2 प्रतिशत) और यूनाइटेड किंगडम में 48

प्रतिशत (कुल किराना बाजार का 7.5 प्रतिशत)। चीन में ऑनलाइन किराना बाजार किस तीव्र गति से बढ़ रहा है, इसका अनुमान इस तथ्य से लगाया जा सकता है कि आई.जी.डी. को एक वर्ष बाद ही अपने अनुमान बदलने पड़ गए। इससे पिछले प्रतिवेदन (25 अप्रैल, 2017) में आई.डी.जी. ने कहा था कि अब से अगले तीन वर्षों में (वर्ष 2017 से 2020 तक) चीन में ऑनलाइन किराना बिक्री दोगुना हो जाएगी और चीन के समूचे किराना बाजार में उसकी तत्कालीन 3.1 प्रतिशत की हिस्सेदारी बढ़कर 6.6 प्रतिशत हो जाएगी…और तब तक उसकी वार्षिक वृद्धि दर 32 प्रतिशत होगी। स्पष्ट है कि चीन ऑनलाइन किराना बाजार में आश्चर्यजनक वृद्धि दर के साथ आगे बढ़नेवाला था।

वर्ष 2014 में ऑनलाइन किराना बिक्री 50 प्रतिशत की दर से बढ़ रही थी, क्योंकि तब उसका बिक्री आधार अपेक्षाकृत कम था। उस समय चीन का पारंपरिक किराना बाजार केवल 7 प्रतिशत की दर से बढ़ रहा था। मैकेंजी ऐंड कंपनी के अनुमानों के अनुसार, तब 40 प्रतिशत चीनी ग्राहक किराना वस्तुओं की ऑनलाइन खरीदारी कर रहा था, जबकि अमेरिका में यह हिस्सेदारी केवल 10 प्रतिशत थी।

जी हाँ, वर्ष 2014 में ऑनलाइन किराना बिक्री 50 प्रतिशत की दर से बढ़ रही थी, क्योंकि तब उसका बिक्री आधार अपेक्षाकृत कम था। उस समय चीन का पारंपरिक किराना बाजार केवल 7 प्रतिशत की दर से बढ़ रहा था। मैकेंजी ऐंड कंपनी के अनुमानों के अनुसार, तब 40 प्रतिशत चीनी ग्राहक किराना वस्तुओं की ऑनलाइन खरीदारी कर रहा था, जबकि अमेरिका में यह हिस्सेदारी केवल 10 प्रतिशत थी। वास्तव में किराना वस्तुओं की ऑनलाइन खरीदारी को अलीबाबा ग्रुप के इ-वाणिज्य मंच 'टीमॉल.कॉम' पर 'टीमॉल सुपरमार्केट' नाम से प्रोत्साहित किया जा रहा है, जिसकी स्थापना वर्ष 2012 में हुई थी। वर्ष 2014 में 'टीमॉल सुपरमार्केट' चीन के 32 भू-भागीय प्रांतों में से छह में कुल 250 नगरों किराना

वस्तुओं के बिक्री प्रस्ताव कर रहा था, जो स्थानीय सुपरमार्केट की तुलना में अपेक्षाकृत सस्ती थी। अलीबाबा उससे पहले ही 250 नगरों में प्रशीतित सामग्रियों (रेफ्रीजरेटेड आइटम्स) की अगले दिन की पहुँच के प्रस्ताव कर रहा था। जी हाँ उस समय 'वाशिंगटन स्टेट एप्पल कमीशन' के साथ काम करते हुए अलीबाबा सेब के 84,000 से अधिक बिक्री आदेशों को पूरा कर रहा था। आदेश प्राप्त होने के बाद बगीचों में सेब तोड़े जाते, संकुलित किए जाते थे, मालवाहक विमान से चीन भेजे जाते थे, जो आदेश के 72 घंटों के भीतर चीन में संबंधित ग्राहकों तक पहुँचाए जाते थे। इसकी कुल मात्रा 167 टन होती थी, जो इन 'बोइंग 747' विमानों की ढुलाई क्षमता के बराबर होती थी।

आदेश प्राप्त होने के बाद बगीचों में सेब तोड़े जाते, संकुलित किए जाते थे, मालवाहक विमान से चीन भेजे जाते थे, जो आदेश के 72 घंटों के भीतर चीन में संबंधित ग्राहकों तक पहुँचाए जाते थे। इसकी कुल मात्रा 167 टन होती थी, जो इन 'बोइंग 747' विमानों की ढुलाई क्षमता के बराबर होती थी।

जुलाई 2015 में अलीबाबा ग्रुप ने बीजिंग महानगर के ग्राहकों के लिए किराना वस्तुओं को 'उसी दिन' पहुँचाने की घोषणा की थी और 1 अरब युआन (16.1 करोड़ डॉलर) का व्यापक ऑनलाइन किराना प्रोत्साहन अभियान शुरू किया था। याद रहे कि वर्ष 2014 में बीजिंग क्षेत्र में 'टीमॉल सुपरमार्केट' की सकल व्यापार मात्रा (जी.एम.वी.) में 700 प्रतिशत की वृद्धि हुई थी और इसका मुख्या कारण यह था कि वहाँ के 90 प्रतिशत लोग मोबाइल फोन से खरीदारी कर रहे थे।

जी हाँ, इस तथ्य पर आश्चर्यचकित होने की आवश्यकता नहीं है कि जनवरी 2018 में 'टीमॉल सुपरमार्केट' ने बीजिंग सहित चीन के विशालतम नगरों शंघाई, चेंगदू, वुहाई, हांग्जो व चोंगकुइंग में आदेश के 'एक घंटा के भीतर' 500 किराना वस्तुओं की 'निःशुल्क पहुँच' (फ्री डेलिवरी) का

प्रस्ताव करने लगा था। हाँ, शर्त केवल इतनी थी कि इस सेवा के लिए ग्राहकों को कम-से-कम 29 युआन (5 डॉलर) मूल्य का आदेश करना पड़ता था। उस समय अलीबाबा ग्रुप ने कहा था कि यह सेवा चीन के अन्य शहरों में विस्तारित की जाएगी। तब चीन सरकार ने अनुमान लगाया था कि वर्ष 2018 के अंत तक 35 करोड़ चीनी ग्राहक 'एक्सप्रेस ग्रोसरी सर्विसेज' का उपयोग करने लगेंगे।

याद रहे कि युवती माताएँ अलीबाबा इ-वाणिज्य मंचों की प्रमुख खरीदार हैं। वर्ष 2015 की एकदिवसीय छूट बिक्री के क्रम में सुबह 6 बजे तक ही अलीबाबा ग्रुप 1 करोड़ डॉलर मूल्य के उत्पाद बेच चुका था, जो वर्ष 2014 की कुल बिक्री से अधिक था। हमने पहले अध्याय में एकदिवसीय बिक्री के बारे में विस्तार से पढ़ा है। जी हाँ, हेयर ड्रायर, माइक्रोवेव ओवन, टी.वी. व वाशिंग मशीन जैसे घरेलू उपकरणों के साथ-साथ 'ताओबाओ.कॉम' पर कंप्यूटर, संचार उपकरण आदि भी लोकप्रिय हैं। एकदिवसीय छूट बिक्री में अलीबाबा द्वारा घरेलू उपकरणों की बिक्री लगातार चीन के सबसे बड़े उपभोक्ता सामग्रियों के खुदरा विक्रेताओं की वार्षिक बिक्री के आधे से भी अधिक होती रही है।

याद रहे कि युवती माताएँ अलीबाबा इ-वाणिज्य मंचों की प्रमुख खरीदार हैं। वर्ष 2015 की एकदिवसीय छूट बिक्री के क्रम में सुबह 6 बजे तक ही अलीबाबा ग्रुप 1 करोड़ डॉलर मूल्य के उत्पाद बेच चुका था, जो वर्ष 2014 की कुल बिक्री से अधिक था। हमने पहले अध्याय में एकदिवसीय बिक्री के बारे में विस्तार से पढ़ा है।

अगस्त 2015 में अलीबाबा ने सुनिंग.कॉम कंपनी लिमिटेड में 4.6 अरब डॉलर में 20 प्रतिशत स्वामित्व हिस्सेदारी (शेयर ऑफ स्टॉक) को अधिगृहीत कर लिया था। नानजिंग (जियांगसु प्रांत) आधारित सुनिंग भूभागीय चीन के 700 नगरों सहित हांगकांग व जापान में 1600 से अधिक भंडारों का संचालन करती है। इसका इ-वाणिज्य मंच सुनिंग.कॉम चीन की शीर्ष तीन बी2सी

कंपनियों में गिना जाता है। यह घरेलू उपकरणों, 3 सी उत्पादों (कंप्यूटर, संचार व उपभोक्ता इलेक्ट्रॉनिक्स), पुस्तकों, सामान्य उपयोग की वस्तुओं, घरेलू सामानों, सौंदर्य प्रसाधन व शिशु देखभाल उत्पादों सहित सेवा-उत्पादों का परिचालन करता है, जिसकी कुल भंडार रख-रखाव इकाई (स्टॉक कीपिंग यूनिट/एसकेयू) 3 करोड़ से अधिक है। जी हाँ, इसके साथ ही अलीबाबा ग्रुप ने 'ओमनी चैनल' अर्थात् 'ऑनलाइन' के साथ-साथ 'ऑफलाइन' भंडार शृंखला के लगातार बढ़ते चलन की दिशा में अपने कदम आगे बढ़ा दिए थे। ग्राहक भले ही सुनिंग के भंडार में खरीदारी करे, फिर भी उस राजस्व का एक हिस्सा परोक्ष रूप से अलीबाबा के हिस्से में सुरक्षित हो जाता है।

अलीबाबा मोटरवाहनों की भी ऑनलाइन बिक्री करता है। जी हाँ, बहुराष्ट्रीय प्रबंधन सलाहकार प्रतिष्ठान 'फ्रॉस्ट ऐंड सुलिवान' के अनुसार, वर्ष 2016 में चीन में 15 अरब डॉलर मूल्य के 10 लाख मोटरवाहनों की बिक्री हुई थी और अलीबाबा ग्रुप ने एकदिवसीय छूट बिक्री में 'ताओबाओ' व टीमॉल मंचों पर कुल 1,00,000 कारों की बिक्री थी, जो 1000 कार शोरूम के एक माह की बिक्री के बराबर थी। मैकेंजी ऐंड कंपनी के अनुसार, चीन में मोटरवाहनों की ऑनलाइन बिक्री बहुत तेजी से बढ़नेवाली थी, क्योंकि युवा उपभोक्ताओं का बहुत बड़ा समूह कार शोरूम में जाने से कतरा रहा था। उसमें 18 से 24 वर्ष के 23 प्रतिशत युवा कारों की खरीदारी ऑनलाइन कर रहे थे। इतना ही नहीं, बैटरी चालित विद्युत् मोटरवाहनों (इलेक्ट्रिक व्हीकल्स) की लगातार बढ़ती उपलब्धता चीन के युवा कार प्रेमियों के

बहुराष्ट्रीय प्रबंधन सलाहकार प्रतिष्ठान 'फ्रॉस्ट ऐंड सुलिवान' के अनुसार, वर्ष 2016 में चीन में 15 अरब डॉलर मूल्य के 10 लाख मोटरवाहनों की बिक्री हुई थी और अलीबाबा ग्रुप ने एकदिवसीय छूट बिक्री में 'ताओबाओ' व टीमॉल मंचों पर कुल 1,00,000 कारों की बिक्री थी, जो 1000 कार शोरूम के एक माह की बिक्री के बराबर थी।

ऑनलाइन खरीदारी के उत्साह को और भी अधिक बढ़ाने लगी थी और इसका सबसे बड़ा कारण था कि भविष्य में इन बैटरी चालित मोटरवाहनों की मूल संरचना में अधिक बदलाव नहीं होनेवाला था, बस बैटरी की क्षमता ही बढ़नेवाली थी। ऐसे में अभी खरीदे गए मोटरवाहनों में पुरानी बैटरी के स्थान पर अधिक क्षमतावाली बैटरी लगाने में कोई विशेष कठिनाई नहीं आनेवाली थी। विश्व के सभी शीर्ष मोटरवाहन निर्माता इस बदलाव को गले से लगा रहे थे। वैसे तो फोर्ड मोटर्स पहले से ही 'ऑनलाइन' व 'ऑफलाइन' दोनों को मिलाकर उभर रही नई खुदरा बिक्री रणनीति व प्रणाली, जिसे संक्षेप में 'न्यू रिटेल' कहा जाता है, की संभावनाओं को खोजने के लिए अलीबाबा की अंकीय विपणन इकाई (डिजिटल मार्केटिंग यूनिट)—अलीमामा और उसकी कंप्यूटर परिचालन प्रणाली—अलीओएस के साथ काम कर रही थी, अब उसने अलीबाबा के टीमॉल मंच के साथ साझेदारी में फोर्ड कारों की बिक्री की घोषणा भी कर दी थी। इस बीच, बी.एम.डब्ल्यू., मासेरती, चांगन ऑटोमोबाइल ग्रुप व चेरी ऑटोमोबाइल जैसे विशाल मोटरवाहन निर्माता समूहों ने भी टीमॉल मंच पर अपनी दुकानें सजा ली थीं, जिस पर ग्राहक ऑनलाइन जमा भुगतान कर सकते थे और अतिरिक्त छूट भी प्राप्त कर सकते थे।

चीन के नियामकों ने भी ऑनलाइन कार बिक्री को अपना आशीर्वाद दे दिया था। जुलाई 2017 में चीन के वाणिज्य मंत्रालय ने कार बिक्री विनियमों का कायाकल्प कर दिया था और कार-विक्रेताओं को ब्रांड नामवाले वाहनों को निर्माताओं की अनुमतियों के बिना ही बेचने की अनुमति भी दे दी थी।

चीन के नियामकों ने भी ऑनलाइन कार बिक्री को अपना आशीर्वाद दे दिया था। जुलाई 2017 में चीन के वाणिज्य मंत्रालय ने कार बिक्री विनियमों का कायाकल्प कर दिया था और कार-विक्रेताओं को ब्रांड नामवाले वाहनों को निर्माताओं की अनुमतियों के बिना ही बेचने की अनुमति भी दे दी थी।

इस प्रकार, चीन ने 'कार सुपरमार्केट' व 'ऑटो इ-कॉमर्स' जैसे नए बिक्री-प्रारूपों को आधिकारिक स्वरूप प्रदान कर दिया था, लेकिन इसका अर्थ यह नहीं है कि पारंपरिक कार-विक्रेता चीन के कार बाजार से गायब हो जानेवाले थे! हाँ, यह सच है कि चीन में अधिक-से-अधिक युवा ग्राहक कार का खरीद आदेश ऑनलाइन दे रहे थे, लेकिन उन्हें परीक्षण चालन (टेस्ट ड्राइव), पंजीकरण प्रमाण-पत्र (रजिस्ट्रेशन सर्टिफिकेट) सहित कार की रख-रखाव सेवाओं के लिए पारंपरिक कार-विक्रेताओं व सेवा-केंद्रों में जाना था। हाँ, कुछ वर्षों तक पारंपरिक कार-विक्रेता निर्माताओं द्वारा सीधे ग्राहकों को ऑनलाइन कार बेचने को लेकर अवश्य ही बहुत चिंतित थे, और अभी भी उनकी चिंता पूरी तरह से समाप्त नहीं हुई थी, लेकिन वे कार-निर्माताओं से मिलकर, अर्थात् संबद्ध कारों के सेवा-प्रदाता (सर्विस प्रोवाइडर) बनकर काम करने की कोशिशों में जुट गए थे।

कुछ वर्षों तक पारंपरिक कार-विक्रेता निर्माताओं द्वारा सीधे ग्राहकों को ऑनलाइन कार बेचने को लेकर अवश्य ही बहुत चिंतित थे, और अभी भी उनकी चिंता पूरी तरह से समाप्त नहीं हुई थी, लेकिन वे कार-निर्माताओं से मिलकर, अर्थात् संबद्ध कारों के सेवा-प्रदाता (सर्विस प्रोवाइडर) बनकर काम करने की कोशिशों में जुट गए थे।

वैसे, चीन में तेजी से विकसित हो रहे मोटरवाहन इ-वाणिज्य बाजार (ऑटो इ-कॉमर्स मार्केट) को अपनी भी व्यावहारिक समस्याओं से जूझना पड़ रहा था—विशेष रूप से पुराने वाहनों के मामले में, चूँकि कार की ऑनलाइन बिक्री करनेवाले इ-वाणिज्य मंचों को बेचे गए वाहनों की गुणवत्ता को लेकर बहुत अधिक जानकारी उपलब्ध नहीं थी, इसीलिए उन्हें बहुत बड़ी संख्या में ग्राहकों की शिकायतों का भी सामना करना पड़ रहा था। पुरानी कारों के मामले में तो यह समस्या अत्यंत गंभीर थी। 'आई.-रिसर्च' के अनुसार वर्ष 2017 में चीन में 17 अरब डॉलर मूल्य के लगभग 13 लाख मोटरवाहनों की बिक्री हुई थी, लेकिन उनके 'गुणवत्ता

पर्यवेक्षण' (क्वालिटी इंस्पेक्शन) की आधिकारिक व्यवस्था अस्तित्व में ही नहीं थी। वैसे चीन के विनियामक इस समस्या के प्रति गंभीर थे और शीघ्र ही इसके समाधान की ठोस व्यवस्था करने की दिशा में कोशिशें होने लगी थीं। सरकार मोटरवाहनों की ऑनलाइन बिक्री करनेवाली कंपनियों की परिचालन योग्यताओं (ऑपरेशनल कैपबिलिटीज) का भी अध्ययन करने लगी थी।

लेकिन इस संकट ने अलीबाबा ग्रुप को नया अवसर प्रदान कर दिया था, और वह ऑनलाइन कार बिक्री की दशा व दिशा को बदलने में जुट गया था। अगस्त 2017 में, अलीबाबा ने चीन में 'कार वेंडिंग मशीन' प्रणाली की वर्ष के अंत तक शुभारंभ की भी घोषणा कर दी थी। वह ऐसा सिंगापुर में एक अन्य कंपनी द्वारा परिचालित 'कार वेंडिंग मशीन' की शैली में करनेवाली थी। इस व्यवस्था में ग्राहकों को बस अपने स्मार्ट फोन के 'टच स्क्रीन' को दबाने की आवश्यकता थी। टीमॉल के मोटरवाहन प्रभाग द्वारा इस प्रणाली में ग्राहक को विशाल गैरेज जैसी संरचना में भंडारित-प्रदर्शित कारों में से अपनी पसंद की कार अपने स्मार्टफोन में ढूँढ़नी थी, 'टच स्क्रीन' को दबाकर खरीद-आदेश देना था और उनकी कार गैरेज के भूतल पर उनकी सेवा में उपस्थित हो जानेवाली थी। जी हाँ, यह कार की खरीदारी को वेंडिंग मशीन में कोक या अन्य शीतल पेय खरीदने जैसी आसान व्यवस्था बनाने जा रही थी।

अलीबाबा की इस घोषणा से चीनी ग्राहकों को कोई आश्चर्य भी नहीं हुआ था, क्योंकि वे जून 2017 में टीमॉल पर आयोजित छूट-बिक्री में कंपनी के इस 'नवीन मोटरवाहन खुदरा प्रारूप' (न्यू ऑटो रिटेल मॉडल) का प्रदर्शन देख चुके थे।

अलीबाबा की इस घोषणा से चीनी ग्राहकों को कोई आश्चर्य भी नहीं हुआ था, क्योंकि वे जून 2017 में टीमॉल पर आयोजित छूट-बिक्री में कंपनी के इस 'नवीन मोटरवाहन खुदरा प्रारूप' (न्यू ऑटो रिटेल मॉडल) का प्रदर्शन देख चुके थे। उस दौरान अच्छे साख-अंकों (क्रेडिट स्कोर) वाले ग्राहकों ने केवल 5 मिनट में ही अपने स्मार्टफोन से अपनी पसंद की कारें

खरीदी थीं। जी हाँ, यहाँ भी अलीबाबा ग्रुप अपने नाम 'अलीबाबा' को सार्थक करता है और अपने ग्राहकों के लिए अलीबाबा के 'खुल जा सिम-सिम' का चमत्कारी अनुभव प्रदान करता था। यह सबकुछ 'हवा' में नहीं होता है, वरन् इसके लिए जटिल प्रौद्योगिकी तंत्र विकसित किया गया है। अलीबाबा ग्रुप ने अपनी सहायक कंपनी 'एंट फाइनेंशियल सर्विस ग्रुप' (ए.एफ.एस.सी.) के माध्यम से अपने-अपने इ-वाणिज्य मंचों के पंजीकृत ग्राहकों की साख को निर्धारित करने के लिए 'सीसम क्रेडिट' नामक साख-अंक प्राप्त करनेवाला अद्भुत प्रौद्योगिकी तंत्र विकसित किया हुआ है। याद रहे कि यह प्रणाली चीन सरकार की 'सामाजिक साख प्रणाली' (सोशल क्रेडिट सिस्टम) से अलग है, लेकिन एंट फाइनेंशियल सर्विस ग्रुप (ए.एफ.एस.सी.) सरकार की उस परियोजना में प्रौद्योगिकी-साझीदार (टेक्नोलॉजी पार्टनर) है।

...तो जिन ग्राहकों ने अपने पूर्व खरीद व्यवहारों के आधार पर 'सीसम क्रेडिट' प्रणाली में 750 अंक से अधिक अंक प्राप्त कर रखा है, वे ही टीमॉल के इस नवीन मोटर वाहन खुदरा प्रणाली पर अपनी पसंद की कार को चुन सकते थे और 10 प्रतिशत आरंभिक नकदी जमा भुगतान के बाद उसे ले जा सकते थे। उसके बाद उन्हें अलीबाबा की भुगतान प्रणाली—अलीपे—के माध्यम से मासिक किस्तों के भुगतान की आवश्यकता होती थी, जब तक कि कुल भुगतान पूरा न हो जाए। उदाहरण के लिए 1,50,000 युआन (22,200 डॉलर) के कार की खरीद के लिए ऐसे अच्छी साखवाले ग्राहकों को 15,000 युआन (2220 डॉलर) का नकद भुगतान करना पड़ता था और वे शेष राशि का भुगतान 2000 युआन

...तो जिन ग्राहकों ने अपने पूर्व खरीद व्यवहारों के आधार पर 'सीसम क्रेडिट' प्रणाली में 750 अंक से अधिक अंक प्राप्त कर रखा है, वे ही टीमॉल के इस नवीन मोटर वाहन खुदरा प्रणाली पर अपनी पसंद की कार को चुन सकते थे और 10 प्रतिशत आरंभिक नकदी जमा भुगतान के बाद उसे ले जा सकते थे।

(300 डॉलर) से भी कम की मासिक किस्तों में कर सकते थे। टीमॉल पर इस नई भुगतान प्रणाली के शुरू होने के तीन दिनों में 30,000 कारों की बिक्री हुई थी, जिनमें से लगभग 1500 (5 प्रतिशत) कारों की खरीदारी के लिए ग्राहकों ने इस प्रणाली का उपयोग किया था।

याद रहे कि अलीबाबा के नेतृत्व में चीन में ऑनलाइन कार खरीदारी का युग लगातार आगे बढ़ता जा रहा था। कंपनी इस दिशा में विभिन्न ऑनलाइन बिक्री प्रारूपों पर प्रयोग करती थी। वर्ष 2016 की वार्षिक एकदिवसीय छूट बिक्री के दौरान मासेरती ने टीमॉल मंच पर अपने भंडार फलक के माध्यम से 18 सेकंड में 100 कारों की बिक्री की थी। मार्च 2017 की इतालवी विलासिता कारों की निर्माता कंपनी अल्फा रोमियो ने टीमॉल के भंडार फलक पर विशेष बिक्री का आयोजन किया था और 33 सेकेंड में 350 गिउलिया मिलानो कारों की बिक्री कर ली थी। ध्यान देने की बात यह है कि चीन के समृद्ध व ऑनलाइन सक्रिय ग्राहकों तक पहुँचने के लिए विश्व भर के विलासिता कार निर्माता विभिन्न ऑनलाइन बिक्री प्रारूपों का उपयोग कर रहे हैं। वैसे तो चीन पहले ही विश्व का सबसे बड़ा कार बाजार बन चुका था, लेकिन वर्ष 2020 तक उसके विलासिता कारों के भी सबसे बड़े बाजार के रूप में उभर जाने की संभावना थी।

याद रहे कि अलीबाबा के नेतृत्व में चीन में ऑनलाइन कार खरीदारी का युग लगातार आगे बढ़ता जा रहा था। कंपनी इस दिशा में विभिन्न ऑनलाइन बिक्री प्रारूपों पर प्रयोग करती थी। वर्ष 2016 की वार्षिक एकदिवसीय छूट बिक्री के दौरान मासेरती ने टीमॉल मंच पर अपने भंडार फलक के माध्यम से 18 सेकंड में 100 कारों की बिक्री की थी।

अलीबाबा ग्रुप अचल संपत्तियों की भी बिक्री करता है। धनाढ्य ग्राहक कनाडा, फिजी या ग्रीस में बिक्री के लिए उपलब्ध समूचे द्वीपों की सूची के पृष्ठ पलट सकते हैं। 'ताओबाओ' तो अजीबोगरीब चीजों की बिक्री प्रस्तावों के लिए

भी प्रसिद्ध है ही। 'ताओबाओ' केवल उत्पादों के लिए ही नहीं, विभिन्न प्रकार के सेवा-उत्पादों का भी मंच है। कलाकार व संगीतकार इस वेबसाइट पर अपने लिए काम ढूँढ़ते हैं। युवा विशेष समारोहों में भाग लेने के लिए किराए पर नकली कन्या-मित्र (गर्ल फ्रेंड) भी खोज सकता है और अपने वास्तविक कन्या-मित्र से अलग होने के लिए 'ताओबाओ' पर उपस्थित विशेषज्ञों का बाह्य-स्रोतीकरण (आउटसोर्सिंग) भी कर सकते हैं। पत्नियाँ वहाँ विशेषज्ञ सलाहकारों से पतियों को उनके रखैलों से दूर रखने या मुक्ति दिलाने के लिए विधियाँ सीख सकती हैं। शहरों में रहनेवाले व्यस्त युवा अपने माता-पिता से भेंट के लिए स्थानापन्न व्यक्तियों को किराए पर ले सकता है। नकली सामान विश्व का सबसे बड़ा अवैध उद्योग कहा जाता है, जो मादक-द्रव्यों की तरह लाभकारी भी होता है''और 'ताओबाओ' पर ऐसे नकली सामानों की भरमार होती है, जो गुणवत्ता में असली से प्रतिस्पर्धा करते हैं। जी हाँ, चीन में ऐसी तथाकथित 'नकली वस्तुओं' का उत्पादन उन्हीं कारखानों में अतिरिक्त पाली में किया जाता है, जिनमें 'असली वस्तुओं' का उत्पादन होता है। चीन को 'विश्व की कार्यशाला' कहा जाता है, तो वह नकल उतारने की विश्वव्यापी समस्या में बड़ी भूमिका निभाता है, लेकिन अब चीन विश्व का सबसे बड़ा ग्राहक आधार भी बन रहा है तो उसे ही इस समस्या के निदान के लिए भी आगे आना पड़ रहा है''और इसके लिए स्वयं अलीबाबा ग्रुप को ही महत्त्वपूर्ण कदम उठाने पड़ रहे हैं, क्योंकि ब्रांडेड वस्तुओं के निर्माताओं का दबाव लगातार बढ़ता जा रहा है।

नकली सामान विश्व का सबसे बड़ा अवैध उद्योग कहा जाता है, जो मादक-द्रव्यों की तरह लाभकारी भी होता है''और 'ताओबाओ' पर ऐसे नकली सामानों की भरमार होती है, जो गुणवत्ता में असली से प्रतिस्पर्धा करते हैं। जी हाँ, चीन में ऐसी तथाकथित 'नकली वस्तुओं' का उत्पादन उन्हीं कारखानों में अतिरिक्त पाली में किया जाता है, जिनमें 'असली वस्तुओं' का उत्पादन होता है।

अलीबाबा ग्रुप का व्यापक संभार-तंत्र संजाल

वर्ष 2015 में अलीबाबा ग्रुप द्वारा 11 नवंबर को '11.11. ग्लोबल शॉपिंग फेस्टिवल' नाम से आयोजित वार्षिक एकदिवसीय छूट बिक्री समारोह में उसे कुल 46.7 करोड़ डाक वितरण आदेश प्राप्त हुए थे। इसके वितरण के लिए 17 लाख डाकियों व 4,00,000 मालवाहक वाहनों की आवश्यकता हुई थी। चीन में डाक वितरण का यह संजाल विभिन्न प्रकार की डाक-सेनाओं से सुसज्जित है। ये डाक-सेनाएँ पैदल भी चलती हैं, साइकिलों पर भी सवारी करती हैं और बैटरी चालित मोटरसाइकिलों पर भी; वे छोटे-बड़े ट्रकों का उपयोग करती हैं और रेलगाड़ियों का भी। जी हाँ, ये हैं चीन में इ-वाणिज्य की सफलता को सुनिश्चित करनेवाले अज्ञात नायक और अलीबाबा ग्रुप अज्ञात नायकों की विशाल सेना का विस्तार किस प्रकार से कर रही हैं, इसका अनुमान इस तथ्य से ही लगाया जा सकता था कि उसने वर्ष 2016 के एकदिवसीय छूट बिक्री समारोह में 65.7 करोड़ डाक आदेशों का वितरण सुनिश्चित किया था और वर्ष 2017 में 81.2 करोड़ डाक आदेशों का। याद रहे कि वर्ष 2013 ऐसे डाक आदेशों की संख्या 15.6 करोड़ ही थी, जो वर्ष 2014 में 27.80 करोड़ हो गई थी।

वर्ष 2015 में अलीबाबा ग्रुप द्वारा 11 नवंबर को '11.11. ग्लोबल शॉपिंग फेस्टिवल' नाम से आयोजित वार्षिक एकदिवसीय छूट बिक्री समारोह में उसे कुल 46.7 करोड़ डाक वितरण आदेश प्राप्त हुए थे। इसके वितरण के लिए 17 लाख डाकियों व 4,00,000 मालवाहक वाहनों की आवश्यकता हुई थी।

जी हाँ, वर्ष 2014 में चीन के ग्राहकों ने ऑनलाइन खरीदारी के लिए डाक व्यय के रूप में कुल 32 अरब डॉलर खर्च किया था। अगले वर्ष इसमें 40 प्रतिशत की वृद्धि हुई थी और जैसा कि अनुमान है, वर्ष 2022 में चीन में इ-वाणिज्य की वार्षिक वृद्धि दर 286 प्रतिशत तक पहुँच सकती है; तो यह अनुमान लगाना भी कठिन नहीं है कि तब चीन के ग्राहक डाक व्यय पर

कितना अधिक खर्च करेंगे! वर्ष 2014 में ही प्रति व्यक्ति प्रतिमाह औसतन 1 डाक आदेश पहुँचाया जा रहा था, जिनकी संख्या हर बीतते वर्ष के साथ तेजी से बढ़ रही थी।

चीन के सरकारी समाचार अभिकरण 'सिन्हुआ न्यूज' एजेंसी के अनुसार, वर्ष 2017 में चीन की त्वरित डाक-वितरण सेवाओं (एक्सप्रेस डेलिवरी सर्विसेज) ने 28 प्रतिशत वार्षिक वृद्धि के साथ कुल 40.1 अरब (प्रतिदिन औसतन 11 करोड़) डाक-संकुलनों (पार्सल) का वितरण किया था और 24.7 प्रतिशत वार्षिक वृद्धि के साथ कुल राजस्व 496 अरब युआन (77 अरब डॉलर) के स्तर पर पहुँच गया था। याद रहे कि चीन के पास विश्व का सबसे विशाल डाक-वितरण तंत्र है, जिसकी विश्व की कुल डाक वितरण मात्रा में 40 प्रतिशत हिस्सेदारी है। 'चाइना फेडरेशन ऑफ लॉजिस्टिक्स ऐंड पर्चेजिंग' के अनुसार, जनवरी 2014 से नवंबर 2017 के बीच चीन की त्वरित डाक-वितरण सेवा क्षेत्र में कर्मचारियों की संख्या में 130 प्रतिशत की वृद्धि हुई थी। 'सिन्हुआ' के अनुसार, वर्ष 2020 तक चीन डाक वितरण संजाल को विस्तारित करने, कंप्यूटरीकृत प्रणालियों, सेवाओं व अंतरराष्ट्रीय संपर्कों को सुधारने की योजना बना रही थी और इस क्षेत्र के लिए वार्षिक राजस्व का लक्ष्य 800 अरब युआन (119.44 अरब डॉलर) निर्धारित किया था।

> ***चीन के सरकारी समाचार अभिकरण 'सिन्हुआ न्यूज' एजेंसी के अनुसार, वर्ष 2017 में चीन की त्वरित डाक-वितरण सेवाओं (एक्सप्रेस डेलिवरी सर्विसेज) ने 28 प्रतिशत वार्षिक वृद्धि के साथ कुल 40.1 अरब (प्रतिदिन औसतन 11 करोड़) डाक-संकुलनों (पार्सल) का वितरण किया था और 24.7 प्रतिशत वार्षिक वृद्धि के साथ कुल राजस्व 496 अरब युआन (77 अरब डॉलर) के स्तर पर पहुँच गया था।***

जी हाँ, कम लागतवाली त्वरित डाक-वितरण सेवाएँ प्रदान करनेवाली

कंपनियाँ सामने न आई होतीं, तो अलीबाबा ग्रुप विशालकाय इ-वाणिज्य कंपनी रूप में उभर नहीं पाती। वास्तव में इन कंपनियों को गलाकाट प्रतिस्पर्धा का सामना करना पड़ा था और उन्हें परिचालन लागत बिल्कुल निचले स्तरों पर रखने के लिए नवाचारी व चालाक तरीके अपनाने पड़े थे। उदाहरण के लिए, शंघाई में इन कंपनियों के डाकिए सार्वजनिक बस सेवा-मार्गों से लगातार आगे-पीछे यात्रा करते हैं और रुकावटों पर एक-दूसरे को संकुलनों (पैकेज) का आदान-प्रदान कर किराया की बचत करते हैं, लेकिन इनमें से कोई भी डाकिया स्वयं अलीबाबा द्वारा नहीं नियुक्त किया गया है। चीन में अधिकांश डाक-संकुलनों का वितरण निजी संदेशवाहक (कूरियर) कंपनियों द्वारा किया जाता है। हाँ, ग्रामीण क्षेत्रों में, जहाँ निजी कंपनियों की पहुँच संभव नहीं हो सकी है, वहाँ चीन की सरकारी डाक सेवा 'चाइना पोस्ट' का उपयोग किया जाता है।

रोचक तथ्य यह है जब वर्ष 2005 में जैक मा ने 'चाइना पोस्ट' को इ-वाणिज्य में एक साथ मिलकर काम करने का प्रस्ताव किया था, तो सरकारी अधिकारियों ने उसका मजाक उड़ाया था। वास्तव में उन्होंने जैक मा को अपने काम से मतलब रखने और सरकारी सेवा में दखल न देने का दुस्साहस न करने सलाह दी थी, क्योंकि वे त्वरित डाक सेवा में विश्वास ही नहीं करते थे, लेकिन निजी संदेशवाहक कंपनियों ने इस अवसर को हाथोहाथ लिया था। याद रहे कि जब कैलिफोर्निया में सोने की खान का पता चला था और वर्ष 1848 से 1855 के बीच अमेरिका सहित विश्व भर के खनिकों व व्यापारियों का जमावड़ा बढ़ा था, जिसे 'कैलिफोर्निया स्वर्ण दौड़' या

रोचक तथ्य यह है जब वर्ष 2005 में जैक मा ने 'चाइना पोस्ट' को इ-वाणिज्य में एक साथ मिलकर काम करने का प्रस्ताव किया था, तो सरकारी अधिकारियों ने उसका मजाक उड़ाया था। वास्तव में उन्होंने जैक मा को अपने काम से मतलब रखने और सरकारी सेवा में दखल न देने का दुस्साहस न करने सलाह दी थी"

'कैलिफोर्निया गोल्ड रश' नाम से जाना जाता है, तब वेल्स फार्गो ने अपनी निजी डाक वितरण व बैंकिंग सेवाओं का शुभारंभ किया था, क्योंकि तब संयुक्त राज्य अमेरिका की डाक प्रणाली सुस्त व अक्षम पड़ी रही थी। इसी प्रकार, चीन में इ-वाणिज्य का उत्थान निजी संदेशवाहक कंपनियों के एक प्रकार का 'स्वर्ण दौड़' ही प्रमाणित हुई थी, और देखते ही देखते इस क्षेत्र में 8000 से अधिक कंपनियों का उदय हुआ था, लेकिन उनमें से 20 कंपनियाँ बहुत ही बड़ी बनकर उभरी थीं।

...और यह संयोग ही है कि अलीबाबा के गृह प्रांत झेजियांग में चीन की सबसे बड़ी संदेशवाहक कंपनियों में अधिकांश का मुख्यालय है। ये समूचे देश में सामानों को पहुँचाने में निर्णायक भूमिका निभाते हैं, लेकिन इस बाजार के आधे से अधिक पर केवल चार कंपनियों का ही वर्चस्व है।

...और यह संयोग ही है कि अलीबाबा के गृह प्रांत झेजियांग में चीन की सबसे बड़ी संदेशवाहक कंपनियों में अधिकांश का मुख्यालय है। ये समूचे देश में सामानों को पहुँचाने में निर्णायक भूमिका निभाते हैं, लेकिन इस बाजार के आधे से अधिक पर केवल चार कंपनियों का ही वर्चस्व है। ये हैं—शेनटोंग (एस.टी.ओ. एक्सप्रेस), युआनटोंग (वाई.टी.ओ. एक्सप्रेस), ज्होंगटोंग (जेड.टी.ओ. एक्सप्रेस) व युंडा एक्सप्रेस और रोचक तथ्य यह है कि ये चारों ही कंपनियाँ एक ही शहर—टोंगलू—से संबंध रखती हैं, जो अलीबाबा के गृहनगर हांग्जो से अधिक दूर नहीं है। इन कंपनियों का दो-तिहाई से भी अधिक कारोबार अलीबाबा के दो इ-वाणिज्य मंचों—ताओबाओ व टीमॉल से आता है। दो अन्य अपेक्षाकृत छोटी निजी संदेशवाहक कंपनियों के साथ इन्हें 'टोंगलू गैंग' कहा जाता है। 2016 से 2017 के बीच के 16 महीनों में ये चारों कंपनियाँ सार्वजनिक हुई थीं और इनके संस्थापक रातोरात अरबपति हो गए थे।

इस 'टोंगलू गैंग' सहित 'एस.एफ. एक्सप्रेस' ने 'ताओबाओ' की

सफलता में महत्त्वपूर्ण भूमिका निभाई थी। वास्तव में इन कंपनियों ने अलीबाबा के लिए संचालक-शक्ति का काम किया था और उसका तेजी से विस्तार संभव हो सका था। जैसा कि हमने पहले अध्याय में संक्षेप में पढ़ा है, अलीबाबा ग्रुप ने स्वयं के नेतृत्व में 'शेनटोंग' (एस.टी.ओ. एक्सप्रेस), युआनटोंग (वाई.टी.ओ. एक्सप्रेस), ज्होंगटोंग (जेड.टी.ओ. एक्सप्रेस), युंडा एक्सप्रेस, एस.एफ. एक्सप्रेस सहित कुल 15 प्रमुख संदेशवाहक कंपनियों के साथ मिलकर 'केनियाओ नेटवर्क टेक्नोलॉजी कंपनी लिमिटेड' (जिसे 'चाइना स्मार्ट लॉजिस्टिक नेटवर्क' भी कहा जाता है) का गठन किया था, जिसमें अलीबाबा की स्वामित्व हिस्सेदारी 47 प्रतिशत थी।

28 मई, 2013 को 'केनियाओ नेटवर्क' का शुभारंभ चीन के गुआंग्डोंग प्रांत के प्रमुख शहर शेन्जेन) में किया गया था। शेन्जेन (जिसे 'शाम चुन' के रूप में भी जाना जाता है) हांगकांग विशेष प्रशासनिक क्षेत्र के ठीक उत्तर में स्थित पर्ल नदी के मुहाने पर विशाल महानगर का प्रमुख हिस्सा है।

28 मई, 2013 को 'केनियाओ नेटवर्क' का शुभारंभ चीन के गुआंग्डोंग प्रांत के प्रमुख शहर शेन्जेन) में किया गया था। शेन्जेन (जिसे 'शाम चुन' के रूप में भी जाना जाता है) हांगकांग विशेष प्रशासनिक क्षेत्र के ठीक उत्तर में स्थित पर्ल नदी के मुहाने पर विशाल महानगर का प्रमुख हिस्सा है। उसके बाद इस संभार-तंत्र संजाल का लगातार विस्तार हुआ था, जिसके मील-पत्थर इस प्रकार हैं—

- **मई 2014 :** 'केनियाओ नेटवर्क' ने चीन की 13 संदेशवाहक कंपनियों के साथ रणनीतिक गठबंधन किया था, जिसका उद्देश्य संयुक्त रूप 'बिग-डाटा' आधारित संभार-तंत्र मंच (लॉजिस्टिक्स प्लेटफॉर्म) स्थापित करना था।
- **मई 2014 :** अलीबाबा ग्रुप ने दक्षिण-पूर्व एशिया में अपनी बढ़त बनाने और अपने अंतरराष्ट्रीय संभार-तंत्र व्यवसाय का विस्तार करने के

उद्देश्य से 'सिंगापुर पोस्ट लिमिटेड' (सिंग पोस्ट) में 24.9 करोड़ डॉलर का निवेश कर उसकी 10 प्रतिशत स्वामित्व हिस्सेदारी को अधिगृहीत कर लिया था।

- **जून 2014 :** 'केनियाओ नेटवर्क' ने चीन की विशाल सरकारी डाक सेवा संजाल 'चाइना पोस्ट' के साथ रणनीतिक गठबंधन किया था।

- **जुलाई 2015 :** अलीबाबा ग्रुप ने सिंगापुर पोस्ट लिमिटेड (सिंग पोस्ट) व उसकी इ-वाणिज्य कंपनी क्वांटम सोल्यूशंस इंटरनेशनल (क्यू. एस.आई.) में कुल 20.6 करोड़ डॉलर का निवेश किया था। इससे 'सिंग पोस्ट' में अलीबाबा ग्रुप की स्वामित्व हिस्सेदारी 5 प्रतिशत और बढ़कर कुल 15 प्रतिशत हो गई थी। साथ ही, अलीबाबा ने क्यू.एस.आई. की 34 प्रतिशत स्वामित्व हिस्सेदारी को भी अधिगृहीत कर लिया था।

> ***अलीबाबा ग्रुप ने सिंगापुर पोस्ट लिमिटेड (सिंग पोस्ट) व उसकी इ-वाणिज्य कंपनी क्वांटम सोल्यूशंस इंटरनेशनल (क्यू.एस.आई.) में कुल 20.6 करोड़ डॉलर का निवेश किया था। इससे 'सिंग पोस्ट' में अलीबाबा ग्रुप की स्वामित्व हिस्सेदारी 5 प्रतिशत और बढ़कर कुल 15 प्रतिशत हो गई थी।***

- **सितंबर 2015 :** 'केनियाओ नेटवर्क' ने संयुक्त राज्य अमेरिका की संघीय सरकार की डाक सेवा अभिकरण यू.एस.पी.एस. (यूनाइटेड स्टेट्स पोस्टल सर्विस) के साथ रणनीतिक गठबंधन किया था। इसका उद्देश्य वैश्विक व्यवसाय-से-ग्राहक तक (बी2सी) क्षेत्र में चीन व अमेरिका के बीच लगातार बढ़ते सीमापारीय इ-वाणिज्य बाजार की संभावनाओं का मौद्रीकरण करना था। इस गठबंधन के माध्यम से अलीबाबा ग्रुप के लिए संयुक्त राज्य अमेरिका के अपने ग्राहकों को सामान बेचना और उन तक पहुँचाना अधिक आसान व सक्षम हो गया था। याद रहे कि वर्ष 2014 में यूएसपीस अपने 6,00,000 कर्मचारियों के माध्यम से 155 अरब डाकों का वितरण कर लगभग 68 अरब डॉलर का राजस्व अर्जित कर रहा था। वर्ष

2014 में वैश्विक सीमापारीय इ-वाणिज्य बाजार का आकार 230 अरब डॉलर था, जो 2020 में 1000 अरब हो जानेवाला था, जिसमें अलीबाबा ग्रुप के मंचों की हिस्सेदारी लगातार बढ़ने की संभावना थी।

- **अक्तूबर 2015 :** 'केनियाओ नेटवर्क' ने ब्रिटिश सरकारी डाक सेवा 'रॉयल मेल' के साथ सहभागिता का शुभारंभ किया था। इससे पहले 5 मार्च को शंघाई में आयोजित 'ग्रेट फेस्टिवल ऑफ क्रिएटिविटी' के दौरान 'रॉयल मेल' ने टीमॉल ग्लोबल इ-वाणिज्य मंच पर अपना सेवा भंडार फलक का शुभारंभ किया था, जिसका उद्‌देश्य उस समय के करीब 30.2 करोड़ ऑनलाइन चीनी ग्राहकों को ब्रिटिश उत्पादों की खरीदारी की सुविधा प्रदान करना था।

'केनियाओ नेटवर्क' ने ब्रिटिश सरकारी डाक सेवा 'रॉयल मेल' के साथ सहभागिता का शुभारंभ किया था। इससे पहले 5 मार्च को शंघाई में आयोजित 'ग्रेट फेस्टिवल ऑफ क्रिएटिविटी' के दौरान 'रॉयल मेल' ने टीमॉल ग्लोबल इ-वाणिज्य मंच पर अपना सेवा भंडार फलक का शुभारंभ किया था''

- **दिसंबर 2015 :** 'केनियाओ नेटवर्क' ने चीन का पहला क्लाउड कंप्यूटिंग आधारित संभार-तंत्र मंच (क्लाउड बेस्ड लॉजिस्टिक्स प्लेटफॉर्म) का शुभारंभ किया था।
- **जनवरी 2016 :** 'केनियाओ नेटवर्क' ने शीर्ष संप्रभु संपत्ति निधि (सोवेरेन वेल्थ फंड) निवेशकों से 10 अरब डॉलर युआन का निवेश प्राप्त किया था। इन निवेशकों में जी.आई.सी. प्राइवेट लिमिटेड (पहले, गवर्नमेंट ऑफ सिंगापुर इनवेस्टमेंट कॉरपोरेशन, जो सिंगापुर सरकार के विदेशी मुद्रा भंडार का संचालन करती है) व टेमासेक होल्डिंग्स प्राइवेट लिमिटेड (सिंगापुर सरकार की स्वामित्ववाली राष्ट्रीय संपत्ति निधि), खजानाह नेशनल बेरहाद (मलेशिया सरकार की संप्रभु संपत्ति निधि) व प्राइमावेरा कैपिटल ग्रुप (चीन स्थित वैश्विक निवेश प्रतिष्ठान) शामिल थे।

• **मार्च 2016 :** अब विशालकाय अलीबाबा ग्रुप ने 'केनियाओ नेटवर्क' के माध्यम से धीरे-धीरे देश के ऑनलाइन व्यवसाय विकास के बहुत बड़े टुकड़े के चारों ओर अपनी बाँहों को फैलाना शुरू कर दिया था। इसके लिए 'केनियाओ अलायंस' की स्थापना की घोषणा की थी, जिसका घोषित उद्‌देश्य चीन के अन्य संभार-तंत्र साझीदारों (लॉजिस्टिक्स पार्टनर्स) से सहभागिता करना और चीन में इ-वाणिज्य संभार-तंत्र को तेजी विस्तारित करना व सुधारना था। 'केनियाओ अलायंस' ने सबसे पहले गुणवत्तावाले उत्पादों का शुभारंभ किया था, जिनमें 'उसी दिन की पहुँच' (सेम डे डिलीवरी), 'अगले दिन की पहुँच' (नेक्स्ट डे डिलीवरी) और समय पर माल वितरित नहीं होने पर क्षतिपूर्ति की वादा शामिल था। 'केनियाओ अलायंस' ने अगले पाँच से आठ वर्षों में 1 करोड़ व्यवसायों की सेवा करने और सालाना 100 अरब संकुलनों (पैकेज्स) के वितरण का लक्ष्य निर्धारित किया था। इस बीच, 'केनियाओ नेटवर्क' ने विक्रेताओं को 'केनियाओ अलायंस' में शामिल होने और गुणवत्तापूर्ण संभार-तंत्र सेवा को अपने व्यवसाय का नियमित हिस्सा बनाने के लिए प्रोत्साहित करने के लिए सेवा शुल्क में भारी छूट देने के साथ 'केनियाओ अलायंस' के बीज पूँजी के रूप में 1 अरब युआन के निवेश की घोषणा की थी।

अब विशालकाय अलीबाबा ग्रुप ने 'केनियाओ नेटवर्क' के माध्यम से धीरे-धीरे देश के ऑनलाइन व्यवसाय विकास के बहुत बड़े टुकड़े के चारों ओर अपनी बाँहों को फैलाना शुरू कर दिया था। इसके लिए 'केनियाओ अलायंस' की स्थापना की थी, जिसका घोषित उद्‌देश्य चीन के अन्य संभार-तंत्र साझीदारों (लॉजिस्टिक्स पार्टनर्स) से सहभागिता करना और चीन में इ-वाणिज्य संभार-तंत्र को तेजी विस्तारित करना व सुधारना था।

• **जुलाई 2016 :** अब 'केनियाओ नेटवर्क' ने चीन की सबसे

बड़ी सीमापारीय इ-वाणिज्य संभार-तंत्र सेवा प्रदाता कंपनी—4 पीएक्स एक्सप्रेस—में अघोषित राशि का निवेश कर 15 प्रतिशत स्वामित्व हिस्सेदारी को हथिया लिया था। उस समय 4 पीएक्स अपने दूसरे व तीसरे स्थान की प्रतिद्वंद्वी कंपनियों के संयुक्त व्यवसाय आकार से दोगुनी बड़ी कंपनी थी। 4 पीएक्स द्वारा संचालित लगभग 40 प्रतिशत माल-ढुलाई संयुक्त राज्य अमेरिका में खरीदारों को लक्षित थी; उसका दूसरा सबसे बड़ा गंतव्य स्थल रूस था और तीसरा ब्राजील। वह ब्रिटेन, जर्मनी, फ्रांस व स्पेन में संयुक्त रूप से 40 माल-ढुलाई कर रही थी। चीन के 20,000 से अधिक विक्रेता विदेशों में माल भेजने के लिए 4 पीएक्स की सेवाओं पर विश्वास कर रहे थे। उस समय चीनी इ-वाणिज्य मंचों पर विदेशी ग्राहकों की कुल खरीदारी वार्षिक 80 प्रतिशत की दर से बढ़ रहा था और 4 पीएक्स के बढ़ते कारोबार में परोक्ष रूप से अलीबाबा को भी लाभ अर्जित करने का अवसर मिल रहा था।

'केनियाओ नेटवर्क' ने टीमॉल ग्लोबल इ-वाणिज्य मंच पर खरीदी किए जानेवाली जापानी वस्तुओं की विश्व भर में सीधी पहुँच सुनिश्चित करने के लिए जापान की सबसे बड़ी वैश्विक संभार-तंत्र सेवा कंपनी निप्पॉन एक्सप्रेस कंपनी लिमिटेड के साथ व्यावसायिक गठबंधन किया था''

- **अगस्त 2016 :** 'केनियाओ नेटवर्क' ने टीमॉल ग्लोबल इ-वाणिज्य मंच पर खरीदी किए जानेवाली जापानी वस्तुओं की विश्व भर में सीधी पहुँच सुनिश्चित करने के लिए जापान की सबसे बड़ी वैश्विक संभार-तंत्र सेवा कंपनी निप्पॉन एक्सप्रेस कंपनी लिमिटेड के साथ व्यावसायिक गठबंधन किया था और इस गठबंधन के अंतर्गत निप्पॉन एक्सप्रेस ने 'टीमॉल.कॉम' मंच व्यवसाय करनेवाली जापानी कंपनियों सामानों को तत्कालीन माल-ढुलाई दरों की तुलना में 30 प्रतिशत कम पर जापानी वस्तुओं को चीन पहुँचाने समझौता किया था। उस समय जापान की सरकारी डाक सेवा 'जापान पोस्ट' चीन के

इ-वाणिज्य मंचों पर खरीद की जानेवाली 90 प्रतिशत जापानी वस्तुओं को हवाई डाक से चीन भेज रही थी, लेकिन जून में उसने डाक शुल्क में 30 प्रतिशत की वृद्धि कर दी थी और 500 ग्राम के संकुलन (पैकेज) को जापान से चीन भेजने की लागत 1400 येन (13.68 डॉलर) हो गई थी। ऐसे में निप्पॉन एक्सप्रेस को अलीबाबा समूह के संभार-तंत्र संजाल 'केनियाओ नेटवर्क' के साथ व्यावसायिक गठबंधन कर जापान से चीन के बीच संभार-तंत्र सेवा बाजार में अपनी बाजार हिस्सेदारी 50 प्रतिशत तक बढ़ाने का लक्ष्य निर्धारित कर लिया था और 'टीमॉल.कॉम' पर व्यवसाय करने के लिए जापानी कंपनियों के लिए 'जापान पोस्ट' की तुलना में 30 प्रतिशत कम अर्थात् 1000 येन प्रति 500 ग्राम का डाक शुल्क निर्धारित कर दिया था। इस प्रकार, अलीबाबा समूह ने अपने ग्राहकों के लिए खरीद लागत को प्रति 500 ग्राम 400 येन कम कर लिया था। ध्यान रहे कि विशेष जापानी प्रसाधन सामग्रियों व घरेलू सामग्रियों ने अपनी सुरक्षा व गुणवत्ता मानकों के लिए चीन के ग्राहकों के बीच जबरदस्त साख बना ली थी। जापान के विदेश व्यापार मंत्रालय के अनुसार वर्ष 2019 तक चीनी उपभोक्ताओं द्वारा खरीदे जानेवाली जापानी वस्तुओं का कुल मूल्य 2330 अरब येन (लगभग 22.8 अरब डॉलर) के स्तर पर पहुँच जाने का अनुमान था, जो वर्ष 2015 के स्तर का लगभग तीन गुना था।

ध्यान रहे कि विशेष जापानी प्रसाधन सामग्रियों व घरेलू सामग्रियों ने अपनी सुरक्षा व गुणवत्ता मानकों के लिए चीन के ग्राहकों के बीच जबरदस्त साख बना ली थी। जापान के विदेश व्यापार मंत्रालय के अनुसार वर्ष 2019 तक चीनी उपभोक्ताओं द्वारा खरीदे जानेवाली जापानी वस्तुओं का कुल मूल्य 2330 अरब येन (लगभग 22.8 अरब डॉलर) के स्तर पर पहुँच जाने का अनुमान था, जो वर्ष 2015 के स्तर का लगभग तीन गुना था।

जी हाँ, इस प्रकार अलीबाबा के संभार-तंत्र मंच 'केनियाओ नेटवर्क' ने आश्चर्यजनक क्षमता विकसित कर लिया था। याद रहे कि वर्ष 2015 में चीन में प्रतिदिन औसतन 5.7 करोड़ संकुलनों का वितरण हो रहा था (तब संयुक्त राज्य में यह औसत केवल 3.5 करोड़ ही था), जिसका वर्ष 2020 तक 14.5 करोड़ तक पहुँच जाने का अनुमान था। चूँकि 'केनियाओ नेटवर्क' ने इंटरनेट से जुड़े संभार-तंत्र मंच का विकास किया था, इसीलिए वह इ-वाणिज्य की संभार-तंत्र सेवाओं की विस्फोटक माँग को पारंपरिक संभार-तंत्र प्रारूप (लॉजिस्टिक्स मॉडल) की तुलना में अधिक प्रभावी ढंग से पूरा कर पाने सक्षम थी।

अगस्त 2016 तक 'केनियाओ नेटवर्क' ने विश्व के 224 देशों व क्षेत्रों सहित चीन के 2800 जिलों तक अपने संभार-तंत्र संजाल का विस्तार कर लिया था; उसका प्रौद्योगिकी मंच चीन में प्रतिदिन औसतन 4.20 करोड़ संकुलनों (पैकेज), जो कि चीन के कुल संकुलनों का 70 प्रतिशत था, की सूचनाओं का प्रसंस्करण कर रहा था और वह 90 से अधिक घरेलू व अंतरराष्ट्रीय साझीदारों के साथ सहभागिता कर रही थी।

अगस्त 2016 तक 'केनियाओ नेटवर्क' ने विश्व के 224 देशों व क्षेत्रों सहित चीन के 2800 जिलों तक अपने संभार-तंत्र संजाल का विस्तार कर लिया था; उसका प्रौद्योगिकी मंच चीन में प्रतिदिन औसतन 4.20 करोड़ संकुलनों (पैकेज), जो कि चीन के कुल संकुलनों का 70 प्रतिशत था, की सूचनाओं का प्रसंस्करण कर रहा था और वह 90 से अधिक घरेलू व अंतरराष्ट्रीय साझीदारों के साथ सहभागिता कर रही थी। उस समय 'केनियाओ नेटवर्क' 1,30,000 वाहनों व 1,80,000 डाक-पहुँच केंद्रों के साथ 2 करोड़ से अधिक डाक-वितरण व गोदाम कर्मचारियों को रोजगार प्रदान कर रही थी। जैसा कि हमने ऊपर पढ़ा है कि 11 नवंबर को आयोजित होनेवाले विशेष छूट दिवस के दौरान वर्ष 2013 में केवल 15.6 करोड़ डाक आदेशों को सँभाला था, जिसकी संख्या

2014 में 27.80 करोड़ और वर्ष 2015 में 46.7 करोड़ हो गई थी। यह आँकड़ा वर्ष 2016 में 65.7 करोड़ व वर्ष 2017 में 81.2 करोड़ के स्तरों पर पहुँच जानेवाला था।

इस बीच 25 सितंबर, 2017 में अलीबाबा ग्रुप होल्डिंग लिमिटेड ने अपनी 'न्यू रिटेल' रणनीति को एक कदम और आगे बढ़ाते हुए 'केनियाओ नेटवर्क' में 3 अरब युआन (80.7 करोड़ डॉलर) के अतिरिक्त निवेश का फैसला कर उसमें अपनी स्वामित्व हिस्सेदारी को पहले के 47 प्रतिशत से बढ़ाकर 51 प्रतिशत की बहुमत की स्थिति में पहुँचा दिया था। उस समय 'केनियाओ नेटवर्क' का बाजार मूल्यांकन लगभग 20 अरब डॉलर आँका गया था। इस प्रकार 'केनियाओ नेटवर्क' के निदेशकमंडल के सात निदेशकों के पदों में से चार पर अलीबाबा ग्रुप का कब्जा हो गया था और उसी अवसर पर जैक मा ने इस संजाल के विकास में अगले कुछ वर्षों में 100 अरब युआन (16 अरब डॉलर) के निवेश की भी घोषणा की थी। उस समय जैक मा ने दावा किया था कि इस संजाल के माध्यम से चीन के 2000 से अधिक छोटे-बड़े नगरों में 24 घंटे के भीतर और विश्व के अन्य गंतव्यों तक 10 दिनों के भीतर वस्तुओं की पहुँच सुनिश्चित की जा सकेगी।

इस बीच 25 सितंबर, 2017 में अलीबाबा ग्रुप होल्डिंग लिमिटेड ने अपनी 'न्यू रिटेल' रणनीति को एक कदम और आगे बढ़ाते हुए 'केनियाओ नेटवर्क' में 3 अरब युआन (80.7 करोड़ डॉलर) के अतिरिक्त निवेश का फैसला कर उसमें अपनी स्वामित्व हिस्सेदारी को पहले के 47 प्रतिशत से बढ़ाकर 51 प्रतिशत की बहुमत की स्थिति में पहुँचा दिया था।

इसके बाद 29 मई, 2018 को अलीबाबा ग्रुप व 'केनियाओ नेटवर्क' के नेतृत्व में निवेशकों ने चीन के विशालतम संभार-तंत्र सेवा कंपनी 'जेड. टी.ओ. एक्सप्रेस' में 1.38 अरब डॉलर के निवेश से 10 प्रतिशत स्वामित्व हिस्सेदारी के अधिग्रहण की घोषणा की गई थी। याद रहे कि वर्ष 2016 में

न्यूयॉर्क स्टॉक एक्सचेंज में सूचीबद्ध होकर 'जेड.टी.ओ. एक्सप्रेस' प्रारंभिक सार्वजनिक प्रस्ताव (आई.पी.ओ.) से 1.4 अरब डॉलर की ब्याज रहित पूँजी जुटी थी, जो उस वर्ष संयुक्त राज्य अमेरिका में सबसे बड़ा आई.पी.ओ. था।

दो दिनों बाद 31 मई, 2018 को हांग्जो (चीन) में आयोजित 'ग्लोबल स्मार्ट लॉजिस्टिक समिट' में जैक मा ने सूचित किया था कि उस समय इस संभार-तंत्र संजाल के माध्यम से चीन में प्रतिदिन 10 करोड़ डाक-संकुलनों (पार्सल) का वितरण किया था रहा था, जिसे निकट भविष्य में 100 करोड़ डाक-संकुलन वितरण स्तर पर पहुँचने की आवश्यकता पड़नेवाली थी। तब जैक मा ने कहा था कि इस संजाल के माध्यम से पहुँच-लागत में 5 प्रतिशत की कमी आई थी, जो विनिर्माण उद्योग व संभार-तंत्र उद्योग की लाभदायकता को बढ़ाने में सहयोग प्रदान कर रही थी।

दो दिनों बाद 31 मई, 2018 को हांग्जो (चीन) में आयोजित 'ग्लोबल स्मार्ट लॉजिस्टिक समिट' में जैक मा ने सूचित किया था कि उस समय इस संभार-तंत्र संजाल के माध्यम से चीन में प्रतिदिन 10 करोड़ डाक-संकुलनों (पार्सल) का वितरण किया था रहा था, जिसे निकट भविष्य में 100 करोड़ डाक-संकुलन वितरण स्तर पर पहुँचने की आवश्यकता पड़नेवाली थी।

उसके कुछ दिनों बाद 6 जून, 2018 को 'केनियाओ नेटवर्क' ने विश्व के सबसे अधिक व्यस्त मालवाहक हवाई अड्डा—हांगकांग इंटरनेशनल एयरपोर्ट—पर विश्वस्तरीय अंकीयकृत संभार-तंत्र (डिजिटल लॉजिस्टिक्स सेंटर) के निर्माण के लिए स्थापित संयुक्त उद्यम में 1.5 अरब डॉलर के निवेश की घोषणा की थी। इस संयुक्त में 'केनियाओ नेटवर्क' के पास 51 प्रतिशत स्वामित्व हिस्सेदारी थी, जबकि चाइना नेशनल एविएशन कॉरपोरेशन (ग्रुप) लिमिटेड के पास 35 प्रतिशत और वाई.टी.ओ. एक्सप्रेस के पास 14 प्रतिशत। उन्नत पर्यावरण संरक्षण मानकों और अत्याधुनिक प्रौद्योगिकियों, जैसे कि स्वचालित

गोदाम व तापमान नियंत्रण समाधानों के साथ यह केंद्र वर्ष 2023 में परिचालित होनेवाला था। इस केंद्र के अंतर्गत कुल 380,000 वर्गमीटर के अनुमानित सकल मंजिल क्षेत्र का निर्माण किया जानेवाला था। इसमें अन्य सुविधाओं के साथ हवाई माल प्रसंस्करण केंद्र (एयर कार्गो प्रोसेसिंग सेंटर), छँटाई केंद्र (सॉर्टिंग सेंटर) व आदेश पूर्ति केंद्र (ऑर्डर फुलफिलमेंट सेंटर) भी शामिल होगा। यह केंद्र विश्व भर के लघु एवं मध्यम श्रेणी के उद्यमों की लगातार बढ़ती सीमा-पार ई-वाणिज्य की आवश्यकताओं को पूरा करने के लिए हर वर्ष करोड़ों डाक-संकुलनों (पार्सल) को सँभालेगा। जब यह केंद्र अपनी पूर्ण क्षमता में परिचालन करने लगेगा तो हांगकांग अंतरराष्ट्रीय हवाई अड्डे पर मालवाहन की मात्रा में प्रति वर्ष 1.70 करोड़ टन की लगातार वृद्धि होगी...और यह हवाई अड्डा वैश्विक संभार-तंत्र श्रृंखला में प्रमुख प्रवेश-द्वार के रूप में हांगकांग महानगर की स्थिति को और अधिक मजबूत बनाता चला जाएगा।

हांगकांग अंतरराष्ट्रीय हवाई अड्डे पर विश्वस्तरीय अंकीयकृत संभार-तंत्र (डिजिटल लॉजिस्टिक्स सेंटर) के निर्माण की दिशा में बढ़ाया गया ठोस कदम 'केनियाओ नेटवर्क' द्वारा अपने वैश्विक संभार-तंत्र को विस्तारित करने और उसे मजबूत बनाने व्यापक प्रयास का ही एक हिस्सा है।

जी हाँ, हांगकांग अंतरराष्ट्रीय हवाई अड्डे पर विश्वस्तरीय अंकीयकृत संभार-तंत्र (डिजिटल लॉजिस्टिक्स सेंटर) के निर्माण की दिशा में बढ़ाया गया ठोस कदम 'केनियाओ नेटवर्क' द्वारा अपने वैश्विक संभार-तंत्र को विस्तारित करने और उसे मजबूत बनाने व्यापक प्रयास का ही एक हिस्सा है। इस केंद्र की घोषणा से बस एक सप्ताह पहले ही 'केनियाओ नेटवर्क' ने विश्व के प्रमुख पाँच नगरों में पाँच बहुत कुछ इस प्रकार संभार-तंत्र केंद्रों का शुभारंभ किया था, जिनमें दुबई, हांग्जो, कुआलालंपुर, लीज (बेल्जियम) व मोस्को शामिल थे। हांगकांग में बनने जा रहा केंद्र 'केनियाओ नेटवर्क'

के संजाल का बड़ा विस्तारीकरण है और यह अलीबाबा के संस्थापक जैक मा द्वारा 'केनियाओ नेटवर्क' को कार्यकुशल व बुद्धिमान संभार-तंत्र संजाल बनाने के लिए 100 अरब युआन के निवेश की प्रतिबद्धता का ही हिस्सा है, जो चीन में 24 घंटों के भीतर व शेष विश्व में 72 घंटों के भीतर माल की पहुँच सुनिश्चित करेगा। याद रहे कि 'केनियाओ' के पास पहले से ही हांगकांग में तीन 'वैश्विक प्रतिपूर्ति केंद्र' (ग्लोबल फुलफिलमेंट सेंटर) हैं, जिनका संचालन उसके साझीदार कर रहे हैं। पिछले महीन 'केनियाओ' ने विशेष रूप से अलीबाबा इ-वाणिज्य मंचों की आवश्यकता के सामानों की आवाजाही के लिए हांगकांग व बेल्जियम के बीच 'हवाई मालभाड़ा मार्ग' (एयरफ्रेट) का शुभारंभ किया था। यह 'केनियाओ' द्वारा हांग्जो व मोस्को के बीच शुरू किए 'विशेष हवाई मालभाड़ा मार्ग' से दूसरा मार्ग था।

पिछले महीन 'केनियाओ' ने विशेष रूप से अलीबाबा इ-वाणिज्य मंचों की आवश्यकता के सामानों की आवाजाही के लिए हांगकांग व बेल्जियम के बीच 'हवाई मालभाड़ा मार्ग' (एयरफ्रेट) का शुभारंभ किया था। यह 'केनियाओ' द्वारा हांग्जो व मोस्को के बीच शुरू किए 'विशेष हवाई मालभाड़ा मार्ग' से दूसरा मार्ग था।

अलीबाबा की वित्तीय-सेवा प्रणाली 'अली पे'

अलीबाबा ग्रुप लगातार बढ़ते जा रहे विश्वव्यापी इ-वाणिज्य साम्राज्य का तीसरा लौह-स्तंभ है, उसकी अद्भुत वित्तीय-सेवा प्रणाली 'अली पे' (Alipay)। जी हाँ, यह संयुक्त राज्य अमेरिका के 'पेपाल' (PayPal) का चीनी विकल्प है, जो चीन में सबसे अधिक लोकप्रिय है। वर्ष 2013 में 'अली पे' ने विश्व के सबसे चल-दूरभाष भुगतान मंच (मोबाइल पेमेंट प्लेटफॉर्म) के रूप में 'पेपाल' को पीछे छोड़ दिया था। वर्ष 2016 की चौथी तिमाही में चीन के कुल 5,500 अरब डॉलर के चल-दूरभाष भुगतान बाजार में 'अली

पे' की बाजार हिस्सेदारी 54 प्रतिशत थी। निश्चित रूप से विश्व का कोई भी चल-दूरभाष भुगतान मंच 'अली पे' की बराबरी नहीं कर सकता था, लेकिन वर्ष 2015 की उसकी 71 प्रतिशत बाजार हिस्सेदारी में भारी कमी आई थी, लेकिन हाल के वर्षों में 'अली पे' की लगभग एकाधिकारपूर्ण बाजार हिस्सेदारी को 'वीचैटपे' (WeChatPay) ने निगलना शुरू कर दिया था और वर्ष 2016 की चौथी तिमाही में उसकी बाजार हिस्सेदारी 40 प्रतिशत हो गई थी।

> ***ध्यान रहे कि टेंसेंट होल्डिंग्स लिमिटेड द्वारा विकसित 'वीचैटपे' चीन के बहूद्देश्यीय संदेश सेवा (मैसेजिंग सर्विस) व सामाजिक संजालीकरण मंच (सोशल मीडिया प्लेटफार्म)—वीचैट—का चल-दूरभाष भुगतान मंच है, जिसकी सेवा वर्ष 2014 में शुरू की गई थी।***

ध्यान रहे कि टेंसेंट होल्डिंग्स लिमिटेड द्वारा विकसित 'वीचैटपे' चीन के बहूद्देश्यीय संदेश सेवा (मैसेजिंग सर्विस) व सामाजिक संजालीकरण मंच (सोशल मीडिया प्लेटफार्म)—वीचैट—का चल-दूरभाष भुगतान मंच है, जिसकी सेवा वर्ष 2014 में शुरू की गई थी। ध्यान रहे कि टेंसेंट होल्डिंग्स लिमिटेड विश्व की सबसे बड़ी निवेश कंपनी होने के साथ-साथ विश्व की सबसे बड़ी इंटरनेट व प्रौद्योगिकी कंपनियों में से एक, विश्व की सबसे बड़ी उद्यम पूँजी प्रतिष्ठानों (वेंचर कैपिटल फर्म) में से एक और विश्व की सबसे बड़ी व सबसे मूल्यवान् गेमिंग (टेंसेंट गेम्स) व सामाजिक संजालीकरण कंपनी है। वर्ष 2018 में वर्कशायर हैथवे के उप-सभापति (वाइस चेयरमैन) ने शेयरधारकों की वार्षिक बैठक में 'वीचैटपे' को वीजा, मास्टरकार्ड व अमेरिकन एक्सप्रेस के कुछ संभावित प्रतिस्पर्धियों में से एक के रूप में पहचाना था, लेकिन 'अली पे' न केवल अलीबाबा ग्रुप के विशाल विश्वव्यापी ग्राहक समुदाय के लिए एकमात्र विश्वसनीय भुगतान मंच था, वरन् एंट फाइनेंशियल सर्विस ग्रुप के रूप में विश्व की सबसे बड़ी व सबसे मूल्यवान् वित्तीय प्रौद्योगिकी

(फाइनेंशियल टेक्नोलॉजी) कंपनी बन चुका था, जिसका बाजार मूल्यांकन 150 अरब डॉलर (29 मई, 2018) आँका गया था।

वर्ष 2003 में अलीबाबा ग्रुप के 'ताओबाओ.कॉम' ने 'अली पे' नाम से अपने ग्राहकों के लिए ऑनलाइन भुगतान सेवा का शुभारंभ किया था। जून 2010 में, चीन के 'केंद्रीय बैंक पीपल्स बैंक ऑफ चाइना' (पी.बी.ओ.सी.) ने तृतीय-पक्ष भुगतान (थर्ड पार्टी पेमेंट) की सेवा प्रदान करनेवाली कंपनियों के अनुज्ञा-पत्र देने के सबंध में नए नियमों को जारी किया था। इसके साथ ही, पी.बी.ओ.सी. ने विदेशी वित्त-पोषित भुगतान सेवा कंपनियों के लिए अलग दिशा-निर्देश भी जारी किया था। उस समय 'अली पे' की सेवा 'झेजियांग एंट स्मॉल ऐंड माइक्रो फाइनेंशियल सर्विसेज ग्रुप कंपनी' के अंतर्गत संचालित की जा रही थी, जिसके माध्यम से अलीबाबा समूह ने चीन सहित विश्व के अन्य वित्तीय सेवाओं के विशाल बाजार में अपनी पैठ बनाने के लिए संचालित कर रही थी। चूँकि अलीबाबा ग्रुप आरंभ से विदेशी उद्यम पूँजी आधारित कंपनी थी, इसीलिए उसके अंग के रूप में 'अली पे' को तृतीय-पक्ष भुगतान सेवा प्रदाता कंपनी के रूप में चीन सरकार की अनुमति मिलना संभव नहीं रह गया था। उस समय 'अली पे' चीन के सरकारी बैंकों के समानांतर 50 प्रतिशत ऑनलाइन भुगतान बाजार पर कब्जा कर चुका था। इसीलिए इसे अलीबाबा के संस्थापक व मुख्य कार्यकारी अधिकारी (सी.ई.ओ.) जैक मा के स्वामित्व (ओनरशिप) में चीन की घरेलू निजी (प्राइवेट) कंपनी के रूप में पुनर्गठित किया गया था। फिर, मई 2011 में 'अली पे' को तृतीय-पक्ष भुगतान सेवा प्रदाता कंपनी का अनुज्ञा-पत्र (लाइसेंस) जारी किया गया था।

उस समय 'अली पे' की सेवा 'झेजियांग एंट स्मॉल ऐंड माइक्रो फाइनेंशियल सर्विसेज ग्रुप कंपनी' के अंतर्गत संचालित की जा रही थी, जिसके माध्यम से अलीबाबा समूह ने चीन सहित विश्व के अन्य वित्तीय सेवाओं के विशाल बाजार में अपनी पैठ बनाने के लिए संचालित कर रही थी।

अलीबाबा ग्रुप से 'अली पे' के स्वामित्व का स्थानांतरण बहुत अधिक विवादास्पद रहा था, क्योंकि जैक मा ने इस संबंध में तथाकथित रूप से अलीबाबा ग्रुप में संयुक्त रूप से नियंत्रणकारी स्वामित्व धारण करनेवाली विदेशी कंपनियों 'याहू!' व सॉफ्ट बैंक को सूचित नहीं किया था। जब इस सबंध में चीनी व अंतरराष्ट्रीय संचार माध्यमों में विवादास्पद समाचारों का बाजार गरम हुआ था, तो जैक मा ने वक्तव्य जारी किया था कि अलीबाबा ग्रुप के निदेशकों को इस बारे में सूचित किया गया था। जैक मा ने संचार माध्यमों पर आरोप लगाया था कि वे बिना किसी ठोस प्रमाण के चीन में निवेश करनेवाले विदेशी निवेशकों के विश्वास को क्षति पहुँचाने की कोशिश कर रहे थे। लगभग दो महीने बाद जुलाई 2011 में अलीबाबा ग्रुप, 'याहू!' व सॉफ्ट बैंक ने रहस्यमय समझौते के रूप इस विवाद को सुलझा लिया था।

याद रहे कि वर्ष 2008 के अंत से ही अलीबाबा ग्रुप ने 'अली पे' को सार्वजनिक सेवाओं के ऑनलाइन भुगतान के माध्यम के रूप में प्रोत्साहित करना शुरू कर दिया था। शीघ्र ही, 'अली पे' ने चीन के 300 नगरों में 1200 संगठनों से साझेदारी स्थापित कर जल व विद्युत् आपूर्ति शुल्कों के ऑनलाइन भुगतान का विश्वसनीय मंच बन गया था।

याद रहे कि वर्ष 2008 के अंत से ही अलीबाबा ग्रुप ने 'अली पे' को सार्वजनिक सेवाओं के ऑनलाइन भुगतान के माध्यम के रूप में प्रोत्साहित करना शुरू कर दिया था। शीघ्र ही, 'अली पे' ने चीन के 300 नगरों में 1200 संगठनों से साझेदारी स्थापित कर जल व विद्युत् आपूर्ति शुल्कों के ऑनलाइन भुगतान का विश्वसनीय मंच बन गया था। इतना ही नहीं, 'अली पे' ने शीघ्र ही अपनी सेवाओं को यातायात-जुर्माना, संपत्ति करों व केबल टेलीविजन शुल्कों के भुगतान जैसे क्षेत्रों तक विस्तारित कर लिया था। फिर 15 जनवरी, 2009 को 'अली पे' ने साख-पत्रक पुनर्भुगतान सेवा (क्रेडिट कार्ड रीपेमेंट सर्विस) का शुभारंभ

किया था, जिसके अंतर्गत उसके द्वारा 39 घरेलू बैंकों द्वारा जारी किए गए साख-पत्रकों को समर्थन प्रदान किया गया था। वर्ष 2014 की पहली तिमाही में चीन के लगभग 76 प्रतिशत साख-पत्रकों का भुगतान 'अलीपे वालेट' से किया जा रहा था। इस बीच दिसंबर 2013 में चीन के कई सुविधा-भंडार श्रृंखलाओं ने 'अली पे' को ऑनलाइन भुगतान के माध्यम के रूप में अपना लिया था। इसके साथ ही बीजिंग के टैक्सी चालकों ने भी 'अली पे' को अपना लिया था और उसके बाद बड़ी खुदरा भंडार कंपनियों, सिनेमा घरों, खानपान सेवा कंपनियों, रेस्तराओं, होटलों आदि ने भी 'अली पे' को ऑनलाइन भुगतान के सबसे अधिक विश्वसनीय सेवा के रूप में स्वीकार कर लिया था। वर्ष 2018 में 'अली पे' अलीबाबा ग्रुप के इ-वाणिज्य मंचों सहित चीन के 4,60,000 ऑनलाइन व स्थानीय व्यवसायों को भुगतान सेवाएँ प्रदान करने के लिए वीसा (Visa) व मास्टर कार्ड (Master Card) सहित 65 वित्तीय संस्थाओं के साथ मिलकर परिचालन करने का दावा कर रहा था।

इससे पहले जून 2013 में, अलीबाबा ग्रुप ने उस समय बहुत ही कम लोकप्रिय टियानहोंग एसेट मैनेजमेंट कंपनी लिमिटेड की सहभागिता में 'अली पे' मंच पर चीन का सबसे पहला इंटरनेट फंड 'यूएबाओ' का शुभारंभ किया था, जिसने बहुत ही कम समय में इंटरनेट आधारित वित्तीय सेवाओं की दशा व दिशा दोनों को पूरी तरह से बदलकर रख दिया था।

इससे पहले जून 2013 में, अलीबाबा ग्रुप ने उस समय बहुत ही कम लोकप्रिय टियानहोंग एसेट मैनेजमेंट कंपनी लिमिटेड की सहभागिता में 'अली पे' मंच पर चीन का सबसे पहला इंटरनेट फंड 'यूएबाओ' का शुभारंभ किया था, जिसने बहुत ही कम समय में इंटरनेट आधारित वित्तीय सेवाओं की दशा व दिशा दोनों को पूरी तरह से बदलकर रख दिया था।

चीनी भाषा में 'यूएबाओ' का अर्थ होता है—'बचा हुआ खजाना'।

यूएबाओ अनिवार्य रूप से इ-वाणिज्य मंच पर स्थानांतरित किया निवेश प्रबंधन अनुभव है। उपयोगकर्ता अपने मोबाइल उपकरणों के माध्यम से अल्पकालिक निश्चित आयवाले वित्तीय उपकरणों (शॉर्ट टर्म फिक्स्ड-इनकम फाइनेंशियल इंस्ट्रूमेंट्स) में निवेश के लिए अपने अलीबाबा इ-वाणिज्य खातों में जमा अप्रयुक्त 'बची हुई' शेष राशि को 'यूएबाओ' इंटरनेट फंड के खाते में डाल सकते हैं। 'यूएबाओ' निवेश मंच (इनवेस्टमेंट प्लेटफॉर्म) अलीबाबा ग्रुप से खरीदारी मंचों (शॉपिंग प्लेटफॉर्म—ताओबाओ, टीमॉल आदि सहित अन्य विविध प्रकार की सेवाओं से जुड़ा हुआ है। 'यूएबाओ' निवेश खाते में रखी गई धनराशि अलीबाबा के खरीदारी मंचों के बीच स्थानांतरणीय भी है।

यही कारण था कि शुभारंभ के तत्काल बाद 'यूएबाओ' निवेश मंच के उपयोगकर्ता-आधार (यूजर बेस) में बहुत ही अधिक तेजी से वृद्धि हुई थी। अगले छह महीनों में यूएबाओ 4.9 करोड़ उपयोगकर्ताओं द्वारा विभिन्न वित्तीय उपकरणों में 250 अरब युआन (41.5 अरब डॉलर) की परिसंपत्तियों का प्रबंधन करने लगी थी।

यही कारण था कि शुभारंभ के तत्काल बाद 'यूएबाओ' निवेश मंच के उपयोगकर्ता-आधार (यूजर बेस) में बहुत ही अधिक तेजी से वृद्धि हुई थी। अगले छह महीनों में यूएबाओ 4.9 करोड़ उपयोगकर्ताओं द्वारा विभिन्न वित्तीय उपकरणों में 250 अरब युआन (41.5 अरब डॉलर) की परिसंपत्तियों का प्रबंधन करने लगी थी। अगले तीन महीनों बाद मार्च 2014 में यूएबाओ निवेश मंच पर उपयोगकर्ताओं की संख्या बढ़कर 8.1 करोड़ हो गई थी और उनकी निवेशित राशि 500 अरब युआन (90 अरब डॉलर)। जी हाँ, यूएबाओ निवेश मंच पर उपयोगकर्ताओं की यह कुल संख्या शंघाई स्टॉक एक्सचेंज व शेन्जेन स्टॉक एक्सचेंज दोनों के संयुक्त खुदरा निवेशकों की संख्या से 1.8 करोड़ अधिक थी। तब यह धनराशि विश्व की सातवीं सबसे बड़ी परिसंपत्ति प्रबंधन प्रतिष्ठान फिडेलिटी इनवेस्टमेंट्स द्वारा प्रबंधित की जानेवाली धनराशि

से तुलना की जाने योग्य हो गई थी। यूएबाओ के शुभारंभ के बाद के लगभग नौ महीनों में जमा हुई यह धनराशि चीन में नए घरेलू व निगमित खातों में जमा की गई धनराशि के लगभग पाँचवें हिस्से के बराबर हो गई थी।

ध्यान रहे कि वित्तीय नवाचार (फाइनेंशियल इनोवेशन) की कला में सबसे प्रचलित व प्रमुख संचालकों में से एक की भविष्यवाणी वित्तीय क्षेत्र में वर्तमान खिलाड़ियों द्वारा अनदेखा किए गए बाजार-खंडों में मूल्य का ताला खोलने पर आधारित होती है। इसी को 'बैंकिंग फॉर अन बैंक्ड' कहा जाता है, जो बैंक सेवाओं से वंचित रह गए समुदाय को बैंक सेवाओं के अंतर्गत लाने का वित्तीय दर्शन है। स्पष्ट है कि जो कंपनियाँ बहुत कम दोहन किए गए वित्तीय बाजार-खंडों की अभी तक पूरी नहीं की जा सकी आवश्यकताओं को संबोधित करने के लिए नवाचारी समाधानों के साथ सामने आती हैं, उन्हें अपनी रचनात्मक पहलों की असाधारण फसलों को काटने का अवसर भी मिलता है...और अलीबाबा ग्रुप ने यूएबाओ निवेश मंच के माध्यम से यही किया था।

ध्यान रहे कि वित्तीय नवाचार (फाइनेंशियल इनोवेशन) की कला में सबसे प्रचलित व प्रमुख संचालकों में से एक की भविष्यवाणी वित्तीय क्षेत्र में वर्तमान खिलाड़ियों द्वारा अनदेखा किए गए बाजार-खंडों में मूल्य का ताला खोलने पर आधारित होती है।

तथ्य है कि चीन के वित्तीय परिदृश्य में एक महत्त्वपूर्ण समुदाय तत्कालीन बैंकिंग सेवाओं से वंचित रह गया था, जिसकी ओर किसी भी वित्तीय संस्था का ध्यान नहीं गया था, लेकिन अलीबाबा ग्रुप ने इस वित्तीय बाजार-खंड की आवश्यकताओं को समझ लिया था और उसकी आश्चर्यकारी संभावनाओं को भी। उसके लिए यह समझ पाना इसलिए भी आसान था कि यह समुदाय अलीबाबा ग्रुप के खरीदारी मंचों का सबसे अधिक सक्रिय ग्राहक वर्ग था। जी हाँ, यह चीन में उभरता हुआ युवा वर्ग ही था, जो देश में इ-वाणिज्य बाजार को लगातार नई ऊँचाइयों की ओर धकेल रहा था। पहले अध्याय

में आपने चीन के विशाल मध्यम वर्ग में इन युवाओं की भूमिका के बारे में विस्तार से पढ़ा है। वैसे तो इस युवा वर्ग की प्रति व्यक्ति बचत की राशि बहुत अधिक नहीं होती है, लेकिन सामूहिक रूप से आश्चर्यकारी धनराशि बनती है…और यूएबाओ निवेश मंच ने इन्हीं वित्तीय-सेवाओं से वंचित रह गए बाजार-खंड को निवेश की आदत डालकर बिल्कुल नया वित्तीय-साम्राज्य खड़ा कर लिया।

ध्यान रहे कि यूएबाओ उत्पाद की सफलता के साथ-साथ इसकी सबसे सराहनीय गुणवत्ता के पीछे सबसे महत्त्वपूर्ण कारक है—इसकी वित्तीय समावेश (फाइनेंशियल इनक्लूजन) की बाजार-रणनीति। जी हाँ, यूएबाओ अपने उपयोगकर्ताओं को केवल एक युआन (16 सेंट) की अत्यंत निम्न सीमा के माध्यम से छोटे पैमाने के साधारण निवेशकों को विशाल निवेश-मंच पर प्रभावी भूमिका निभाने की अनुमति देता है। यदि तुलना करें तो चौंकानेवाला तथ्य सामने आता है। उस समय चीन के बैंकों द्वारा प्रस्ताव किए जा रहे अधिकांश धन-प्रबंधन उत्पादों (वेल्थ मैनेजमेंट प्रोडक्ट्स) में कम-से-कम 50,000 युआन (8000 डॉलर) के निवेश की आवश्यकता होती थी। स्पष्ट है कि यूएबाओ उत्पाद की भागीदारी-प्रकृति ने चीन में मध्यम श्रेणी के विशाल युवा-वयस्क समुदाय के अधिक वित्तीय-समावेश के लिए उसे बहुत ही आशाजनक वित्तीय साधन बनाया था। इस प्रकार यूएबाओ चीनी सरकार द्वारा देश की निवेश-आधारित अर्थव्यवस्था को पूरी तरह से उपभोग-आधारित अर्थव्यवस्था में बदल देने के लक्ष्य को धरातल पर उतारने का महत्त्वपूर्ण मंच बन प्रमाणित हुआ था। इसके अतिरिक्त, यूएबाओ ग्राहकों को किसी भी समय अपना पैसा वापस लेने की अनुमति भी देता है। यह सुविधा पूँजी को गतिशीलता प्रदान करती है, जो व्यक्तिगत निवेशकों की तरलता

> ***ध्यान रहे कि यूएबाओ उत्पाद की सफलता के साथ-साथ इसकी सबसे सराहनीय गुणवत्ता के पीछे सबसे महत्त्वपूर्ण कारक है—इसकी वित्तीय समावेश (फाइनेंशियल इनक्लूजन) की बाजार-रणनीति।***

आवश्यकताओं के लिए बहुत ही लाभकारी है।

यूएबाओ निवेश मंच की सफलता के पीछे का दूसरा सबसे महत्त्वपूर्ण कारक है—लेन-देन लागत को कम करना। जी हाँ, 'अली पे' द्वारा उपयोग किए जानेवाला इ-वाणिज्य मंच (इ-कॉमर्स प्लेटफॉर्म) निवेश-लेन-देन की सुविधा प्रदान करने के लिए अपनी ऑनलाइन आधारभूत संरचना के उपयोग के माध्यम से प्रत्येक परिचालन की लागत को कम करता है। तत्कालीन वित्तीय संस्थाओं ने इस बाजार-खंड को इसलिए भी लगभग पूरी तरह अनदेखा कर दिया था, क्योंकि इन उपयोगकर्ताओं तक पहुँचने की लागत बहुत अधिक थी, जबकि प्रत्येक उपयोगकर्ता की व्यक्तिगत-बटुआ निषिद्ध रूप से छोटा था, लेकिन यूएबाओ निवेश मंच के लिए इन उपयोगकर्ताओं तक पहुँचने की लागत लगभग नगण्य थी, क्योंकि वे पहले से ही 'अली पे' के उपयोगकर्ता होने के साथ-साथ अलीबाबा ग्रुप के खरीदारी मंचों के उपयोगकर्ता भी थे और लेन-देन करने का आधारभूत प्रौद्योगिकी ढाँचा पहले ही उपलब्ध था। तो यूएबाओ ने वास्तव में धन प्रबंधन के नवाचारी संदर्भ में अलीबाबा ग्रुप के इ-वाणिज्य संसाधनों के उपयोग के माध्यम से उनके बीच के स्वाभाविक-मेल का ताला खोला था और फिर यूएबाओ ने अलीबाबा ग्रुप के मंचों के अरबों उपयोगकर्ताओं की दैनिक खरीदारी व व्यापार संबंधी आँकड़ों के आधार पर 'बिग डाटा एनालिसिस मॉडल' व 'क्लाउड कंप्यूटिंग टेक्नोलॉजी' का उपयोग कर ग्राहकों की निवेश की इच्छा को दरशाने के

यूएबाओ निवेश मंच की सफलता के पीछे का दूसरा सबसे महत्त्वपूर्ण कारक है—लेन-देन लागत को कम करना। जी हाँ, 'अली पे' द्वारा उपयोग किए जानेवाला इ-वाणिज्य मंच (इ-कॉमर्स प्लेटफॉर्म) निवेश-लेन-देन की सुविधा प्रदान करने के लिए अपनी ऑनलाइन आधारभूत संरचना के उपयोग के माध्यम से प्रत्येक परिचालन की लागत को कम करता है।

लिए भावना-सूचकांक (सेंटिमेंट इंडेक्स) भी विकसित कर लिया था, जो 'यूएबाओ सेंटिमेंट इंडेक्स' नाम से जाना जाता है। इससे अलीबाबा मंचों के बीच चमत्कारी तालमेल का ताला-खोलना और भी अधिक आसान हो गया था।

लेकिन यूएबाओ निवेश मंच की आश्चर्यजनक सफलता का सबसे निर्णायक कारक वास्तव में यह था कि उसने अपने शुभारंभ के समय से ही अपने उपयोगकर्ताओं के लिए श्रेष्ठतर लाभ अर्जित किया था और यूएबाओ के लिए यह करना इसलिए संभव हुआ था कि वह अपना ध्यान मुद्रा बाजार निधियों (मनी मार्केट फंड) व राजकोषीय ऋण-पत्र (ट्रेजरी बॉण्ड) जैसे निश्चित आय प्रकार के वित्तीय-उपकरणों पर केंद्रित करता है और यूएबाओ के उत्पाद वित्तीय-बाजार में समान संपत्ति वर्गों में उपलब्ध अधिकांश अन्य उत्पादों की तुलना में अधिक उपज प्रदान करते हैं। उदाहरण के लिए यूएबाओ ने अपने उपयोगकर्ता निवेशकों को 6.114 प्रतिशत वार्षिक प्रतिफल का प्रस्ताव किया था, जबकि चीन के 'बिग फोर' बैंक एक वर्ष की सावधि जमा (टर्म डिपोजिट) के लिए केवल 3.25 प्रतिशत प्रतिफल का ही प्रस्ताव कर रहे थे, जबकि उस समय चीन में मुद्रास्फीति दर लगभग 2.5 प्रतिशत थी।

स्पष्ट है कि यूएबाओ ने इ-वाणिज्य व निवेश प्रबंधन के संलयन के माध्यम से चीन में वित्तीय-सेवाओं के बाजार में संपूर्ण परिवर्तनकारी प्रक्रिया का नेतृत्व किया था। ऐसे में, चीन में अन्य बड़ी इ-वाणिज्य कंपनियों को भी इस क्षेत्र में घुस आने का प्रोत्साहन मिला था।

स्पष्ट है कि यूएबाओ ने इ-वाणिज्य व निवेश प्रबंधन के संलयन के माध्यम से चीन में वित्तीय-सेवाओं के बाजार में संपूर्ण परिवर्तनकारी प्रक्रिया का नेतृत्व किया था। ऐसे में, चीन में अन्य बड़ी इ-वाणिज्य कंपनियों को भी इस क्षेत्र में घुस आने का प्रोत्साहन मिला था। टेसेंट ने 'लिकाइटोंग' व जेडी.कॉम ने 'एक्सियाओजिंकु' नाम से अपने स्वयं के निवेश उत्पादों को

बाजार में उतारा था, जो यूएबाओ के उत्पादों से मिलते-जुलते थे। इतना ही नहीं, मार्च 2014 में टेंसेंट होल्डिंग्स ने जेडी.कॉम में 15 प्रतिशत स्वामित्व हिस्सेदारी भी खरीद ली थी, लेकिन इस प्रतिस्पर्धा के बाद भी यूएबाओ को सबसे पहले पहल करनेवाला का लाभ मिला था और उसने अलीबाबा समूह के विशाल उपयोगकर्ता-आधार पर स्वयं को प्रभुत्वकारी स्थिति में खड़ा कर लिया था और वर्ष 2017 के अंत में यूएबाओ निवेश मंच द्वारा प्रबंधित परिसंपत्तियों का आकर 1580 अरब युआन (लगभग 233 अरब डॉलर) हो गया था और वह विश्व का सबसे बड़ा 'मुद्रा बाजार निधि' (मनी मार्केट फंड) बन गया था। इसकी तुलना में चीन की दूसरी सबसे बड़ी 'मुद्रा बाजार निधि' आई.सी.बी.सी. क्रेडिट सुइस थी, जिसके द्वारा प्रबंधित परिसंपत्ति का आकर केवल 340 अरब युआन ही था, लेकिन नए वर्ष की खरीदारी को ध्यान रखने के साथ-साथ 'मुद्रा बाजार निधि' के बहुत तेजी से बढ़ जाने से बचने के लिए और निधि के लिए दीर्घकालिक व स्थिर चाल बनाए रखने के लिए 1 फरवरी से 15 मार्च, 2018 के बीच यूएबाओ की संचालक संस्था टियानहोंग एसेट मैनेजमेंट कंपनी लिमिटेड ने कुल निवेश पर 233 अरब डॉलर का अस्थायी सीमा प्रतिबंध लगा दिया था। याद रहे कि टियानहोंग एसेट मैनेजमेंट कंपनी की 51 प्रतिशत की नियंत्रणकारी स्वामित्व हिस्सेदारी अलीबाबा समूह की सहयोगी, लेकिन जैक मा की स्वामित्ववाली कंपनी एंट फाइनेंशियल सर्विसेज ग्रुप के पास है।

याद रहे कि टियानहोंग एसेट मैनेजमेंट कंपनी की 51 प्रतिशत की नियंत्रणकारी स्वामित्व हिस्सेदारी अलीबाबा समूह की सहयोगी, लेकिन जैक मा की स्वामित्ववाली कंपनी एंट फाइनेंशियल सर्विसेज ग्रुप के पास है।

इस बीच, 16 अक्तूबर, 2014 को 'अली पे' की सेवा को संचालित करनेवाली 'झेजियांग एंट स्मॉल ऐंड माइक्रो फाइनेंशियल सर्विसेज ग्रुप कंपनी' का नाम बदलकर 'एंट फाइनेंशियल सर्विस ग्रुप' कर दिया गया था। 3

जुलाई, 2015 को एंट फाइनेंशियल ने निवेश पूर्व 45 अरब डॉलर के बाजार मूल्यांकन पर चीन सरकार की पूँजी व औचित्य परिसंपत्तियों (कैपिटल ऐंड इक्विटी एसेट्स) का संचालन करनेवाली संप्रभु संपत्ति निधि (सोवेरेन वेल्थ फंड) कंपनी नेशनल सोशल सिक्यूरिटी फंड (एन.एस.एस.एफ.) से अघोषित बीज पूँजी प्राप्त की थी और फिर चीन सरकार विदेशी मुद्रा भंडार को संचालित करनेवाली संप्रभु संपत्ति निधि (सोवेरेन वेल्थ फंड) चाइना इनवेस्टमेंट कॉरपोरेशन (सी.आई.सी.), चीन के 'बिग फॉर' बैंकों में से एक चाइना कंस्ट्रक्शन बैंक कॉरपोरेशन (सी.सी.बी.), चीन सरकार की 70 प्रतिशत स्वामित्ववाली बीमा कंपनी चाइना लाइफ इंश्योरेंस कंपनी (चाइना लाइफ), चीन की सरकारी डाक सेवा कंपनी 'चाइना पोस्ट' कॉरपोरेशन (चाइना पोस्ट), चीन सरकार की प्रत्यक्ष नियंत्रणवाली वित्तीय संस्था चाइना डेवलपमेंट बैंक (सी.डी.बी.) का निवेश प्रतिष्ठान चाइना डेवलपमेंट बैंक कैपिटल कॉरपोरेशन लिमिटेड व चीन की वैश्विक निवेश संस्था प्राइमावेरा कैपिटल ग्रुप से कुल 4.5 अरब डॉलर का निवेश अर्जित किया था।

सितंबर 2016 में एंट फाइनेंशियल ने कंसास सिटी (मिसौरी, संयुक्त राज्य अमेरिका) की जीवमितीय सुरक्षा प्रौद्योगिकी (बायोमेट्रिक सिक्योरिटी टेक्नोलॉजी) कंपनी आइवेरीफाई (EyeVerify) इंक. को 10 करोड़ डॉलर में अधिगृहीत कर लिया था।

सितंबर 2016 में एंट फाइनेंशियल ने कंसास सिटी (मिसौरी, संयुक्त राज्य अमेरिका) की जीवमितीय सुरक्षा प्रौद्योगिकी (बायोमेट्रिक सिक्योरिटी टेक्नोलॉजी) कंपनी आइवेरीफाई (EyeVerify) इंक. को 10 करोड़ डॉलर में अधिगृहीत कर लिया था। इसका मुख्य उत्पाद—आईप्रिंट आईडी—आँखों में और उसके आसपास आँखों की नसों व अन्य सूक्ष्म-विशेषताओं का उपयोग कर सत्यापन प्रदान करता है। इसके प्रक्रिया-सामग्री कार्यक्रम (सॉफ्टवेयर प्रोग्राम) में मानव आँखों की छवियों का उपयोग चल-दूरभाष उपकरणों

(मोबाइल डिवाइस) के उपयोगकर्ताओं को प्रमाणीकृत करने के लिए किया जाता है। अर्थात् इस अधिग्रहण से एंट फाइनेंशियल सर्विसेज ग्रुप अपने 'अली पे' मंच के ग्राहकों को 'सेल्फी' के माध्यम से अपनी पहचान सत्यापित करने की चमत्कारी सुविधा प्रदान करने में सक्षम हो गया था। 26 जनवरी, 2017 को एंट फाइनेंशियल ने 88 करोड़ डॉलर में विश्व की दूसरी सबसे बड़ी मुद्रा-स्थानांतरण (मनी ट्रांसफर) प्रतिष्ठान मनीग्राम इंटरनेशनल में 88 करोड़ डॉलर में 8.8 प्रतिशत स्वामित्व हिस्सेदारी की घोषणा की थी, लेकीन अमेरिकी सरकार की विदेश निवेश समिति द्वारा अनुमोदित नहीं होने के कारण यह सौदा विफल हो गया था, लेकिन उसके कुछ महीने बाद मई में एंट फाइनेंशियल ने 'अली पे' व विश्व की नेतृत्वकारी व्यवसाय-समर्थनकारी प्रौद्योगिकी कंपनी 'फर्स्ट डाटा' के साथ व्यावसायिक गठबंधन कर उत्तरी अमेरिका में लगातार बढ़ते चीनी यात्रियों के भुगतान बाजार को नियंत्रित कर लिया था। याद रहे कि वर्ष 2016 में 15 प्रतिशत वार्षिक वृद्धि के साथ अमेरिका में चीनी यात्रियों (छात्रों सहित) की संख्या 29.7 करोड़ हो गई थी और उनके द्वारा खर्च की गई धनराशि 9 प्रतिशत बढ़कर 33 अरब डॉलर के स्तर पर पहुँच गई थी।

याद रहे कि वर्ष 2016 में 15 प्रतिशत वार्षिक वृद्धि के साथ अमेरिका में चीनी यात्रियों (छात्रों सहित) की संख्या 29.7 करोड़ हो गई थी और उनके द्वारा खर्च की गई धनराशि 9 प्रतिशत बढ़कर 33 अरब डॉलर के स्तर पर पहुँच गई थी।

…और मार्च 2018 में समाप्त हुए वित्त वर्ष में 65 प्रतिशत वार्षिक उछाल के साथ 9.18 अरब युआन (लगभग 1.37 अरब डॉलर) की घोषणा की थी…और फिर जून 2018 में एंट फाइनेंशियल सर्विसेज ग्रुप ने 150 अरब डॉलर के बाजार मूल्यांकन पर सिंगापुर के जी.आई.सी. व टेमासेक होल्डिंग्स व अमेरिका के वारबर्ग पिंकस व सिल्वर लेक पार्टनर्स सहित कनाडा पेंशन प्लान इनवेस्टमेंट बोर्ड व अन्य निवेश संस्थाओं से 14 अरब

डॉलर का निवेश अर्जित कर विश्व निवेश बाजार को चौंका दिया था। उस समय एंट फाइनेंशियल चीन व हांगकांग के शेयर बाजारों में सूचीबद्ध होकर सार्वजनिक होने की तैयारियाँ कर रही थी। अनुमान लगाया जा रहा था कि एंट फाइनेंशियल का प्रारंभिक सार्वजनिक प्रस्ताव (आई.पी.ओ.) का मूल्यांकन वर्ष 2012 में फेसबुक आई.पी.ओ. (104 डॉलर) व वर्ष 2014 में अलीबाबा ग्रुप के आई.पी.ओ. (168 अरब डॉलर) के कीर्तिमानों को भी ध्वस्त कर देगा।

□

4

विचार, जो बन गया जैक का जीवन

स्वामी विवेकानंद का बहुत ही लोकप्रिय उद्धरण है—"एक विचार उठा लें। उस विचार को अपना जीवन बनाएँ—इसके बारे में सोचें, इसका सपना देखें, उस विचार पर जीएँ। मस्तिष्क, मांसपेशियों, नसों, अपने शरीर के हर हिस्से को उस विचार से भरे रहें, और अन्य हर विचार को बस छोड़ दें।" लेकिन ऐसा बहुत ही कम लोग कर पाते हैं, और जो ऐसा कर पाते हैं, उन्हीं में कोई जैक मा बन जाता है···और अलीबाबा का विश्वव्यापी व्यवसाय-साम्राज्य स्थापित कर लेता है।

वैसे तो लगभग हर संगठन ही अपने संस्थापक के पद-चिह्नों का अनुसरण करता है, लेकिन अलीबाबा ग्रुप जैसी कंपनी चंद ही होंगी, जिसकी हर गतिविधि में उसके संस्थापक जैक मा का व्यक्तिगत प्रभाव इतना अधिक स्पष्ट रूप से दिखाई पड़ता है क्यों? क्योंकि वह लंबे समय तक शिक्षक रहा था। वैसे तो जैक मा ने शिक्षण व्यवसाय को लगभग दो दशक पहले ही छोड़ दिया, लेकिन उसका 'पढ़ाने का जुनून' वास्तव में कभी बंद नहीं हुआ। वह बहुधा स्वयं अपने जुनून पर चुटकी लेता रहता है और कहता है कि उसके सबंध में मुख्य कार्यकारी अधिकारी (चीफ एग्जीक्यूटिव ऑफिसर—सी.ई.ओ.) का व्यावहारिक अर्थ मुख्य शिक्षण अधिकारी (चीफ एजुकेशन ऑफिसर/सी.ई.ओ.) है। वैसे तो अलीबाबा ग्रुप की स्थापना के लगभग 14 वर्षों बाद जैक मा ने कार्यकारी सभापति पद के लिए सी.ई.ओ. की पदवी का भी त्याग कर दिया था, लेकिन इस बदलाव ने उसके मूल रूप से 'शिक्षक'

होने के प्राधिकार को और भी उच्च स्तरों पर पहुँचा दिया था।

जी हाँ, विश्व जैक मा को ही 'अलीबाबा' मानता है, क्योंकि वह ही इसकी जीवनी-शक्ति (लाइफ फोर्स) के रूप में कंपनी की हर गतिविधि में प्रज्वलित होता दिखाई पड़ता है। वह अलीबाबा ग्रुप का हमेशा दमकता हुआ चेहरा है, जो न केवल अपने विश्वव्यापी संगठन के हर कर्मचारी को उत्साहित करता है, वरन् विश्व भर के उपभोक्ताओं पर अरबी लोककथा के 'अलीबाबा' जैसा ही चमत्कारी प्रभाव छोड़ता है। अपनी शक्ल-सूरत व वेशभूषा से जैक मा किसी भी रूप में बहुराष्ट्रीय कंपनी के प्रमुखों जैसा बिल्कुल भी नहीं दिखाई पड़ता है... वह तो महज एक साधारण व्यक्ति दिखाई देता है, लेकिन वह वैश्विक इ-वाणिज्य क्षेत्र का सबसे अधिक कुशल महनायक है। हाँ, बिल गेट्स को भारी अंतर से पीछे छोड़कर विश्व के सबसे बड़े धनी व्यक्ति के रूप में उभरे अमेजन.कॉम के संस्थापक जैक बेजोस की अद्भुत प्रतिभा भी जैक मा का सामना कर पाने में कमजोर पड़ती दिखाई पड़ने लगी थी, भले ही व्यक्तिगत संपत्ति की दृष्टि से जैक मा उससे बहुत पीछे हो। (17 जुलाई, 2018 को 'फोर्ब्स' पत्रिका की गतिशील मूल्यांकन सूची में जेफ बेजोस का निवल मूल्य 149.7 अरब डॉलर था, जबकि बिल गेट्स का 93.6 अरब डॉलर और जैक मा का 40.6 अरब डॉलर।)

> ***विश्व जैक मा को ही 'अलीबाबा' मानता है, क्योंकि वह ही इसकी जीवनी-शक्ति (लाइफ फोर्स) के रूप में कंपनी की हर गतिविधि में प्रज्वलित होता दिखाई पड़ता है। वह अलीबाबा ग्रुप का हमेशा दमकता हुआ चेहरा है, जो न केवल अपने विश्वव्यापी संगठन के हर कर्मचारी को उत्साहित करता है, वरन् विश्व भर के उपभोक्ताओं पर अरबी लोककथा के 'अलीबाबा' जैसा ही चमत्कारी प्रभाव छोड़ता है।***

वैसे तो जैक मा के पास भी विश्व भर में कई विलासितापूर्ण निवास हैं

और व्यक्तिगत गल्फ स्ट्रीम जेट विमान भी है, लेकिन वास्तव में वह विश्व के किसी भी बहुराष्ट्रीय कंपनी के प्रमुख जैसा व्यवहार करता हुआ नहीं दिखाई देता। निश्चित रूप से जैक मा आज विश्व व्यवसाय जगत् के सबसे बड़े प्रदर्शन-पुरुषों (शोमैन) में गिना जाता है और प्रदर्शन के प्रति उसकी गहरी रुचि भी है, लेकिन वह दूसरों से बिल्कुल अलग छवि प्रस्तुत करता है। अन्य व्यवसाय-प्रमुख अपनी शैक्षणिक उपलब्धियों व अपने संबंधों के बारे में बातें करने में रुचि लेते हैं, लेकिन जैक मा स्वयं का मजाक उड़ाने में आनंद लेता है। वह बहुधा यह कहता हुआ सुना जा सकता है, "मेरे पास धनी या प्रभावशाली पिता नहीं है, यहाँ तक कि कोई प्रभावशाली चाचा भी नहीं।" चूँकि उसने हार्वर्ड बिजनेस स्कूल में 10 बार आवेदन किया था और हर बार उसके आवेदन को अस्वीकार किया जाता रहा था, इसीलिए वह बहुधा कहा करता रहा, "मैं 100 प्रतिशत चीन में निर्मित हूँ।"

वर्ष 2013 में स्टेनफोर्ड विश्वविद्यालय में जैक मा ने सार्वजनिक रूप से स्वीकार किया था, "यहाँ तक कि आज मैं नहीं समझता हूँ कि संकेत-लिपि लेखन (कोडिंग) क्या होता है, मैं अभी तक इंटरनेट की पीछे की प्रौद्योगिकी को भी नहीं समझता हूँ।"

चौंकानेवाला तथ्य है कि जैक मा के पास अन्य प्रौद्योगिकी कंपनियों के संस्थापकों की तरह कोई प्रौद्योगिकीय पृष्ठभूमि भी नहीं है। वर्ष 2013 में स्टेनफोर्ड विश्वविद्यालय में जैक मा ने सार्वजनिक रूप से स्वीकार किया था, "यहाँ तक कि आज मैं नहीं समझता हूँ कि संकेत-लिपि लेखन (कोडिंग) क्या होता है, मैं अभी तक इंटरनेट की पीछे की प्रौद्योगिकी को भी नहीं समझता हूँ।" वास्तव में जैक मा को हमेशा ही कम करके आँका गया था और उसने इसी कम मूल्यांकनों के बीच में से गुजरते हुए अपने आश्चर्यकारी व्यावसायिक जीवन का मार्ग प्रशस्त किया था। इसीलिए वह अपने बारे में बहुधा यही कहता है, "मैं बहुत ही साधारण व्यक्ति हूँ, मैं होशियार नहीं हूँ। सभी सोचते हैं जैक मा होशियार व्यक्ति है।

हो सकता है कि मेरा चेहरा होशियार दिखता हो, लेकिन मुझे बहुत ही मूर्ख मस्तिष्क मिला था।"

जी हाँ, जैक मा ने स्वयं का मजाक उड़ाकर दूसरों को सम्मोहित करने व फुसलाने की जो कला विकसित की थी, उसने अलीबाबा ग्रुप के लिए प्रतिभाओं व पूँजी दोनों को जुटाने के साथ-साथ उसे स्वयं को प्रसिद्ध बनाने में भी महत्त्वपूर्ण भूमिका निभाई थी। कंपनी के कर्मचारियों के बीच जैक मा की इस सम्मोहन कला को 'जैक मैजिक' कहा जाता है और इसकी तुलना एप्पल के स्वर्गीय सह-संस्थापक स्टीव जॉब्स की सिलिकॉन वैली में प्रसिद्ध 'वास्तविकता विरूपण क्षेत्र' (रियलिटी दिस्टोर्शन फील्ड) से जाती है। जैक मा के स्वयं के 'विरूपण क्षेत्र' का केंद्र उसकी संवाद करने की कुशलता है। जैक की बोलने की शैली इतनी प्रभावी इसलिए भी है कि उसका संदेश इतना अधिक सरल होता है कि उससे कोई भी सहमत हो जाता है, उसे याद रख सकता है और पचा भी सकता है। उसके उद्धरण चीनी व अंग्रेजी दोनों ही भाषाओं में बहुत लोकप्रिय हैं। जैसा कि "अपने सपने में भरोसा करो और अपने आपमें भरोसा करो", "दूसरों से युक्तियाँ व कुशलताएँ सीखो, लेकिन अपने सपने को नहीं बदलो", "यदि जमीन पर नौ खरगोश हैं, यदि तुम एक को पकड़ना चाहते हो, तो बस एक पर अपना ध्यान केंद्रित करो। यदि आवश्यकता हो तो अपनी युक्तियों को बदलो, लेकिन खरगोश को मत बदलो। ...पहले एक को प्राप्त करो, इसे अपनी जेब में रखो, और फिर दूसरों को पकड़ो।"

जैक मा ने स्वयं का मजाक उड़ाकर दूसरों को सम्मोहित करने व फुसलाने की जो कला विकसित की थी, उसने अलीबाबा ग्रुप के लिए प्रतिभाओं व पूँजी दोनों को जुटाने के साथ-साथ उसे स्वयं को प्रसिद्ध बनाने में भी महत्त्वपूर्ण भूमिका निभाई थी।

जैक मा हमेशा ही बिना किसी पूर्वलिखित सामग्री के ही बोलता है। उसकी भाषण-कला इतनी प्रभावी इसलिए भी है कि वह अपने भाषण के

बीच नाटकीय प्रदर्शनों का बहुत ही कम सहारा लेता है। जैक मा इसलिए भी बिना किसी पूर्वलिखित सामग्री के बोल पाने में सक्षम होता है, क्योंकि वह पहले से ही अपनी विषय-वस्तु के बारे में बहुत कुछ जानता होता है। वह अपनी बात को कहने के लिए अपने बचपन की या फिर अलीबाबा की स्थापना के आरंभिक दिनों की सच्ची कहानियों का सटीक उपयोग करता है। वास्तव में, वह लगभग दो दशकों से एक ही प्रकार का भाषण देता आ रहा है, लेकिन वह भीड़ की मनोस्थिति व अपेक्षाओं को ध्यान में रखकर अपने मूल संदेश में सूक्ष्म बदलाव करता है···और श्रोताओं को यह महसूस कराने में लगभग हमेशा ही सफल होता रहा है कि वह जो कुछ भी बोल रहा है, बिल्कुल नया है। जी हाँ, जैक मा लोगों की भावनाओं को सहलाने व प्रोत्साहित करने की कला का माहिर है। हास्य उसकी भाषण कला का बहुत बड़ा हिस्सा है और वह स्वयं को हास्य कलाकार के रूप में प्रस्तुत करने में आनंद लेता है।

> ***जैक मा के जिस प्रबंधन-सूत्र को अलीबाबा ग्रुप का हर कर्मचारी अपने हृदय में रखता है, वह है—ग्राहक प्रथम, कर्मचारी द्वितीय व स्वामित्वधारक तृतीय। और जैक मा अपने इसी कथन को अलीबाबा का व्यवसाय-दर्शन बताता है।***

लेकिन जैक मा के जिस प्रबंधन-सूत्र को अलीबाबा ग्रुप का हर कर्मचारी अपने हृदय में रखता है, वह है—ग्राहक प्रथम, कर्मचारी द्वितीय व स्वामित्वधारक तृतीय। और जैक मा अपने इसी कथन को अलीबाबा का व्यवसाय-दर्शन बताता है। जी हाँ, जैक मा के प्रबंधन मंत्र का पहला शब्द 'ग्राहक' ही है और वह ग्राहक को 'छोटे व्यवसाय का देवदूत' मानने से भी मना नहीं करता है··· और सार्वजनिक रूप से कहता है कि वह छोटे व्यवसायों में बहुत अधिक विश्वास करता है, और अपने इस अटूट विशवस को अपना धर्म भी बताता है। यह तथ्य है कि चीन के अधिकांश छोटे व्यवसायी अलीबाबा के इ-वाणिज्य मंचों का उपयोग केवल विपणन-मंच (मार्केटिंग प्लेटफॉर्म) के रूप में नहीं करते हैं, वरन्

अपनी आजीविका के लिए उन पर पूरी तरह से निर्भर करते हैं। यही कारण था कि जैक मा की शुरू से ही कोशिश रही है कि वे छोटे व्यवसायियों के विशाल समुदाय को अधिकांश सेवा निःशुल्क उपलब्ध कराए।

इसका अर्थ यह नहीं है कि जैक मा अपने व्यवसाय-दर्शन में कर्मचारियों को दूसरे स्थान पर रखकर उन्हें कम महत्त्व देता है। जी हाँ, यह अपने कर्मचारियों को हमेशा प्रोत्साहित रखते हुए बाधाओं को हरा देने की जैक मा की कुशलता ने ही अलीबाबा की सफलता में सबसे महत्त्वपूर्ण भूमिका निभाई है। अलीबाबा के अधिकांश शुरुआती कर्मचारी जैक मा को अपना 'गुरु' और स्वयं को उसका 'शिष्य' बताने में गर्व का अनुभव करते हैं, लेकिन इसका अर्थ यह भी नहीं है कि जैक मा अपने कर्मचारियों के लिए चुनौतियों के ऊपर चीनी की परत चढ़ाता रहा हो! हाँ, जैक मा चुनौतियों का मजाक उड़ाने का कोई भी अवसर नहीं छोड़ता। वह अपने से बहुधा एक संदेश भेजता रहता है, जो उसके नियमित हास्य-संदेश का ही एक हिस्सा होता है कि "आज का दिन क्रूर है, कल और भी अधिक क्रूर है, परसों सुंदर है।"

> *स्वामित्व-हिस्सेदारी धारक (शेयर होल्डर) को जैक मा अपने व्यवसाय दर्शन में तीसरा स्थान देता है, तो इसका कारण भी ठोस ही है। वह शुरू से ही कम समय में लाभ अर्जित करने के दबावों में अपनी उदात्त महत्त्वाकांक्षाओं से ध्यान हटाने को मना करता रहा है।*

स्वामित्व-हिस्सेदारी धारक (शेयर होल्डर) को जैक मा अपने व्यवसाय दर्शन में तीसरा स्थान देता है, तो इसका कारण भी ठोस ही है। वह शुरू से ही कम समय में लाभ अर्जित करने के दबावों में अपनी उदात्त महत्त्वाकांक्षाओं से ध्यान हटाने को मना करता रहा है। आश्चर्य न करें कि जैक मा सार्वजनिक रूप से भी अपने स्वामित्व हिस्सेदारी धारकों का मजाक उड़ाने में चूकता नहीं है और जब वह ऐसा करता है तो वह अपने कर्मचारियों व आम लोगों के बीच स्वयं को 'स्वतंत्र सोच' वाले दुस्साहसी व्यक्ति के रूप अपनी साख को चमकाने की ही कोशिश करता

है। जी हाँ, वर्ष 2009 में जब एक बार 'वाल स्ट्रीट' के दिग्गज खिलाड़ियों की अचानक बिकवाली से हांगकांग स्टॉक एक्सचेंज सूचीबद्ध अलीबाबा की स्वामित्व हिस्सेदारियों (शेयर ऑफ स्टॉक) के मूल्य धड़ाम हो गए थे, तो जैक मा ने रॉक कॉन्सर्ट शैली में आयोजित होनेवाले अपने कर्मचारियों के सम्मेलन में कहा था, "वाल स्ट्रीट के निवेशकों को हमें शाप देने दो, यदि उनकी यही इच्छा है।" क्या यह किसी सार्वजनिक कंपनी के मुखिया का सार्वजनिक वक्तव्य हो सकता था? हाँ, यह दुस्साहस जैक मा जैसा कोई 'आवारा' ही कर सकता था!

...और वह ऐसा करने का दुस्साहस रखता था, तो उसका भी ठोस आधार था—वह अपने कर्मचारियों व स्वामित्व हिस्सेदारी धारकों को हरेक चार वर्षों बाद अपनी स्वामित्व-हिस्सेदारियाँ बेचकर मोटा लाभ कमाने का अवसर भी देता रहा था। यही कारण रहा है कि जैक मा के 'आवारा वक्तव्यों' से कर्मचारीगण भी खुश होते हैं और स्वामित्व हिस्सेदारी धारक भी।

...और वह ऐसा करने का दुस्साहस रखता था, तो उसका भी ठोस आधार था—वह अपने कर्मचारियों व स्वामित्व हिस्सेदारी धारकों को हरेक चार वर्षों बाद अपनी स्वामित्व-हिस्सेदारियाँ बेचकर मोटा लाभ कमाने का अवसर भी देता रहा था। यही कारण रहा है कि जैक मा के 'आवारा वक्तव्यों' से कर्मचारीगण भी खुश होते हैं और स्वामित्व हिस्सेदारी धारक भी। तभी तो कहते हैं कि 'दुधारू गाय की लात और कमाऊ पूत की बात' किसी को बुरी नहीं लगती!...और जैक मा जैसे 'कमाऊ पूत' तो बिरले ही पैदा होते हैं! जिन शुरुआती निवेशकों ने जैक मा की 'उदात्त महत्त्वाकांक्षाओं' में विश्वास बनाए रखा था और स्वयं को अलीबाबा के साथ चिपकाए रखा था, उन्हें आश्चर्यजनक लाभ कमाने का अवसर मिला था। हाँ, जिन निवेशकों ने अवसरवादी रुख अपनाया था, जैक मा ने उसकी कभी भी परवाह नहीं की थी...और उसके तीखे वक्तव्य ऐसे ही अवसरवादियों के लिए दिए जाते थे।

...और जब 'मा युन' बन गया जैक मा

जैक मा का जन्म 10 सितंबर, 1964 को पूर्वी चीन में झेजियांग प्रांत की राजधानी हांग्जो में हुआ था। हांग्जो चीन की राजधानी शंघाई से 100 मील दक्षिण-पूर्ण में स्थित 'हांग्जो खाड़ी' के सिर पर बैठता है। विश्व के सबसे लंबे व सबसे पुराने नहर 'बीजिंग हांग्जो ग्रैंड कैनाल' के दक्षिणी अंतिम बिंदु के रूप में हांग्जो की प्रसिद्धि में वृद्धि हुई थी और पिछले सहस्राब्दी से ही चीन में सबसे प्रसिद्ध व समृद्ध शहरों में से एक रहा है। नगर के ठीक पश्चिम में स्थित 'वेस्ट लेक' सबसे प्रसिद्ध आकर्षणों में से एक है, जिसे वर्ष 2011 में यूनेस्को ने 'विश्व धरोहर स्थल' घोषित किया था। 3 मई, 1949 को 'पीपुल्स लिबरेशन आर्मी' हांग्जो में प्रवेश कर गई और शहर कम्युनिस्ट नियंत्रण में आ गया था। माओ की मृत्यु के बाद जब 1978 के अंत में डेंग जियाओपिंग ने सुधारवादी नीतियों को लागू करना शुरू किया था, तो हांग्जो को 'यांग्त्जी रीवर डेल्टा' के हिस्सा के रूप अपने विकास को बढ़ावा देने का अवसर मिला था। याद रहे कि 'यांग्त्जी रीवर डेल्टा' 99,600 वर्ग किलोमीटर का त्रिभुज आकार का महानगरीय क्षेत्र है, जिसमें आमतौर पर शंघाई, दक्षिणी जियांग्सु प्रांत व उत्तरी झेजियांग प्रांत के 'वू' चीनीभाषी क्षेत्रों को शामिल किया जाता है।

"जैक मा के माता-पिता ने उसका नाम 'युन' रखा था, जिसका चीनी भाषा में अर्थ होता है—'बादल' और उसके उपनाम 'मा' का अर्थ होता है—'घोड़ा', जो उसके पिता मा लाइफा से लिया गया है। मा लाइफा हांग्जो फोटोग्राफी एजेंसी में छायाकार के रूप में काम करता रहा था"

जैक मा के माता-पिता ने उसका नाम 'युन' रखा था, जिसका चीनी भाषा में अर्थ होता है—'बादल' और उसके उपनाम 'मा' का अर्थ होता है—'घोड़ा', जो उसके पिता मा लाइफा से लिया गया है। मा लाइफा हांग्जो फोटोग्राफी एजेंसी में छायाकार के रूप में काम करता रहा था, जबकि जैक की माता कुइ वेन्काई कारखाने की उत्पादन-शृंखला में श्रमिक के रूप

में। चीनी क्रांति के बाद हांग्जो ने एक बार फिर से अपने अधिक समृद्ध व रंगीन अतीत की खिड़कियों को अवश्य ही खोल दिया था, लेकिन जैक मा के माता-पिता को अपने बच्चों के सुनहरे भविष्य के लिए कठिन परिश्रम करना पड़ा था। माता-पिता के सपनों का राजकुमार व चीनी उद्यमशीलता के भविष्य का प्रतीक मा युन जब पैदा हुआ था, तब तक चीन में निजी उद्यमों का लगभग खात्मा किया जा चुका था। औद्योगिक उत्पादन का लगभग 90 प्रतिशत नियंत्रण सरकार के हाथों में जा चुका था। चीन विश्व में अकेला देश था, जो तथाकथित 'ग्रेट लीप फॉरवर्ड' अर्थात्, 'आगे की ओर महान् छलाँग' के कारण ध्वस्त हो चुकी अर्थव्यवस्था को फिर से स्वस्थ बनाने का संघर्ष कर रहा था।

याद रहे कि 'पीपुल्स रिपब्लिक ऑफ चाइना' (पी. आर.सी.) का 'ग्रेट लीप फॉरवर्ड' 1958 से 1962 तक 'कम्युनिस्ट पार्टी ऑफ चाइना' (सी.पी.सी.) द्वारा अध्यक्ष माओ जेडोंग के नेतृत्व में चलाया गया आर्थिक व सामाजिक अभियान था।

याद रहे कि 'पीपुल्स रिपब्लिक ऑफ चाइना' (पी.आर.सी.) का 'ग्रेट लीप फॉरवर्ड' 1958 से 1962 तक 'कम्युनिस्ट पार्टी ऑफ चाइना' (सी. पी.सी.) द्वारा अध्यक्ष माओ जेडोंग के नेतृत्व में चलाया गया आर्थिक व सामाजिक अभियान था। वैसे तो इस अभियान का उद्देश्य औद्योगिकीकरण व सामूहिकीकरण के माध्यम से चीन की कृषि अर्थव्यवस्था को समाजवादी सामाजिक-आर्थिक व्यवस्था में तेजी से बदलना था, लेकिन यह वर्ष 1958 से 1961 के बीच 'महान् चीनी अकाल' का कारण भी बन गया था। सरकारी आँकड़ों के अनुसार इस दौरान 1.5 करोड़ लोगों की अकाल-मृत्यु हुई थी, लेकिन बाद के शोध अनुमानों ने इस गिनती को 4.5 करोड़ तक पहुँचा दिया था। वैसे तो इस इस भीषण अकाल में मौसम की प्रतिकूल परिस्थितियों की भूमिका भी अहम रही थी, लेकिन इसका मुख्य कारण माओ जेडोंग के नेतृत्ववाली वामपंथी सरकार का आर्थिक प्रबंधन और कृषि के क्षेत्र में क्रांतिकारी बदलाव लाने के लिए सरकार द्वारा

थोपे गए कट्टरपंथी कानूनों को ही ठहराया गया था। वर्ष 1976 में माओ की मृत्यु के पहले तक चीन सरकार इस भीषण अकाल को आधाकारिक रूप से 'प्राकृतिक आपदा के तीन साल' ही कहती रही थी, लेकिन डेंग जियाओपिंग के नेतृत्व में आर्थिक सुधार की प्रक्रिया तेज होने के बाद 1980 के दशक में चीन सरकार ने स्वीकार किया था कि भीषण अकाल में प्राकृतिक कारणों ने 30 प्रतिशत और आर्थिक कुप्रबंधन ने 70 प्रतिशत भूमिका निभाई थी।

वर्ष 1976 में माओ की मृत्यु के पहले तक चीन सरकार इस भीषण अकाल को आधाकारिक रूप से 'प्राकृतिक आपदा के तीन साल' ही कहती रही थी, लेकिन डेंग जियाओपिंग के नेतृत्व में आर्थिक सुधार की प्रक्रिया तेज होने के बाद 1980 के दशक में चीन सरकार ने स्वीकार किया था कि भीषण अकाल में प्राकृतिक कारणों ने 30 प्रतिशत और आर्थिक कुप्रबंधन ने 70 प्रतिशत भूमिका निभाई थी।

याद रहे कि माओ के उत्तराधिकारी के रूप में पार्टी व सरकारी सत्ता में आए हुआ गुओफेंग ने माओ की सत्ता का संचालन करनेवाले 'चार व्यक्तियों के गिरोह' (जिसमें माओ जेडोंग की आखिरी पत्नी जियांग किंग सहित तीन अन्य कट्टर वामपंथी नेता झांग चुनकिओ, याओ वेनयुआन व वांग हांगवेन शामिल थे) को गिरफ्तार कर राजनीतिक परिदृश्य से हटा दिया था और माओ की सांस्कृतिक क्रांति की कट्टरपंथी नीतियों को भी सुधारने की कोशिश की थी, लेकिन उसने कुल मिलाकर माओ के आर्थिक-सामाजिक दर्शन पर ही बनाए रखने पर जोर देते हुए बड़े पैमाने पर सुधारों को लागू करने से मना कर दिया था। ऐसे में दिसंबर 1978 में व्यावहारिक सुधारक डेंग जियाओपिंग के नेतृत्व में वरिष्ठ वामपंथी नेताओं ने हुआ गुओफेंग की कार्यकारी सत्ता को त्याग देने के लिए बाध्य कर दिया था। अगले दो वर्षों में डेंग जियाओपिंग ने सुधारवादी नीतियों को लागू करना शुरू किया था और धीरे-धीरे गुओफेंग को हमेशा के लिए

राजनीतिक अंधकार में धकेल दिया था। वैसे तो डेंग ने पार्टी या सरकार के प्रमुख का पद धारण नहीं किया था, लेकिन दूसरी पीढ़ी की पार्टी नेतृत्व में सबसे अधिक प्रभावशाली नेता के रूप में उभरा था। उसे चीन की नई सोच का वास्तुकार कहा जाने लगा था, क्योंकि उसने व्यावहारिक बाजार अर्थव्यवस्था के साथ समाजवादी विचारधारा को संयुक्त किया था। डेंग का नारा था—चीनी विशेषताओं के साथ समाजवाद। डेंग ने चीन को विदेशी निवेश व वैश्विक बाजार के लिए खोला था। उसकी ही नीतियों के कारण चीन 'विश्व की कार्यशाला' के रूप में उभरा था और चीन विश्व की सबसे तेजी से बढ़ती अर्थव्यवस्थाओं में से एक के रूप में विकसित हो सका था। डेंग को ही चीन के करोड़ों लोगों के जीवन स्तर को सुधारने का श्रेय दिया जाता है।

> *"'तो जब मा युन दो वर्ष का ही था, माओ सत्ता में आ चुका था और अपनी सांस्कृतिक क्रांति को कट्टरता के साथ लागू कर रहा था। उसके निशाने पर चार पुरानी चीजें थीं—पुरानी प्रथाएँ, पुरानी संस्कृति, पुरानी आदतें और पुराने विचार।*

"'तो जब मा युन दो वर्ष का ही था, माओ सत्ता में आ चुका था और अपनी सांस्कृतिक क्रांति को कट्टरता के साथ लागू कर रहा था। उसके निशाने पर चार पुरानी चीजें थीं—पुरानी प्रथाएँ, पुरानी संस्कृति, पुरानी आदतें और पुराने विचार। माओ की लाल सेना आगे बढ़ी थी और देश के सांस्कृतिक स्थलों व प्राचीन धरोहरों को ध्वस्त करना शुरू कर दिया था। उसमें हांग्जो शामिल था, जिस पर लाल सेना ने आक्रमण किया था और सोंग राजवंश के प्रसिद्ध सेनानायक युए फेई के मकबरे को भारी क्षति पहुँचाई थी, लेकिन स्वयं लाल सेना भी 'वेस्ट लेक' के मनोहारी दृश्यों से स्वयं को बचा न सकी थी। वे भी अपने अत्याचारों से थककर जब आराम के क्षण ढूँढ़ते थे, तो उनका एकमात्र स्थल होता था 'वेस्ट लेक', जिसमें वे देर तक नौकायन करते रहते थे। स्वयं माओ ने भी हांग्जो के साथ मजबूत संबंध विकसित किया था और 40 से अधिक

अवसरों पर वहाँ आया था···और एक समय में वहाँ पर सात महीनों तक रहा भी था। माओ को हांग्जो की लोकप्रिय लोककला प्रस्तुति 'पिंगटन' बहुत ही अधिक अच्छी लगती थी, लेकिन विडंबना यह है कि माओ को व्यक्तिगत रूप से जो कला इतनी अधिक भाती थी, वह भी उसकी लाल सेना के लक्ष्य में आ गई थी, क्योंकि वह पुरानी संस्कृति का अहम हिस्सा थी। उस कला को जीवंत बनाए रखनेवाले कलाकारों सहित आम शौकीन नागरिकों को भी मौत के घाट उतार दिया गया था··· और इस क्रम में मा युन के परिवार पर भी लाल सेना के अत्याचार का संकट गहरा गया था, क्योंकि उसके दादा नेशनलिस्ट पार्टी ऑफ चाइना के शासनकाल में अधिकारी रहे थे और उसके माता-पिता 'पिंगटन' की प्रस्तुतियों में भाग लेते थे। माओ की इस तथाकथित सांस्कृतिक क्रांति के काल में मा युन के सहपाठी उस पर पुरातनवादी परिवार से संबंधित होने का व्यंग्य करते थे, लेकिन सौभाग्य से मा युन का परिवार लाल सेना के अत्याचार से सुरक्षित बचा रह पाने में सफल रहा था।

> ***वर्ष 1972 में अमेरिकी राष्ट्रपति रिचर्ड निक्सन ने 21 से 28 फरवरी तक चीन की यात्रा की थी। सात दिनों की इस ऐतिहासिक यात्रा के दौरान निक्सन ने माओ जेडोंग से भेंट की थी। इस दौरान निक्सन ने अपनी पत्नी पैट निक्सन के साथ चीन के तीन बड़े महानगरों—बीजिंग, हांग्जो व शंघाई की यात्रा की थी।***

इस बीच, वर्ष 1972 में अमेरिकी राष्ट्रपति रिचर्ड निक्सन ने 21 से 28 फरवरी तक चीन की यात्रा की थी। सात दिनों की इस ऐतिहासिक यात्रा के दौरान निक्सन ने माओ जेडोंग से भेंट की थी। इस दौरान निक्सन ने अपनी पत्नी पैट निक्सन के साथ चीन के तीन बड़े महानगरों—बीजिंग, हांग्जो व शंघाई की यात्रा की थी। उनके साथ-साथ लगभग 100 अमेरिकी पत्रकारों का विशाल दल भी घूम रहा था, जो अमेरिकी जनता को चीन के दर्शन करवा रहा था। याद रहे कि निक्सन की इस यात्रा के पहले तक चीन

व अमेरिका के बीच लगातार 25 वर्षों तक कठोर संवादहीनता की स्थिति बनी रही थी, क्योंकि वर्ष 1949 में जब माओ जेडोंग ने चीन पर कब्जा कर लिया था तो उसने अमेरिका से मैत्रीपूर्ण संबंध रखनेवाले नेशनलिस्ट पार्टी ऑफ चाइना के राष्ट्रवादियों को ताइवान द्वीप पर निर्वासित कर दिया था और चीनी जनवादी गणराज्य (पीपल्स रिपब्लिक ऑफ चाइना/पी.आर.सी.) को चीन की एकमात्र सरकार के रूप में मान्यता प्रदान की थी। इस बीच द्वितीय विश्वयुद्ध के बाद अमेरिका व सोवियत संघ के बीच विश्व महाशक्ति बनने की होड़ में वर्ष 1947 शीतयुद्ध (कोल्ड वार) शुरू हुआ था, तो चीन स्वाभाविक रूप से सोवियत के खेमे में चला गया था। अब इस यात्रा से निक्सन ने चीन के साथ कूटनीतिक संबंध स्थापित करने के साथ-साथ सोवियत संघ के साथ भी संवाद स्थापित करने का संकेत दे दिया था।

> ***कुछ ही माह बाद निक्सन ने 22 से 23 मई (1972) तक सोवियत संघ की भी यात्रा की थी। निक्सन की इस सोवियत संघ यात्रा को 'मोस्को शिखर सम्मेलन' के रूप में जाना जाता है, जब अमेरिका व सोवियत संघ के बीच प्रक्षेपास्त्र विरोधी संधि (एंटी-बैलिस्टिक मिसाइल ट्रीटी), सामरिक शस्त्र सीमा संधि (स्ट्रेटेजिक आर्म्स लिमिटेशन ट्रीटी) और सागर में अमेरिकी-सोवियत दुर्घटना संबंधी समझौता हुआ था।***

और, कुछ ही माह बाद निक्सन ने 22 से 23 मई (1972) तक सोवियत संघ की भी यात्रा की थी। निक्सन की इस सोवियत संघ यात्रा को 'मोस्को शिखर सम्मेलन' के रूप में जाना जाता है, जब अमेरिका व सोवियत संघ के बीच प्रक्षेपास्त्र विरोधी संधि (एंटी-बैलिस्टिक मिसाइल ट्रीटी), सामरिक शस्त्र सीमा संधि (स्ट्रेटेजिक आर्म्स लिमिटेशन ट्रीटी) और सागर में अमेरिकी-सोवियत दुर्घटना संबंधी समझौता हुआ था। इस शिखर सम्मेलन को दो शीतयुद्ध विरोधियों के बीच तनाव कम करने की पहली कोशिश के रूप में देखा जाता है, लेकिन शीतयुद्ध की व्यावहारिक समाप्ति तो

वर्ष 1991 में सोवियत संघ के टूटने के बाद ही संभव हो सकी थी।

निक्सन की यात्रा के बाद हांग्जो लंबे समय बाद एक बार फिर से विदेशी पर्यटकों, विशेष रूप से अमेरिकी पर्यटकों के लिए आकर्षक पर्यटन-स्थल के रूप में उभरने लगा था। जब ये ऐतिहासिक राजनीतिक घटनाएँ हो रही थीं, मा युन आठ वर्ष का किशोर था और अंग्रेजी भाषा का दीवाना-सा हो रहा था। वास्तव में मार्क ट्वेन के उपन्यास 'द एडवेंचर ऑफ टॉम सॉयर' पढ़ने के बाद अंग्रेजी साहित्य से उसका लगाव बढ़ गया था, जिसके बारे में उसने आकाशवाणी (रेडियो) के एक कार्यक्रम में सुना था। अंग्रेजी भाषा के इसी प्रेम ने मा युन के लिए घर व विद्यालय से बाहर की दुनिया का दरवाजा खोलने का अवसर प्रदान किया था। जैसा कि हमने पढ़ा है कि दिसंबर 1978 में डेंग जियाओपिंग के नेतृत्व में वरिष्ठ वामपंथी नेताओं ने माओ के उत्तराधिकारी के रूप में पदासीन हुए हुआ गुओफेंग की कार्यकारी सत्ता को त्याग देने के लिए बाध्य कर दिया था और फिर जियाओपिंग ने विदेशी व्यापार व निवेश को आकर्षित करने की दिशा में आर्थिक सुधारों की प्रक्रिया को तेज किया था। लगभग एक दशक के राजनीतिक उथल-पुथल के बाद चीनी अर्थव्यवस्था दिवालिया हो जाने के कगार पर खड़ी थी और उसे नकदी की बहुत ही अधिक आवश्यकता थी।

निक्सन की चीन-यात्रा के छह वर्ष बाद भी 1978 में हांग्जो की यात्रा करनेवाले विदेशी पर्यटकों की संख्या 728 तक ही पहुँच सकती थी, लेकिन डेंग जियाओपिंग द्वारा लागू की गई 'खुला दरवाजा' नीति ने विशेष रूप से अमेरिकी व यूरोपीय पर्यटकों पर जादू कर दिया था।

निक्सन की चीन-यात्रा के छह वर्ष बाद भी 1978 में हांग्जो की यात्रा करनेवाले विदेशी पर्यटकों की संख्या 728 तक ही पहुँच सकती थी, लेकिन डेंग जियाओपिंग द्वारा लागू की गई 'खुला दरवाजा' नीति ने विशेष रूप से अमेरिकी व यूरोपीय पर्यटकों पर जादू कर दिया था। वर्ष 1979 में हांग्जो में

आनेवाले विदेशी पर्यटकों की कुल संख्या आश्चर्यजनक रूप से 40,000 हो गई थी। वैसे तो मा युन अंग्रेजी भाषा के अभ्यास के किसी भी अवसर को नहीं चूकता था, लेकिन विदेशी पर्यटकों की इस बाढ़ ने उसे अंग्रेजी के अभ्यास का बहुत बड़ा अवसर भी प्रदान कर दिया था। वह सुबह पाँच बजे ही तैयार हो जाता था और 40 मिनटों की साइकिल-यात्रा के बाद होंग्जो होटल के सामने अंग्रेजी पढ़ने लगता था। वहाँ पर बहुत अमेरिकी-यूरोपीय पर्यटक आते थे। मा युन उन पर्यटकों का स्वागत करता था और उन्हें यात्रा-मार्गदर्शक (टूर गाइड) के रूप में निःशुल्क वेस्ट लेक की सैर कराता था और उसके बदले वे पर्यटक उसे अंग्रेजी सिखाते थे। जी हाँ, अगले नौ वर्षों तक हर सुबह, चाहे वर्षा हो या बर्फ गिरे, मा युन विदेशी पर्यटकों को सैर कराता हुआ अंग्रेजी का अभ्यास करता रहा था और इसी क्रम में एक अमेरिकी पर्यटक के सुझाव पर मा युन ने अपना नाम बदलकर 'जैक मा' रख लिया था। वैसे तो अंग्रेजी के व्याकरण को तो बाद में भी जैक मा ने विशेष महत्त्व नहीं दिया था, लेकिन बोलचाल की अंग्रेजी ने उसके जीवन को ही बदलकर रख दिया था।

रोचक तथ्य है, इस कठिन अभ्यास से जैक मा ने अंग्रेजी तो सीख ली थी, लेकिन उसे गणित से बहुत ही अधिक डर लगता था। इसीलिए उच्च शिक्षा प्राप्त करने के लिए आवश्यक प्रवेश परीक्षा 'गाओकाओ', चीनी भाषा में जिसका अर्थ 'उच्च परीक्षा' होता, में उत्तीर्ण नहीं हो सका था।

रोचक तथ्य है, इस कठिन अभ्यास से जैक मा ने अंग्रेजी तो सीख ली थी, लेकिन उसे गणित से बहुत ही अधिक डर लगता था। इसीलिए उच्च शिक्षा प्राप्त करने के लिए आवश्यक प्रवेश परीक्षा 'गाओकाओ', चीनी भाषा में जिसका अर्थ 'उच्च परीक्षा' होता, में उत्तीर्ण नहीं हो सका था। इसी क्रम में उसने 11 नौकरियों के आवेदन किए थे, लेकिन सभी अस्वीकार हो गए थे। मरता क्या नहीं करता? जैक मा ने केंटकी फ्राइड चिकन (के.एफ.सी.)

की स्थानीय शाखा में नौकरी के लिए आवेदन किया था और वहाँ भी उसके आवेदन को अस्वीकार कर दिया था, लेकिन जैक ने हारना सीखा ही नहीं था। उसके बाद उसने हर रविवार को झेजिआंग विश्वविद्यालय के पुस्तकालय में जाकर गणित के सूत्रों का अभ्यास करना शुरू किया था। वर्ष 1984 में जैक मा गाओकाओ में इतने अंक ला पाने सफल हो गया था कि स्थानीय हांग्जो टीचर्स कॉलेज में उसके नामांकन का आवेदन स्वीकार कर ले। जी हाँ, तीसरे प्रयास में जैक मा गणित में 89 अंक लाने में सफल रहा था, लेकिन वह बीजिंग या शंघाई के विश्वविद्यालयों में ही नहीं, कई स्थानीय महाविद्यालयों में भी प्रवेश पाने के लिए कम था। हांग्जो टीचर्स कॉलेज नगर के तीसरे-चौथे श्रेणी का संस्थान माना जाता था, लेकिन वहाँ भी लड़कों के लिए कुछ ही स्थान शेष थे। किसी बड़े व प्रतिष्ठित विश्वविद्यालय में जाने का उसका सपना टूट चुका था। ऐसे में, रोता-पीटता हुआ जैक मा हांग्जो टीचर्स कॉलेज (जो अब हांग्जो नॉर्मल यूनिवर्सिटी के रूप में 12,000 छात्रों व 1,000 से अधिक शिक्षकों वाला विशाल शिक्षक-प्रशिक्षण विश्वविद्यालय है) में नामांकन करवा लिया था।

अब जैक मा 11 नौकरी आवेदनों को अस्वीकार किए जाने और दो बार गाओकाओ में अनुत्तीर्ण होने को तमगे के रूप में विश्व भर के सार्वजनिक कार्यक्रमों में भुनाता फिरता रहता है। अपनी असफलताओं का मजाक बनाकर श्रोताओं को जीवन में सफलता के लिए प्रोत्साहित करने की अद्‌भुत कला तो जैक मा को आती ही है!

जी हाँ, अब जैक मा 11 नौकरी आवेदनों को अस्वीकार किए जाने और दो बार गाओकाओ में अनुत्तीर्ण होने को तमगे के रूप में विश्व भर के सार्वजनिक कार्यक्रमों में भुनाता फिरता रहता है। अपनी असफलताओं का मजाक बनाकर श्रोताओं को जीवन में सफलता के लिए प्रोत्साहित करने की अद्‌भुत कला तो जैक मा को आती ही है! जब वह अपने जीवन की यह

कहानियाँ सुना रहा होता है, तो कार्यक्रम में बैठे हरेक महत्त्वाकांक्षी युवा को लगता है कि वह भी अपने सपने के पीछे दौड़ सकता है…और एक दिन जैक मा बन सकता है!

जैक मा के लिए हांग्जो टीचर्स कॉलेज पहुँचने भर की बात थी, उसकी संगठनकारी प्रतिभा उभरकर सामने आने लगी थी। वर्ष 1985 में वह महाविद्यालय के छात्र संघ का अध्यक्ष निर्वाचित हुआ था। उसने 'टॉप टेन कैंपस सिंगर्स कंपटीशन' का शुभारंभ किया था। इस क्रम में हांग्जो के अन्य महाविद्यालयों के छात्रों के बीच भी उसकी लोकप्रियता इतनी अधिक बढ़ गई थी कि उसे 'हांग्जो स्टूडेंट्स फेडरेशन' का अध्यक्ष भी चुन लिया गया था।

वर्ष 1985 में ही जैक मा को पहली बार चीन से बाहर जाने का अवसर भी मिला था। लगभग पाँच वर्ष पहले शांग-री-ला होटल (पहले, हांग्जो होटल) के बाहर उसकी एक आस्ट्रेलियाई परिवार से भेंट हुई थी।

वर्ष 1985 में ही जैक मा को पहली बार चीन से बाहर जाने का अवसर भी मिला था। लगभग पाँच वर्ष पहले शांग-री-ला होटल (पहले, हांग्जो होटल) के बाहर उसकी एक आस्ट्रेलियाई परिवार से भेंट हुई थी। जैक मा ने उस परिवार को हांग्जो दर्शन कराया था। तब से डेविड मोरले उसका मित्र बन गया था और दोनों ने पत्राचार के माध्यम से एक-दूसरे से संबंध बनाए रखा था। अब मोरेले ने उसे अपने घर लैंबटन (न्यूकैसल का एक उपनगर, न्यू साउथ वेल्स, ऑस्ट्रेलिया) आने के लिए आमंत्रित किया था। ऑस्टेलिया में मोरले परिवार के साथ एक माह बिताने के बाद जब वह हांग्जो वापस आया था तो वह पूरी तरह से बदला हुआ आदमी था। चीन में रहते हुए उसने यही सीखा था कि चीन ही विश्व का सबसे धनी देश था, लेकिन जब वह ऑस्ट्रेलिया पहुँचा था तो उसे यह अनुभूति हुई थी कि स्थिति बिल्कुल अलग थी। उसके बाद, जैक मा ने सोचना शुरू किया था कि किसी चीज के बारे फैसला करने के लिए, उसके बारे में सोचने के लिए व्यक्ति-

विशेष को अपने स्वयं के मस्तिष्क का उपयोग करना चाहिए।

अब मोरले परिवार के साथ जैक मा की मित्रता और अधिक गहरी हो गई थी। जैक मा के ऑस्ट्रेलिया से चीन वापस आने के कुछ समय बाद डेविड का पिता केन मोरले अपने एक ऑस्ट्रेलियाई मित्र के साथ हांग्जो वापस आया था, चूँकि जैक मा का घर इतना अधिक छोटा था कि वह उन दोनों अतिथियों को वहाँ नहीं रख सका था, इसलिए जैक ने उन दोनों के लिए निवास की व्यवस्था महाविद्यालय में की थी। वे लोग रात का भोजन जैक मा के परिवार के साथ करते थे और उसके बाद साइकिल से महाविद्यालय स्थित अपने आवास में चले जाते थे। जैक मा हमेशा ही रसोई बनाने में अपनी माँ व बहन की मदद करता था। जैक मा के लिए वे दोनों विशेष थे और उसने उन्हें घुमाने-फिराने और स्वागत-सत्कार में कोई कमी नहीं छोड़ी थी। दूर-दराज के क्षेत्रों में ले जाने ने लिए जैक ने एक पिकअप ट्रक की व्यवस्था भी की थी। वापस शहर लौटने के बाद मा ने उनके लिए रात्रिभोज का भी आयोजन किया था, जिसमें अन्य विशिष्ट व्यक्तियों के साथ नगर का महापौर भी आया था। दोनों जैक मा की संगठन व संजालीकरण क्षमता पर हैरान थे। कुल मिलाकर हांग्जो की इस यात्रा के बाद केन मोरले मा-परिवार का अभिन्न हिस्सा बन गया था।

दूसरी ओर जैक मा के लिए महाविद्यालय की पढ़ाई चिंतामुक्त नहीं थी। जब मोरले व उसका मित्र हांग्जो में था, तभी जैक मा के सामने धन की समस्या सामने आ खड़ी हुई थी। महाविद्यालय का शिक्षण तो निःशुल्क था, लेकिन महाविद्यालय के भीतर अनिवार्य रूप से रहने का शुल्क भर पाना मा-परिवार की आर्थिक क्षमता से बाहर की बात थी।

दूसरी ओर जैक मा के लिए महाविद्यालय की पढ़ाई चिंतामुक्त नहीं थी। जब मोरले व उसका मित्र हांग्जो में था, तभी जैक मा के सामने धन की समस्या सामने आ खड़ी हुई थी। महाविद्यालय का शिक्षण तो निःशुल्क

था, लेकिन महाविद्यालय के भीतर अनिवार्य रूप से रहने का शुल्क भर पाना मा-परिवार की आर्थिक क्षमता से बाहर की बात थी। ऐसे में केन मोरले ने जैक की ओर सहायता का हाथ बढ़ाया था। ऑस्ट्रेलिया वापस आने के बाद वह प्रति सप्ताह 5 से 10 डॉलर की बचत के हिसाब से हरेक छह महीने के बाद जमा राशि का चेक जैक मा को भेजने लगा था। इस बीच हांग्जो टीचर्स कॉलेज में जैक मा को अपनी एक सहपाठी कैथी झांग यिंग से प्यार हो गया था। केन मोरले को इसकी जानकारी थी, लेकिन जैक ने इस रहस्य को अपने माता-पिता से छिपाए रखा था। वर्ष 1988 में स्नातक की उपाधि लेने के बाद जब दोनों ने शादी की थी, तो एक बार फिर से केन मोरले ने उदारता प्रदर्शित की थी और नव-दंपती को अपना पहला घर खरीदने के लिए 18,000 डॉलर की धनराशि भेंट की थी। उन्होंने इस राशि से सबसे ऊपरी मंजिल पर दो अपार्टमेंट खरीदा था और उन्हें जोड़कर बड़ा निवास बना लिया था। खान-श्रमिक का बेटा रहा केन मोरले विद्युत् अभियंता (इलेक्ट्रिकल इंजिनियर) था और कम्युनिस्ट पार्टी ऑफ ऑस्ट्रेलिया का सदस्य भी। वर्ष 2004 में 78 वर्ष की आयु में मृत्यु से पहले मोरले ने जैक मा की शुरुआती सफलता को भी देखा था। जैक व कैथी दोनों उसे 'ऑस्ट्रेलियन डैड' कहते थे। वैसे तो जैक ने कभी भी मोरले के कृपादान को लौटाने की कोशिश नहीं की थी, लेकिन पिता व मार्गदर्शक के रूप में मोरले ने कभी जैक के महँगे उपहारों को ठुकराया भी नहीं था। जैक मा का मित्र व केन मोरले का पुत्र डेविड मोरले अब ऑस्ट्रेलिया में योग-केंद्र संचालित करता है, और वह चीन के सबसे बड़े पूँजीपति बन चुके जैक मा से मिलने की कोशिश नहीं करता है।

खान-श्रमिक का बेटा रहा केन मोरले विद्युत् अभियंता (इलेक्ट्रिकल इंजिनियर) था और कम्युनिस्ट पार्टी ऑफ ऑस्ट्रेलिया का सदस्य भी। वर्ष 2004 में 78 वर्ष की आयु में मृत्यु से पहले मोरले ने जैक मा की शुरुआती सफलता को भी देखा था। जैक व कैथी दोनों उसे 'ऑस्ट्रेलियन डैड' कहते थे।

इस बीच 1988 में जैक मा हांग्जो इंस्टीट्यूट ऑफ इलेक्ट्रॉनिक इंजीनियरिंग में अंग्रेजी व अंतरराष्ट्रीय व्यापार का व्याख्याता (लेक्चरर) बन गया था। रोचक तथ्य है कि जैक मा के अतिरिक्त उसके साथ पढ़नेवाले छात्रों को स्नातक की उपाधि के बाद मध्य विद्यालयों में अंग्रेजी पढ़ाने के लिए नियुक्त किया गया था। जी हाँ, जैक मा उन 500 छात्रों में अकेला था, जिसे उच्च शिक्षा संस्थान में पढ़ाने के लिए भेजा गया था!

...ठान लिया कि धनी बनना गौरवशाली है!

यह वही समय था जब डेंग जियाओपींग द्वारा चीन की अर्थव्यवस्था में व्यापक सुधार लाने के व्यापक कार्यक्रम के शुभारंभ का दशक पूरा हो चुका था। इस बीच, चीन की दशा व दिशा दोनों ही पूरी तरह से बदल गई थीं। वैचारिक शुद्धता पर ध्यान केंद्रित करने की माओ की नीतियों के स्थान पर डेंग ने भौतिक समृद्धि प्राप्त करने के तीव्र अभियान को प्रस्थापित कर दिया था। अपने सुधार-कार्यक्रमों को संचालित करने के लिए डेंग ने अपने सहयोगियों को सरकार व पार्टी के शीर्ष पदों पर पदोन्नत कर दिया था। हू याओबांग को फरवरी 1980 में कम्युनिस्ट पार्टी का महासचिव नियुक्त किया गया था और जो जियांग को सितंबर में पीपुल्स रिपब्लिक ऑफ चाइना के प्रीमियर के रूप में नामित किया गया था। इन सुधारों का मुख्य उद्देश्य अर्थव्यवस्था में सरकार की भूमिका को घटाना था। वर्ष 1981 तक 73 प्रतिशत ग्रामीण कृषि-क्षेत्रों को पहले की तरह निजी स्वामित्व में दे दिया था, जिन्हें माओ के शासनकाल में 'सामूहीकृत' कर दिया गया था। इसके साथ ही, सरकारी स्वामित्ववाले 80 प्रतिशत उद्यमों को लाभ कमाने, उसे अपने पास रखकर अपने विकास में लगाने की अनुमति दे दी गई

यह वही समय था जब डेंग जियाओपींग द्वारा चीन की अर्थव्यवस्था में व्यापक सुधार लाने के व्यापक कार्यक्रम के शुभारंभ का दशक पूरा हो चुका था। इस बीच, चीन की दशा व दिशा दोनों ही पूरी तरह से बदल गई थीं।

थी। कुछ ही वर्षों के भीतर औद्योगिक व कृषि दोनों ही उत्पादनों में कई गुना वृद्धि हो गई थी और देश की गरीबी में भारी कमी आई थी।

निस्संदेह, डेंग जियाओपींग के सुधार कार्यक्रमों ने चीनी सामाजिक-आर्थिक तंत्र का कायाकल्प कर दिया था। इन सुधारों को जनसाधारण ने हृदय से लगाया था, लेकिन अचानक आई समृद्धि से कई सामाजिक समस्याएँ भी खड़ी होने लगी थीं। डेंग की छत्रच्छाया में शीर्ष पदों पर कब्जा जमा बैठे नौकरशाहों ने भ्रष्टाचार व भाई-भातीजावाद तेज कर दिया था। 1950 के दशक से सरकारी अध्यादेश से लागू की गई मूल्य-निर्धारण प्रणाली (प्राइसिंग सिस्टम) ने लंबे समय तक मूल्यों को निचले स्तरों पर बनाए रखा था। डेंग के शुरुआती सुधारों में द्वि-स्तरीय प्रणाली की रचना की थी, कुछ चीजों के मूल्यों को स्थिर रखा गया था, जबकि अन्य को बाजार की माँग-आपूर्ति के समीकरण के अनुसार उतार-चढ़ाव की अनुमति दी गई थी। चूँकि बाजार में पहले से ही आपूर्ति के अभाव की स्थिति अपने चरम पर पहुँची हुई थी, इसीलिए द्विस्तरीय मूल्य-निर्धारण नीति ने सत्ता से नजदीकी संबंध रखनेवाले लोगों को भारी लाभ अर्जित करने का अवसर दे दिया था। ऐसे लोग निम्न मूल्यों पर सामान खरीदकर बाजार मूल्यों पर बेचने लगे थे और इस लाभ का बड़ा हिस्सा सत्ता में बैठे लोगों को भ्रष्ट बनाने लगा था। दूसरी ओर औद्योगिक उत्पादनों को तेजी से बढ़ाने के लिए सरकार की ओर से सरकारी उद्यमों में तीव्रता से धन की आपूर्ति की गई थी, लेकिन शीर्ष सत्ता में भ्रष्टाचार व्याप्त हो जाने

डेंग जियाओपींग के सुधार कार्यक्रमों ने चीनी सामाजिक-आर्थिक तंत्र का कायाकल्प कर दिया था। इन सुधारों को जनसाधारण ने हृदय से लगाया था, लेकिन अचानक आई समृद्धि से कई सामाजिक समस्याएँ भी खड़ी होने लगी थीं। डेंग की छत्रच्छाया में शीर्ष पदों पर कब्जा जमा बैठे नौकरशाहों ने भ्रष्टाचार व भाई-भातीजावाद तेज कर दिया था।

के कारण एक-तिहाई इकाइयाँ अभी भी लाभ की स्थिति में नहीं आ सकी थीं। ऐसे में, जब सरकार ने वर्ष 1988 में धन की आपूर्ति को कसना शुरू किया था तो सरकारी बैंकों ने ऋण जारी करना रोक दिया था। ऐसे में निजी उद्यमों के सामने कार्यशील पूँजी का संकट खड़ा हो गया था और अधिकांश अर्थव्यवस्था तरलता-संकट से त्राहि-त्राहि करने लगी थी।

ऐसी स्थिति में डेंग के प्रभाववाले पार्टी नेतृत्व ने बाजार-आधारित मूल्य-निर्धारण प्रणाली को लागू करने का फैसला किया था। ऐसे में मूल्य-नियंत्रणों को शिथिल करने के समाचारों के प्रसारित होते ही समूचे देश में बैंकों से नकदी निकासी कर अंधाधुंध खरीदारी व जमाखोरी का तूफान खड़ा हो गया था। ऐसे में दो सप्ताहों के भीतर ही सरकार को अपना फैसला वापस लेना पड़ा था, लेकिन इसका प्रभाव बहुत बड़ा और लंबा साबित हुआ था। मुद्रास्फीति की दरें तेजी से ऊपर चढ़ी थीं। वर्ष 1987 व 1988 के बीच बीजिंग में उपभोक्ता मूल्य सूचकांक (कंज्यूमर प्राइस इंडेक्स) में 30 प्रतिशत की वृद्धि अभिलेखित की गई थी। इससे वेतनभोगी कर्मचारियों व श्रमिकों के बीच आतंक की स्थिति बन गई थी कि वे अब आधारभूत खाद्यों को भी खरीद नहीं पाएँगे। इतना ही नहीं, चूँकि नई बाजार अर्थव्यवस्था में घाटे में चल रही सरकारी स्वामित्ववाले उद्यमों पर लागत को दबाव बढ़ने लगा था, इसीलिए सरकारी कर्मचारियों को वेतन में वृद्धि की उम्मीद टूटने लगी थी। इससे देश की बहुत बड़ी जनसंख्या के सामने 'लौह चावल कटोरा' (आयरन राइस बाउल) के छिन जाने का खतरा उत्पन्न हो गया था, जिसके अंतर्गत सरकार द्वारा

ऐसी स्थिति में डेंग के प्रभाववाले पार्टी नेतृत्व ने बाजार-आधारित मूल्य-निर्धारण प्रणाली को लागू करने का फैसला किया था। ऐसे में मूल्य-नियंत्रणों को शिथिल करने के समाचारों के प्रसारित होते ही समूचे देश में बैंकों से नकदी निकासी कर अंधाधुंध खरीदारी व जमाखोरी का तूफान खड़ा हो गया था।

नौकरी सुरक्षा, चिकित्सा देखभाल और आर्थिक सहायता-प्राप्त आवास जैसी सामाजिक-सुविधाएँ प्रदान की जाती रही थीं।

डेंग जियाओपींग ने जब दिसंबर 1998 में इन सुधार कार्यक्रमों को लागू करना शुरू किया था, तो उसके समर्थकों ने यही अनुमान लगाया था कि सुधार-प्रक्रिया से गुजरने के क्रम में देश का बुद्धिजीवी वर्ग आम लोगों को दिशा-निर्देश देने में नेतृत्वकारी भूमिका निभाएगा, लेकिन जैसी योजना बनाई गई थी, वैसा नहीं हो सका था। नए विश्वविद्यालयों के खोले जाने व नामांकन की संख्या में वृद्धि होने के बाद भी, सरकार द्वारा निर्देशित शिक्षा प्रणाली कृषि, हल्के उद्योग, सेवाओं व विदेशी निवेश के क्षेत्रों में बढ़ी हुई बाजार-माँग को पूरा करने के लिए पर्याप्त मात्रा में स्नातकों का निर्माण नहीं कर सकी थी। सामाजिक विज्ञान व मानविकी में विशेषज्ञता प्राप्त करनेवाले छात्रों के लिए नौकारी-बाजार विशेष रूप से सीमित था। इतना ही नहीं, निजी कंपनियों को अब सरकार द्वारा दिए गए छात्रों को स्वीकार करने की आवश्यकता नहीं रह गई थी। सरकारी क्षेत्र में भाई-भतीजावाद व पक्षपात के आधार पर उच्च वेतनवाली नौकरियाँ बाँटी जाने लगी थीं। सरकार द्वारा आवंटित अच्छी नियुक्ति प्राप्त करने का अर्थ बेहद अक्षम नौकरशाही तंत्र को पार करना था। इस तंत्र ने उन अधिकारियों को नियुक्ति करने का अधिकार दिया हुआ था, जो अपने अधिकार-क्षेत्र के विशेषज्ञ ही नहीं थे। ऐसे में निराशाजनक नौकरी बाजार और विदेश जाने की सीमित संभावनाओं का सामना कर रहे बुद्धिजीवियों व छात्रों के लिए राजनीतिक मुद्दों में ही अपने निहित स्वार्थ को साधने का एकमात्र आसान निकल्प दिखाई दे रहा था।

डेंग जियाओपींग ने जब दिसंबर 1998 में इन सुधार कार्यक्रमों को लागू करना शुरू किया था, तो उसके समर्थकों ने यही अनुमान लगाया था कि सुधार-प्रक्रिया से गुजरने के क्रम में देश का बुद्धिजीवी वर्ग आम लोगों को दिशा-निर्देश देने में नेतृत्वकारी भूमिका निभाएगा"

इस बीच वर्ष 1986 में, प्रिंसटन विश्वविद्यालय में खगोल भौतिकी (एस्ट्रो-फिजिक्स) के प्राध्यापक पद से देश वापस लौटे फेंग लिजी विश्वविद्यालयों निजी यात्राएँ शुरू की थीं और राजनीतिक-सुधार यानी लोकतांत्रिक व्यवस्था को चीन की आर्थिक समस्या का समाधान बताया था। लोकतंत्र की यह आग धीरे-धीरे सुलगती हुई 15 अप्रैल, 1989 को विकराल रूप धारण कर सामने आई थी, जब चीन के 400 नगरों में छात्रों का आंदोलन शुरू हो गया था। डेंग जियाओपींग ने इस आंदोलन को तत्कालीन सरकार के लिए खतरा समझा था और उसे क्रूरता से कुचल देने की योजना बनाई थी, जो 4 जून, 1989 को बीजिंग में 'तियानानमेन स्क्वायर नरसंहार' के रूप में लागू की गई थी।

इस घटना के बाद, तत्कालीन सरकार को विश्वव्यापी आलोचना से बचाने के लिए डेंग जियाओपींग ने केंद्रीय सैन्य आयोग (सेंट्रल मिलिट्री कमीशन) के सभापति पद से त्याग-पत्र दे दिया था और वर्ष 1992 में राजनीतिक परिदृश्य से भी हटा लिया था, लेकिन चीन अभी भी डेंग जियाओपींग के युग में ही था। उसे अभी भी व्यापक रूप देश का 'सर्वोपरि नेता' माना जाता रहा था…और माना जाता था कि परोक्ष रूप से वह ही चीन की केंद्रीय सत्ता को नियंत्रित कर रहा था। उसने वर्ष 1992 के वसंत ऋतु में चीन के दक्षिणी-क्षेत्रों की ऐतिहासिक यात्रा शुरू की थी और इस क्रम में गुआंगजौ, शेन्जेन, झुहाई से होता हुआ नववर्ष के अवसर पर शंघाई पहुँचा था। इस यात्रा में डेंग ने विभिन्न स्थानों पर भाषण दिए थे और अपनी सुधारवादी नीतियों के लिए भारी स्थानीय समर्थन जुटाने में सफल रहा था। अपने भाषणों में डेंग ने कहा था कि 'धनी बनना

इस घटना के बाद, तत्कालीन सरकार को विश्वव्यापी आलोचना से बचाने के लिए डेंग जियाओपींग ने केंद्रीय सैन्य आयोग (सेंट्रल मिलिट्री कमीशन) के सभापति पद से त्याग-पत्र दे दिया था और वर्ष 1992 में राजनीतिक परिदृश्य से भी हटा लिया था, लेकिन चीन अभी भी डेंग जियाओपींग के युग में ही था।

गौरवशाली है' और 'यदि आप धनी बन सकते हैं, तो आप दूसरे लोगों को भी धनी बनने में मदद कर सकते हैं।' डेंग के इस कथन ने चीन में व्यक्तिगत उद्यमिता की लहर को उजागर कर रखा था, जिसने आज भी चीन की अर्थव्यवस्था को संचालित करना जारी रखा हुआ है।

और इसी कथन से जैक मा इतना अधिक उत्साहित हो गया था कि उसने भी उद्यमी बनने की ठान ली थी। वैसे तो वह अनुबंध को पूरा करने को इच्छुक था और उसने 'हांग्जो इंस्टीट्यूट ऑफ इलेक्ट्रॉनिक इंजीनियरिंग' में अंग्रेजी व अंतरराष्ट्रीय व्यापार पढ़ाना जारी रखा था, लेकिन अब उसने इस संस्थान की सीमा से बाहर निकलकर अन्य अवसरों का पीछा करना शुरू कर दिया था। अब इंस्टीट्यूट में दिन में पढ़ाने के बाद वह हांग्जो वाई.एम.सी.ए. में संध्या कक्षा लेने लगा था, जहाँ शीघ्र ही उससे अंग्रेजी सीखनेवालों अन्य छात्रों व जनसाधारण का ताँता लगना शुरू हो गया था।

उस समय जैक मा के लिए डेंग जियाओपींग का वचन भी स्वामी विवेकानंद के उस वचन जैसा ही था, जो उन्होंने अमेरिका से लौटने के बाद भारतीय युवाओं को दिया था। वैसे तो किसी भी रूप में डेंग की तुलना स्वामी विवेकानंद से नहीं की जा सकती है, लेकिन दोनों के वचनों का प्रभाव लगभग एक जैसा ही था।

जी हाँ, उस समय जैक मा के लिए डेंग जियाओपींग का वचन भी स्वामी विवेकानंद के उस वचन जैसा ही था, जो उन्होंने अमेरिका से लौटने के बाद भारतीय युवाओं को दिया था। वैसे तो किसी भी रूप में डेंग की तुलना स्वामी विवेकानंद से नहीं की जा सकती है, लेकिन दोनों के वचनों का प्रभाव लगभग एक जैसा ही था। अब डेंग का विचार जैक मा का वह विचार बन गया था, जो उसके जीवन को पूरी तरह से बदल देनेवाला था। उसने वैसा ही किया था, जैसा कि स्वामी विवेकानंद ने अपने देशवासियों को निर्देश दिया था। जैक ने डेंग के उस विचार को उठा लिया था, उस विचार को अपना

जीवन बना लिया था—इसके बारे में सोचने लगा था, इसी के बारे में सपना देखने लगा था, उसी विचार को जीने लगा था। अपने मस्तिष्क, मांसपेशियों, नसों, अपने शरीर के हर हिस्से में उस विचार को ही भरना शुरू किया था और अन्य सभी विचारों को त्याग दिया था। अब तो एक ही विचार उसका जीवन बन गया था—धनी बनना गौरवशाली है!…क्योंकि मैं धनी बन सकूँगा, तो दूसरे लोगों को भी धनी बनने में मदद कर सकूँगा!

हांग्जो हाइबो ट्रांसलेशन एजेंसी की स्थापना

डेंग जियाओपींग के इस क्रांतिकारी विचार को, कि धनी बनना गौरवशाली है, जैक ने इस दिशा में पहला कदम बढ़ा दिया था। अब तक उसे पता चल चुका था कि चीन में ऐसी लाखों कंपनियाँ हैं, जो विदेशों में अपने माल की बिक्री करना चाहती थीं, लेकिन उन्हें पता नहीं था कि ऐसा कैसे संभव हो सकता था? अब जैक ने लाखों कंपनियों के उसी सपने को स्वयं के उद्यमी बनने का आधार बना लिया था। उसे अब डेंग का यह विचार भी बहुत अच्छी तरह से समझ आने लगा था कि स्वयं को धनी बनाने की गौरवशाली यात्रा में उसे लाखों-करोड़ों देशवासियों को धनी बनाने में मदद करनी होगी।

डेंग जियाओपींग के इस क्रांतिकारी विचार को, कि धनी बनना गौरवशाली है, जैक ने इस दिशा में पहला कदम बढ़ा दिया था। अब तक उसे पता चल चुका था कि चीन में ऐसी लाखों कंपनियाँ हैं, जो विदेशों में अपने माल की बिक्री करना चाहती थीं, लेकिन उन्हें पता नहीं था कि ऐसा कैसे संभव हो सकता था?

…और इसी विचार को कार्यरूप देने के लिए जैक मा ने जनवरी 1994 में 'हांग्जो हाइबो ट्रांसलेशन एजेंसी' की स्थापना की, जब उसकी आयु 29 वर्ष की थी। इसके लिए उसने 27 कुइंगनियन रोड पर गिरजाघर में बदले गए भवन में दो कमरे किराए पर लिये थे। उस अनुवाद अभिकरण में जैक मा ने

पाँच कर्मचारियों को नियुक्त किया था, जिनमें से अधिकांश हांग्जो इंस्टीट्यूट ऑफ इलेक्ट्रॉनिक इंजीनियरिंग के सेवानिवृत्त शिक्षक थे। इसके ठीक बगल में बाद में वाई.एम.सी.ए. इंटरनेशनल यूथ होस्टल का निर्माण हुआ था, जिसमें अभी भी उसने अनुवाद अभिकरण में अपना बैठक कक्ष बनाए रखा था और भवन के बाहर उसके नाम की तख्ती लटकती थी।

वास्तव में, जैक ने वाई.एम.सी.ए. की संध्याकालीन अंग्रेजी वर्ग के भक्त छात्रों को व्यवसाय में हाथ बँटाने के लिए सहमत कर लिया था। उन छात्रों को मुख्य रूप से उस अनुवाद अभिकरण के लिए पहले ग्राहकों को खोजने में मदद करने का काम सौंपा गया था। छात्रों की उस उत्साहित मंडली ने हांग्जो हाइबो ट्रांसलेशन एजेंसी के बैनरों के साथ चक्कर नगर लगाना शुरू किया था। बाद में उनमें कुछ छात्र कंपनी के पूर्णकालिक कर्मचारी भी बन गए थे। जी हाँ, जैक के अतिरिक्त उसके भक्त छात्रों में से किसी को भी ठीक प्रकार से समझ नहीं आ रहा था कि वह क्या कर रहा था! लेकिन वे लोग जैक मा को अपना अपना 'गुरु' मानते थे और उसके क्रांतिकारी विचारों से प्रभावित थे। अनुवाद-सेवा भी व्यवसाय करने का अवसर हो सकता था, इसके बारे में किसी ने अनुमान भी नहीं लगाया था। स्पष्ट था कि शुरुआत में इस सेवा से उसने बहुत अधिक धन नहीं कमाया था, लेकिन जैक मा ने अपने दृढ़ निश्चय को अडिग बनाए रखा था और अपने काम को लेकर शांत चित्त के साथ आगे बढ़ाता जा रहा था। उसकी मंडली आश्चर्यचकित होती थी कि जो चीज अन्य लोगों को निराशाजनक दिखाई पड़ती थी, उसमें भी जैक मा उत्साहजनक संभावनाओं को ढूँढ़ निकालता था और मंडली के सभी सदस्य

जैक ने वाई.एम.सी.ए. की संध्याकालीन अंग्रेजी वर्ग के भक्त छात्रों को व्यवसाय में हाथ बँटाने के लिए सहमत कर लिया था। उन छात्रों को मुख्य रूप से उस अनुवाद अभिकरण के लिए पहले ग्राहकों को खोजने में मदद करने का काम सौंपा गया था।

उन संभावनाओं को व्यावहारिक धरातल पर उतारने के लिए जी-जान से जुट जाते थे और ऐसा इसलिए भी होता था कि जैक मा अपने साथियों में उनके अपने ही जीवन के प्रति उत्साहित कर देता था।

जैक मा ने हांग्जो हाइबो ट्रांसलेशन एजेंसी के माध्यम से स्थानीय कंपनियों को विदेशों में ग्राहक ढूँढ़ने में मदद करना शुरू किया था। यही उसका पहला व्यवसाय था। हुआ यूँ था कि वह स्वयं दिन में हांग्जो इंस्टीट्यूट ऑफ इलेक्ट्रॉनिक इंजीनियरिंग में पढ़ता था, फिर वाई.एम.सी.ए. की संध्याकालीन कक्षा में पढ़ाता था, और उसके पास न तो स्वयं अनुवाद करने का समय था और न ही इस काम में दूसरों की मदद करने का, लेकिन उसके आसपास बहुत से सेवानिवृत्त शिक्षक थे, जिनके पास समय ही समय था। वे अपने घरों में बिना कोई काम किए ही समय काट रहे थे। चूँकि सेवानिवृत्ति के बाद उन्हें जो वृत्ति (पेंशन) मिल रही थी, वह बहुत ही कम थी और वे लोग अपने भविष्य को लेकर बहुत चिंतित भी थे।

जैक मा ने हांग्जो हाइबो ट्रांसलेशन एजेंसी के माध्यम से स्थानीय कंपनियों को विदेशों में ग्राहक ढूँढ़ने में मदद करना शुरू किया था। यही उसका पहला व्यवसाय था। हुआ यूँ था कि वह स्वयं दिन में हांग्जो इंस्टीट्यूट ऑफ इलेक्ट्रॉनिक इंजीनियरिंग में पढ़ता था''

ऐसे में जब जैक मा के मन में स्थानीय कंपनियों को विदेशों में ग्राहक ढूँढ़ने में मदद करने के लिए अनुवाद सेवा शुरू करने का विचार कौंधा था, तो उसे तत्काल ही समझ आ गया था कि वह इन सेवानिवृत्त शिक्षकों और ग्राहकों के बीच सेतु के रूप में 'अनुवाद-सेवा मंच' (ट्रांसलेशन सर्विस प्लेटफॉर्म) को संचालित कर सकता था''और उसने ऐसा ही किया भी था। चूँकि इस मंच ने अपना ध्यान केवल अनुवाद पर केंद्रित किया था, इसीलिए जैक मा को इससे वाणिज्यिक सफलता तो नहीं मिलनेवाली थी, लेकिन इस पहले उद्यम ने उसका साक्षात्कार उस उद्यमशीलता-आंदोलन से कराया था, जो स्वयं उसके गृहनगर हांग्जो सहित समूचे झेजियांग प्रांत की कायापलट कर

रहा था…और उसके साथ-साथ समूचे देश की अर्थव्यवस्था संपूर्ण परिवर्तन के दिशा में आगे बढ़ रही थी।

जैक ने बहुत सोच-समझकर अपनी अनुवाद सेवा व्यवसाय का नाम 'हांग्जो हाइबो ट्रांसलेशन एजेंसी' रखा था, जिसमें चीनी भाषा के शब्द 'हाइबो' का उपयोग हिंदी के शब्द 'आशा' के लिए किया जाता है। जी हाँ, जैक ने इसके माध्यम से स्थानीय उद्यमियों में यह 'आशा' जगाने की कोशिश की थी कि अनुवाद सेवा के माध्यम से वह अपने विदेशी ग्राहकों तक पहुँच सकते थे, लेकिन चीनी भाषा में इस शब्द का अर्थ होता है—समुद्र जैसा विशाल, लेकिन जैक ने इस शब्द का उपयोग उस समय प्रचलित कठबोली 'जिया हाइ' के संदर्भ में किया था, जिसका शाब्दिक अर्थ तो 'समुद्र में कूदना' होता है, लेकिन उसका उपयोग सरकारी नौकरी को छोड़कर निजी उद्यम में प्रवेश के लिए किया जा रहा था।

रोचक तथ्य यह भी था कि दूसरों को सरकारी नौकरी छोड़कर निजी उद्यम में प्रवेश करने अर्थात् 'समुद्र में कूदने' के लिए प्रेरित करने के लिए उसने अपने अनुवाद सेवा अभिकरण में 'हाइबो' शब्द तो जोड़ दिया था, लेकिन स्वयं ही अपनी शिक्षक के रूप में पक्की सरकारी नौकरी को छोड़ने के लिए स्वयं को पूरी तरह से तैयार नहीं कर पा रहा था।

रोचक तथ्य यह भी था कि दूसरों को सरकारी नौकरी छोड़कर निजी उद्यम में प्रवेश करने अर्थात् 'समुद्र में कूदने' के लिए प्रेरित करने के लिए उसने अपने अनुवाद सेवा अभिकरण में 'हाइबो' शब्द तो जोड़ दिया था, लेकिन स्वयं ही अपनी शिक्षक के रूप में पक्की सरकारी नौकरी को छोड़ने के लिए स्वयं को पूरी तरह से तैयार नहीं कर पा रहा था। हाँ, वह डेंग के वचन 'धनी बनना गौरवशाली है' से उद्यमी बनने के लिए उत्साहित तो हो गया था और उस दिशा में पहला कदम भी बढ़ा दिया था, लेकिन उसका यह कदम अभी उद्यमशीलता का पहला स्वाद लेने तक ही सीमित था…वह

उद्यमशीलता के गहरे समुद्र के तट पर केवल अपने पाँव ही गीले करने का साहस जुटा सका था, उसमें छलाँग लगाने का नहीं।

वैसे तो उद्यमशीलता आधुनिक चीनी व्यवसाय व संस्कृति का सुस्थापित हिस्सा बन गई है, लेकिन जब जैक मा इस क्षेत्र में कदम बढ़ा रहा था, तब यह सबकुछ बहुत ही जोखिम भरा था, इतना अधिक जोखिम भरा कि अब कई दशकों के बाद उसके बारे में अनुमान लगा पाना भी कठिन है। जी हाँ, उस समय चीन में उद्यमशीलता को न केवल बेहद जोखिमपूर्ण माना जाता था, वरन् उसे अवैध उपक्रम के रूप में भी देखा जाता था और ऐसा इसलिए भी था कि अभी तक चीनी नागरिकों ने माओ-युग के तथाकथित सांस्कृतिक आंदोलन की खौफनाक यादों को पूरी तरह भुलाया नहीं था, जब वाणिज्यिक गतिविधियों को अवैध माना जाता था और व्यापरियों-उद्यमियों को चुन-चुनकर जेल में ठूँसा जा रहा था, और यहाँ तक कि उनमें से कई को मौत के घाट भी उतारा जा रहा था।

जैक मा का सबसे बड़ा सौभाग्य यह था कि वह जिस झेजिआंग प्रांत की गौरवशाली राजधानी हांग्जो में पैदा हुआ था, उस प्रांत को चीन में 'निजी उद्यमशीलता का पालना' कहा जाता है। इसीलिए जैक मा अधिक समय तक समुद्र में कूदने से बचनेवाला नहीं था।

लेकिन जैक मा का सबसे बड़ा सौभाग्य यह था कि वह जिस झेजिआंग प्रांत की गौरवशाली राजधानी हांग्जो में पैदा हुआ था, उस प्रांत को चीन में 'निजी उद्यमशीलता का पालना' कहा जाता है। इसीलिए जैक मा अधिक समय तक समुद्र में कूदने से बचनेवाला नहीं था। इसीलिए उद्यमी के रूप में जैक मा की आगे की यात्रा के बारे में पढ़ने से पहले यह जानना बहुत आवश्यक है कि उसका गृह-प्रांत कैसे चीन की उद्यमशीलता का पालना बन गया था और वहाँ कैसे इतना अधिक धन एकत्र हुआ था! इसे जाने बिना अलीबाबा ग्रुप की सफलता के रहस्य को समझना कठिन होगा।

झेजिआंग : चीनी उद्यमशीलता का पालना

याद रहे कि डेंग जियाओपींग द्वारा दिसंबर 1978 में 'घरेलू अनुबंध उत्तरदायित्व प्रणाली' (हाउसहोल्ड कॉन्ट्रैक्ट रेस्पॉन्सिबिलिटी सिस्टम) स्थापित की गई थी, जिसने किसानों को अधिशेष फसलों को खुले बाजार में बेचने की अनुमति दे दी थी। निजी व्यवसाय की पहली चिनगारी 'शहरी बस्ती व ग्रामीण उद्यमों' (टाउनशिप ऐंड विलेज एंटरप्राइजेज—टी.वी.ई.) से उठी थी। इन उद्यमों पर सरकार का नाममात्र नियंत्रण था, लेकिन वे व्यावहारिक रूप से लगभग पूरी तरह से निजी रूप से संचालित ग्रामीण उद्यम थे। धीरे-धीरे चिनगारी प्रज्वलित होने लगी थी और चीन में ग्रामीण उद्यमों का विशाल निजी क्षेत्र खड़ा हो गया था, जो लाखों चीनी नागरिकों को रोजगार के अवसर प्रदान कर रहा था।

इतना ही नहीं, 1980 के दशक के शुरुआती वर्षों में ही चीन सरकार ने उद्यमियों को मान्यता देना शुरू किया था। पहले-पहल व्यक्ति-विशेष उद्यमियों को और फिर उद्यमियों द्वारा संचालित व्यवसायों को भी, लेकिन पहली बार उद्यमी बननेवाले व्यक्ति-विशेष, जिन्हें चीनी भाषा में 'गेतिहु' कहा जाता है, वे अपने दोनों हाथों में लड्डू रखने की कोशिश कर रहे थे, अर्थात् वे सरकारी नौकरी को बनाए रखते हुए उद्यमशीलता की ओर कदम बढ़ा रहे थे। उनमें से अधिकांश कृषि क्षेत्र के श्रमिक थे। उनकी सामाजिक-स्थिति निम्न थी और वे घुमंतू व्यापारी बन गए थे। बाद में, जब वे अधिक धनी होने लगे थे तो उन्होंने अपनी पारंपरिक सामाजिक-स्थिति का विरोध करना और अपनी सफलताओं को खुलकर प्रदर्शित करना भी शुरू कर दिया था। यहाँ तक कि

इतना ही नहीं, 1980 के दशक के शुरुआती वर्षों में ही चीन सरकार ने उद्यमियों को मान्यता देना शुरू किया था। पहले-पहल व्यक्ति-विशेष उद्यमियों को और फिर उद्यमियों द्वारा संचालित व्यवसायों को भी, लेकिन पहली बार उद्यमी बननेवाले व्यक्ति-विशेष, जिन्हें चीनी भाषा में 'गेतिहु' कहा जाता है...

एक शुरुआती 'गेतिहु' ने तो अपने समूचे घर की दीवारों पर कागजी-मुद्राओं को चिपका दिया था। याद रहे कि आज चीन के सबसे धनी व्यवसायियों में से कुछ ने निम्न सामाजिक स्थितिवाले 'गेतिहु' के रूप में ही अपना व्यावसायिक जीवन शुरू किया था...और जैक मा के गृहनगर हांग्जो सहित झेजिआंग प्रांत के अन्य क्षेत्रों में भी ऐसे कई 'गेतिहु' थे।

ऊपर हमने 99,600 वर्ग किलोमीटर में फैले त्रिभुजाकार महानगरीय क्षेत्र 'यांग्त्जी रीवर डेल्टा' के बारे में पढ़ा है। इसके केंद्र में शंघाई है, जो दक्षिणी जियांग्सु प्रांत व उत्तरी झेजियांग प्रांत से घिरा हुआ है। इस समूचे क्षेत्र में 'वू' चीनीभाषी लोगों का बहुमत है। उत्तरी झेजियांग प्रांत में हांग्जो, निंगबो का नजदीकी बंदरगाह और उत्तरी झेजिआंग व दक्षिणी जियांग्सु प्रांत के विभिन्न औद्योगिक-समूह क्षेत्र 'यांग्त्जी रीवर डेल्टा' के आर्थिक बिजली घर का निर्माण करते हैं, जिसके केंद्र में शंघाई अवस्थित है। हम जानते हैं कि अलीबाबा ग्रुप का इ-वाणिज्य का गृहनगर हांग्जो प्राचीन काल से ही व्यापरिक केंद्र रहा था, क्योंकि वह विश्व की सबसे पुरानी व सबसे लंबी नहर (1,100 मील) का सबसे दक्षिणी सिरा था। यह नहर एक सहस्राब्दी (1000 वर्ष) से भी अधिक समय तक दक्षिण व उत्तरी चीन को जोड़नेवाला मुख्य व्यापारिक मार्ग रहा था, जिसने हांग्जो को चीन के सबसे समृद्ध नगरों में एक बनाया था। वैसे तो झेजिआंग प्रांत का अधिकांश हिस्सा पर्वतीय क्षेत्र है, लेकिन हांग्जो व उसके नजदीक का

हम जानते हैं कि अलीबाबा ग्रुप का इ-वाणिज्य का गृहनगर हांग्जो प्राचीन काल से ही व्यापरिक केंद्र रहा था, क्योंकि वह विश्व की सबसे पुरानी व सबसे लंबी नहर (1,100 मील) का सबसे दक्षिणी सिरा था। यह नहर एक सहस्राब्दी (1000 वर्ष) से भी अधिक समय तक दक्षिण व उत्तरी चीन को जोड़नेवाला मुख्य व्यापारिक मार्ग रहा था, जिसने हांग्जो को चीन के सबसे समृद्ध नगरों में एक बनाया था।

बंदरगाह निंगबो अपेक्षाकृत सपाट भूमि पर अवस्थित है।

झेजिआंग प्रांत के पर्वतीय क्षेत्रों की ऊँचाइयाँ और उनके बीच से गुजरती हुई नदियाँ ऐसे दुर्गम भू-भागों की रचना करती हैं, जहाँ मुख्यधारा से कटी हुई अलग-अलग बोली बोलनेवाली जनजातियाँ निवास करती हैं। व्यापार करने की आवश्यकता और देश की राजनीतिक सत्ता से दूरी ने ही चीन में झेजिआंग प्रांत को 'निजी उद्यमों का पालना' के रूप में विकसित होने में सहायता की थी। यही कारण है कि आज इस प्रांत के उद्यमी चीन के सबसे अधिक धनियों की सूची में शीर्ष स्थानों पर बने हुए हैं, और उनमें से अधिकांश ने जैक मा की ही तरह बहुत कठिनाइयों में अपना शुरुआती जीवन गुजरा था।

झेजिआंग प्रांत के पर्वतीय क्षेत्रों की ऊँचाइयाँ और उनके बीच से गुजरती हुई नदियाँ ऐसे दुर्गम भू-भागों की रचना करती हैं, जहाँ मुख्यधारा से कटी हुई अलग-अलग बोली बोलनेवाली जनजातियाँ निवास करती हैं।

अब चीन में अग्रणी पेय कंपनी 'हांग्जो वहाहा ग्रुप' कंपनी लिमिटेड के संस्थापक, सभापति व मुख्य कार्यकारी अधिकारी जोंग किंगहौ को ही लीजिए। 'हुरुन रिच लिस्ट' के अनुसार वर्ष 2012 में वह चीन का सबसे धनी व्यक्ति था, जो वर्ष 2013 में दूसरे स्थान पर आ गया था। 'हुरुन' ने वर्ष 2014 में उसका निवल मूल्य (नेटपर्थ) 20 अरब डॉलर आँका था और उसे 'ग्लोबल रिच लिस्ट' में 35वें स्थान पर रखा था, लेकिन 'फोर्ब्स' पत्रिका के गतिमान मूल्यांकन सूची में उसका निवल मूल्य 9 अरब डॉलर (19 जुलाई, 2018) रह गया था। रोचक तथ्य है कि जोंग किंगहौ चार वर्ष की आयु से हांग्जो में पला-बढ़ा था, माध्यमिक विद्यालय से उत्तीर्ण होने के बाद वह हांग्जो खाड़ी के दक्षिणी मुँह पर स्थित झौउशन द्वीपसमूह पर नमक के खेत पर काम करने के लिए चला गया था। वर्ष 1979 में जब उसकी माँ शिक्षक की नौकरी से सेवा-निवृत्त हुई थीं, तो वह हांग्जो वापस लौट आया था, लेकिन निम्न शिक्षा के चलते उसे एक स्थानीय विद्यालय में सेवक का काम मिला था।

जोंग किंगहौ को इतना धन एकत्र करने में आठ वर्ष लग गए थे और वह वर्ष 1987 में हांग्जो के शांगचेंग जिले के एक विद्यालय में छोटी-सी दुकान खोलकर दूध बेचना शुरू कर सका था। फिर उसने दो सेवानिवृत्त शिक्षकों के साथ मिलकर 1,40,000 के ऋण से दूध पेय का उत्पादन शुरू किया था। फ्रांसीसी बहुराष्ट्रीय खाद्य उत्पाद निगम 'डेनोन' से अपने संबंध के नाम पर उसने सरकारी साझीदारी से स्वयं को मुक्त कर लिया था। फिर उसने 1996 में 'वहाहा जॉइंट वेंचर कंपनी' के अंतर्गत डेनोन से पाँच संयुक्त उद्यम सहायक कंपनियों से 7 करोड़ डॉलर का विदेश निवेश प्राप्त किया था। उसके बाद जोंग किंगहौ ने अपनी निरंकुश शैली और अपने कर्मचारियों पर लंबे समय तक काम करने की अनिवार्य नैतिकता को लागू कर 'वहाहा' को चीन की अग्रणी पेय कंपनी बना लिया था।

वास्तव में, वर्ष 2007 में जब वहाहा व डेनोन के बीच कुल 39 संयुक्त उद्यम संचालित हो रहे थे, तब जाकर डेनोन के शीर्ष प्रबंधन को पता चला था कि पिछले 11 वर्षों में रहस्यमय तरीके से काम करते हुए जोंग किंगहौ ने 'वहाहा' ब्रांड नाम से समानांतर पेय-साम्राज्य खड़ा कर लिया था। डेनोन ने आरोप लगाया था कि जोंग ने संयुक्त उद्यम से 10 करोड़ डॉलर को इधर-उधर कर दिया था। फिर, डेनोन व वाहहा के बीच गुप्त क्षतिपूर्ति समझौता हुआ था और साझेदारी को भंग कर दिया गया था। जी हाँ, जोंग किंगहौ चीनी उद्यमशीलता व चतुर व्यवसाय-व्यवहार का जीवंत उदाहरण है, जिसने डेनोन जैसी विश्वव्यापी कंपनी के कंधों पर सवारी कर अपना समानांतर व्यवसाय साम्राज्य खड़ा कर लिया था और उसे इसकी भनक भी नहीं लगने दी थी।

वर्ष 2007 में जब वहाहा व डेनोन के बीच कुल 39 संयुक्त उद्यम संचालित हो रहे थे, तब जाकर डेनोन के शीर्ष प्रबंधन को पता चला था कि पिछले 11 वर्षों में रहस्यमय तरीके से काम करते हुए जोंग किंगहौ ने 'वहाहा' ब्रांड नाम से समानांतर पेय-साम्राज्य खड़ा कर लिया था।

अब बिनजियांग, हांग्जो आधारित लगभग 31 अरब डॉलर बाजार मूल्यांकन (वर्ष 2016) वाली चीन की बहुराष्ट्रीय मोटरवाहन विनिर्माण कंपनी झेजिआंग जिली ऑटोमोबाइल होल्डिंग्स कंपनी लिमिटेड को ही लें, तो उसके संस्थापक ली शुफु ने परिवार से कर्ज लेकर वर्ष 1986 में बाजार से खरीदे गए पुरजों को फिर से रेफ्रीजरेटर के संयोजन से अपना व्यावसायिक जीवन शुरू किया था। अप्रैल 1994 में ली शुफु ने विफल हो चुकी सरकारी कंपनी को अधिगृहीत कर मोटरसाइकिल का विनिर्माण शुरू किया था और अगस्त में 1998 में 'जिली मोटर्स' की स्थापना कर देश का पहला निजी क्षेत्र का कार निर्माता बन गया था। चीनी भाषा में 'जिली' (Geely) का अर्थ 'शुभ' या 'भाग्यशाली' होता है। ली शुफु के लिए भी उसका कार व्यवसाय शुभ साबित हुआ था और उसे पीछे मुड़कर देखने की आवश्यकता नहीं पड़ी थी। 28 मार्च, 2010 को जिली ने फोर्ड मोटर्स कंपनी से 1.80 अरब डॉलर में वॉल्वो कार्स को खरीद लिया था, जो किसी चीनी कार निर्माता का सबसे बड़ा विदेशी अधिग्रहण था। मार्च 2018 में अचानक इस समाचार ने विश्व मोटरवाहन उद्योग को चौंका दिया था कि ली शुफु ने 9 अरब डॉलर में जर्मनी की बहुराष्ट्रीय मोटर वाहन कंपनी से डेमलर एजी में 9.7 प्रतिशत स्वामित्व हिस्सेदारी खरीद ली थी और उसका सबसे बड़ा स्वामित्व हिस्सेदारी धारक बन गया था। 19 जुलाई, 2018 को 'फोर्ब्स' पत्रिका के गतिमान मूल्यांकन सूची में ली शुफु का व्यक्तिगत निवल मूल्य 14.4 अरब डॉलर आँका गया था। जी हाँ, झेजिआंग प्रांत की राजधानी हांग्जो से 140 मील दक्षिण-पूर्व में स्थित ताईझोउ में 1963 में जनमे

अप्रैल 1994 में ली शुफु ने विफल हो चुकी सरकारी कंपनी को अधिगृहीत कर मोटरसाइकिल का विनिर्माण शुरू किया था और अगस्त में 1998 में 'जिली मोटर्स' की स्थापना कर देश का पहला निजी क्षेत्र का कार निर्माता बन गया था। चीनी भाषा में 'जिली' (Geely) का अर्थ 'शुभ' या 'भाग्यशाली' होता है।

व पले-बढ़े ली शुफु ने बालक के रूप में अपनी पहली कार रेत से बनाई थी, क्योंकि उसके परिवारवाले उसके लिए खिलौने भी खरीद पाने की स्थिति में नहीं थे, वास्तविक कार बनाने की कल्पना कर पाना तो बहुत दूर की बात थी।

अब जियाओशान, हांग्जो आधारित चीन की सबसे बड़ी मोटर वाहन घटक कंपनी वानक्सियांग ग्रुप कॉरपोरेशन के संस्थापक लु गुआनकिउ को ही लें, तो उसने अपने व्यावसायिक जीवन की शुरुआत किसान के रूप में की थी। वह किसान परिवार से था और 15 वर्ष की आयु में पढ़ाई छोड़कर लोहार बन गया था और गाँववासियों से धातु-कबाड़ खरीदने लगा था। जुलाई 1969 में उसने छह अन्य किसानों के साथ मिलकर कृषि उपकरण बनानेवाला कारखाना स्थापित किया था। वर्ष 2012 में वानक्सियांग ग्रुप ने दिवालिया घोषित हो चुकी लिथियम आयरन फॉस्फेट बैटरी व ऊर्जा भंडारण प्रणाली की विनिर्माता कंपनी ए123 सिस्टम (वाल्थम, मैसाचुसेट्स, संयुक्त राज्य अमेरिका) को 25.56 करोड़ में खरीद लिया था। फिर, 2014 में दिवालिया हो चुकी बैटरी चालित विलासिता कार विनिर्माता कंपनी फिस्कर ऑटोमोटिव (अनाहिम, कैलिफोर्निया, संयुक्त राज्य अमेरिका) को 14.92 करोड़ डॉलर में खरीद लिया। 'फिस्कर कर्मा' नामक इस कार में ए123 सिस्टम द्वारा निर्मित बैटरी का उपयोग होता था। वानक्सियांग ग्रुप अब कंपनी को 'कर्मा ऑटोमोटिव' के नाम से संचालित करता है, जो 'रेवेरो' ब्रांड नाम से कारों का विनिर्माण करती है। अक्तूबर 2017 में लु गुआनकिउ की 72 वर्ष की आयु में

अब जियाओशान, हांग्जो आधारित चीन की सबसे बड़ी मोटर वाहन घटक कंपनी वानक्सियांग ग्रुप कॉरपोरेशन के संस्थापक लु गुआनकिउ को ही लें, तो उसने अपने व्यावसायिक जीवन की शुरुआत किसान के रूप में की थी। वह किसान परिवार से था और 15 वर्ष की आयु में पढ़ाई छोड़कर लोहार बन गया था और गाँववासियों से धातु-कबाड़ खरीदने लगा था।

मृत्यु हो गई थी। उससे पहले मार्च 2017 में 'फोर्ब्स' पत्रिका ने लु गुआनकिउ व परिवार का निवल मूल्य 5.7 अरब डॉलर आँका था।

अब 'चीन का वारेन बफेट' कहे जानेवाले गुओ गुआंगचांग के बारे में जानना बहुत आवश्यक है, क्योंकि वह जैक मा का मित्र भी है, और 'चीन का बर्कशायर हैथवे' कही जानेवाली बहुराष्ट्रीय निवेश कंपनी 'फोसुन इंटरनेशनल लिमिटेड' का सह-संस्थापक व सभापति भी, जो अलीबाबा ग्रुप को विशुद्ध इ-वाणिज्य क्षेत्र से बाहर निकाल संभार-तंत्र (लॉजिस्टिक्स) व वित्त (फाइनेंस) के क्षेत्र में अचानक धावा बोलने का समर्थक रहा है। हांग्जो के 200 किलोमीटर दक्षिण, लेकिन झेजियांग प्रांत के केंद्र में स्थित ग्रामीण शहर डोंगयांग में जनमे गुओ गुआंगचांग ने माओ की सांस्कृतिक क्रांति को फफूँदी लगी सूखी सब्जियाँ खाकर अपने अस्तित्व को बचाया था। बाद में, उसने अपनी लगन व प्रतिभा से चीन में सबसे प्रतिष्ठित व चुनिंदा विश्वविद्यालयों में से एक फूडन विश्वविद्यालय (शंघाई) में प्रवेश तो प्राप्त कर लिया था, लेकिन अपना गुजारा करने के लिए उसे छात्रावासों में द्वार-द्वार जाकर ब्रेड भी बेचना पड़ा था। याद रहे कि यांग्त्जी नदी डेल्टा आर्थिक क्षेत्र का हिस्सा डोंगयांग का चीनी भाषा में अर्थ होता है—'पूर्वी सूर्य', और उसने अपनी जन्मभूमि की सार्थकता को सिद्ध कर दिया था। उसने वर्ष 1989 में दर्शन शास्त्र में स्नातक की उपाधि प्राप्त की थी और फिर दस वर्षों बाद 1999 में व्यवसाय प्रशासन निष्णात/एम.बी.ए. भी, लेकिन स्नातक करने के दो वर्षों बाद जब वर्ष 1992 में डेंग जियाओपिंग ने चीन के दक्षिणी क्षेत्रों की ऐतिहासिक यात्रा शुरू की थी, तब गुओ गुआंगचांग ने भी डेंग के इस कथन को अपना मंत्र बना लिया था कि 'धनी होना गौरवशाली है'। उसने फूडन

हांग्जो के 200 किलोमीटर दक्षिण, लेकिन झेजियांग प्रांत के केंद्र में स्थित ग्रामीण शहर डोंगयांग में जनमे गुओ गुआंगचांग ने माओ की सांस्कृतिक क्रांति को फफूँदी लगी सूखी सब्जियाँ खाकर अपने अस्तित्व को बचाया था।

विश्वविद्यालय में आनुवंशिकी (जेनेटिक्स) के छात्र लिआंग जियानजुन और कंप्यूटर विज्ञान की छात्रा टैन जियान के साथ मिलकर 'गुआंगजिन टेक्नोलॉजी डेवलपमेंट कंपनी लिमिटेड' की स्थापना की थी। उन लोगों ने इसके लिए अपनी बचत व विश्वविद्यालय की सहायता से 1,00,00 युआन की पूँजी एकत्र की थी। कंपनी का उद्देश्य चीन की तेज उछाल भर रही अर्थव्यवस्था में पैर जमाने की कोशिश कर रही विदेशी कंपनियों की मदद करना था। यह चीन में बाजार-अनुसंधान के लिए वैज्ञानिक तरीके अपनानेवाली अग्रणी कंपनी थी। व्यवसाय के साथ टैन जियान के साथ गुओ का प्रेम-सबंध भी बढ़ा था। दोनों ने विवाह भी किया था, लेकिन कुछ समय बाद उनका विवाह-विच्छेद हो गया था। दो वर्ष बाद, वर्ष 1994 में गुओ गुआंगचांग ने स्वामित्वधारी कंपनी फोसुन हाई टेक्नोलॉजी ग्रुप कंपनी लिमिटेड की स्थापना की थी और विभिन्न उद्योग क्षेत्रों के बाजार-अनुसंधान के साथ-साथ उनमें निवेश भी करना शुरू कर दिया था। फिर, वर्ष 2004 में हांगकांग में फोसुन इंटरनेशनल लिमिटेड की स्थापना के बाद गुओ गुआंगचांग ने वैश्विक निवेश बाजार पर अपना ध्यान केंद्रित किया था, जिसे जुलाई 2007 में हांगकांग स्टॉक एक्सचेंज में सूचीबद्ध कर सार्वजनिक कर दिया गया था। वर्ष 2010 से 2015 के बीच फोसुन इंटरनेशनल ने अमेरिका व यूरोप की कई कंपनियों में भारी निवेश किया था, जिनमें फ्रांस की क्लब मेड एसएएस, ब्रिटेन की थॉमस कुक ग्रुप, कनाडा की सिराक डु सोलेइल, अमेरिकी परिधान ब्रांड सेंट जॉन और ग्रीस की फोली फोली प्रमुख हैं। 20 जुलाई, 2018 को 'फोर्ब्स' पत्रिका के गतिमान मूल्यांकन सूची में गुओ गुआंगचांग का व्यक्तिगत निवल मूल्य 7.4 अरब डॉलर आँका गया था।

वर्ष 2004 में हांगकांग में फोसुन इंटरनेशनल लिमिटेड की स्थापना के बाद गुओ गुआंगचांग ने वैश्विक निवेश बाजार पर अपना ध्यान केंद्रित किया था, जिसे जुलाई 2007 में हांगकांग स्टॉक एक्सचेंज में सूचीबद्ध कर सार्वजनिक कर दिया गया था।

हमने पिछले अध्याय में अलीबाबा ग्रुप के तीन लौह-स्तभों के बारे में विस्तार से पढ़ा है। हमने यह भी पढ़ा है कि उन स्तंभों में से एक अलीबाबा का विशाल संभार-तंत्र संजाल (लॉजिस्टिक्स नेटवर्क) है, जिसके निर्माण में झेजिआंग प्रांत के उद्यमियों के समूह ने महत्त्वपूर्ण भूमिका निभाई है, जिसे 'टोंगलु गैंग' कहा जाता है। हमने यह भी पढ़ा है कि यह 'टोंगलु गैंग' जैक मा के गृहनगर हांग्जो के ठीक दक्षिण-पश्चिम में स्थित टोंगलु शहर में स्थित है, जो अलीबाबा ही नहीं, समूचे चीन के आधे से अधिक डाक-संकुलन वितरण को सँभालता है। जी हाँ, टोंगलु चीन की विशालकाय संभार-तंत्र कंपनी 'शेनटोंग' (एस.टी.ओ. एक्सप्रेस) के संस्थापक निए तेंगफेइ की जन्मभूमि है। गरीबी में जनमे निए को सूअर पालन करना पड़ा था, खेतों में मजदूरी करनी पड़ी और जलावन की लकड़ी बेचना पड़ा था। फिर वह हंग्जो आकर छापाखाना में काम करने लगा था। उसके बाद जब उसने तिपहिया साइकिल पर घर-घर ब्रेड पहुँचाना शुरू किया था, तो उसने सपने में भी नहीं सोचा था कि अपने जीवनयापन के लिए उसने जिस संदेशवाहक सेवा (कूरियर सर्विस) का काम शुरू किया था, वह आनेवाले समय में चीन की विशाल सरकारी डाक सेवा—चाइना पोस्ट—को बहुत पीछे छोड़ देनेवाला था।

फूचुन नदी के किनारे पर बसा टोंगलू शहर चीन में सबसे सुंदर शहरों में से एक है। हांग्जो स्थित अलीबाबा ग्रुप के मुख्यालय से लगभग 88 किलोमीटर दक्षिण-पश्चिम में स्थित टोंगलु पहुँचने के लिए कार सवार को लगभग 90 मिनट का समय लगता है।

फूचुन नदी के किनारे पर बसा टोंगलू शहर चीन में सबसे सुंदर शहरों में से एक है। हांग्जो स्थित अलीबाबा ग्रुप के मुख्यालय से लगभग 88 किलोमीटर दक्षिण-पश्चिम में स्थित टोंगलु पहुँचने के लिए कार सवार को लगभग 90 मिनट का समय लगता है। वर्ष 2016 के अंत में टोंगलु में 2,500 से अधिक द्रुत संदेशवाहक सेवाएँ (एक्सप्रेस कूरियर सर्विसेज)

प्रदान करनेवाली कंपनियाँ सक्रिय थीं, जिनकी सामूहिक बाजार हिस्सेदारी 60 प्रतिशत से भी अधिक थी। 'शेनटोंग' (एस.टी.ओ. एक्सप्रेस) टोंगलु की पहली संदेशवाहक कंपनी थी, जिसकी स्थापना निए तेंगफेई व उसकी पत्नी चेन जियाओयिंग ने वर्ष 1993 में की थी। (ठीक इसी समय दक्षिणी चीन के औद्योगिक शहर शेन्जेन (हांगकांग के उत्तर में) में 'एस.एफ. एक्सप्रेस' की स्थापना हुई थी, जो चीन की शीर्ष संदेशवाहक व संभार-तंत्र कंपनियों में से एक है।) वैसे तो पाँच वर्षों बाद ही निए तेंगफ़ेई की कार दुर्घटना में मृत्यु हो गई थी, लेकिन उसकी पत्नी चेन जियाओयिंग 'शेनटोंग' (एस.टी.ओ. एक्सप्रेस) को लगातार नई ऊँचाइयों पर ले गई थी। इस बीच, निए तेंगफेई के सहपाठी मित्र व दो संबंधियों ने भी 'शेनटोंग' (एस.टी.ओ. एक्सप्रेस) के समानांतर तीन विशाल संदेशवाहक कंपनियाँ स्थापित कर ली थीं, जिसे युआनटोंग (वाई.टी.ओ. एक्सप्रेस), ज्होंगटोंग (जेड.टी.ओ. एक्सप्रेस) व युंडा एक्सप्रेस नामों से जाना जाता है। वर्ष 2016 के अंत में इन चारों कंपनियों के कुल डाक-कर्मचारियों की संख्या लगभग 8,00,000 थी और उनका दो-तिहाई से भी अधिक कारोबार अलीबाबा के दो इ-वाणिज्य मंचों—ताओबाओ व टीमॉल से आ रहा था। टोंगलु की दो अन्य अपेक्षाकृत बहुत छोटी निजी संदेशवाहक कंपनियों के साथ इन्हें 'टोंगलु गैंग' कहा जाता है। रोचक तथ्य है कि टोंगलु गैंग की कंपनियाँ एक ही स्थान व एक ही समय पर समान व्यावसायिक निर्णय करने की कोशिश करती रही हैं। उदाहरण के लिए वर्ष 2010 में इन चारों कंपनियों ने अपना मुख्यालय कुइंगपु (शंघाई) में स्थानांतरित कर लिया था, और सभी सार्वजनिक हो जाने की तैयारियाँ करने

निए तेंगफेई के सहपाठी मित्र व दो संबंधियों ने भी 'शेनटोंग' (एस.टी.ओ. एक्सप्रेस) के समानांतर तीन विशाल संदेशवाहक कंपनियाँ स्थापित कर ली थीं, जिसे युआनटोंग (वाई.टी.ओ. एक्सप्रेस), ज्होंगटोंग (जेड. टी.ओ. एक्सप्रेस) व युंडा एक्सप्रेस नामों से जाना जाता है।

लगी थीं। वर्ष 2016 से 2017 के बीच के 16 महीनों में ये चारों कंपनियाँ सार्वजनिक हुई थीं और इनके संस्थापक व बड़े हिस्सेदार रातोरात अरबपति हो गए थे।

चीन में 'निजी उद्यमों का पालना' कहे जानेवाले झेजिआंग प्रांत की राजधानी होने के कारण हांग्जो व इसका सबसे बड़ा बंदरगाह होने के कारण निंगबो सदियों से समृद्ध व्यापारिक केंद्र रहे थे, लेकिन झेजिआंग प्रांत के दो नगरों—वेंज्हौ व यिवु—को वैसे तो विदेशों में बहुत कम जाना जाता है, लेकिन हाल के दशकों में ये अपनी नई समृद्धि के कारण चीन में बहुत प्रसिद्ध हुए हैं। वेंज्हौ ने समाज में उद्यमशीलता की भूमिका को वैध बनाया है, तो यिवु ने थोक बाजारों को स्थापित किया है, जिसकी पहुँच चीन के सभी हिस्सों के साथ समूचे विश्व में भी विस्तारित हो चुकी है। जैसे लंकाशायर के कपास कारखानों ने ब्रिटेन में औद्योगिक क्रांति में महत्त्वपूर्ण भूमिका निभाई थी, वैसे ही यिवु ने चीन में उद्यमशीलता-क्रांति लाने में। वेंज्हौ व यिवु की गतिशीलता ने ही जैक मा को अपने स्वयं के उद्यमशील जीवन के शुभारंभ के लिए प्रेरित किया था। वेंज्हौ के व्यापारिक नवाचारों ने ही अलीबाबा ग्रुप के लिए वित्तीय सेवाओं के क्षेत्र में अचानक धावा बोल देने का द्वार खोला था, तो यिवु के थोक बाजारों ने ही जैक मा को चीन के थोक व्यापारियों को वैश्विक ग्राहकों से जोड़ने का सबसे पहला व्यावसायिक प्रारूप प्रदान किया था। चूँकि अलीबाबा ग्रुप की धुआँधार सफलता में इन दोनों नगरों की भूमिका अहम रही है, इसीलिए इनके बारे में

चीन में 'निजी उद्यमों का पालना' कहे जानेवाले झेजिआंग प्रांत की राजधानी होने के कारण हांग्जो व इसका सबसे बड़ा बंदरगाह होने के कारण निंगबो सदियों से समृद्ध व्यापारिक केंद्र रहे थे, लेकिन झेजिआंग प्रांत के दो नगरों—वेंज्हौ व यिवु—को वैसे तो विदेशों में बहुत कम जाना जाता है, लेकिन हाल के दशकों में ये अपनी नई समृद्धि के कारण चीन में बहुत प्रसिद्ध हुए हैं।

संक्षेप में गहन जानकारी प्राप्त करना भी आवश्यक है।

हांग्जो से 200 मील दक्षिण-पूर्व में अवस्थित वेंज्हौ झेजिआंग प्रांत का सबसे दक्षिणी-पूर्वी क्षेत्र है। इसकी सीमाएँ पश्चिम में लिशूई से जुड़ती हैं, तो उत्तर में ताइजौ और दक्षिण में फुजियान से। यह पहाड़ों, पूर्वी चीन सागर (ईस्ट चाइना सी) और 436 द्वीपों से घिरा हुआ है। इसका लगभग समूचा तराई या निम्न भूमि क्षेत्र पूर्वी चीन सागर तट के साथ ही है, जो लगभग 355 किलोमीटर (221 मील) लंबा है। वेंज्हौ का अधिकांश क्षेत्र पहाड़ी है, क्योंकि इसके 11,784 वर्ग किलोमीटर (4,550 वर्ग मील) सतह क्षेत्र का लगभग 76 प्रतिशत पहाड़ व पहाड़ियों के रूप में वर्गीकृत है। ऐसा कहा जाता है कि वेंज्हौ में 7/10 पहाड़, 1/10 जल और 2/10 कृषि भूमि है। अपने समूचे इतिहास में, वेंज्हौ की पारंपरिक आर्थिक भूमिका दक्षिणी झेजियांग प्रांत के आंतरिक पहाड़ी क्षेत्र तक पहुँच प्रदान करनेवाले बंदरगाह के रूप में रही है। वर्ष 1876 में इसे चाय निर्यात के लिए खोला गया था, लेकिन वहाँ कोई विदेशी समझौता नहीं हुआ था। द्वितीय विश्वयुद्ध के दौरान वर्ष 1937 से 1942 के बीच जब द्वितीय चीन-जापान युद्ध हुआ था, तब वेंज्हौ ने चीन के नियंत्रण के अधीन अभी भी बचे रह गए कुछ बंदरगाहों में से एक के रूप में महत्त्व प्राप्त किया था। युद्ध के बाद के वर्षों में इस महत्त्व में गिरावट आई थी, लेकिन वर्ष 1955 में झेजियांग समुद्रतटीय क्षेत्र में व्यापार शुरू होने के बाद इसने फिर से अपने महत्त्व को स्थापित कर लिया था।

हांग्जो से 200 मील दक्षिण-पूर्व में अवस्थित वेंज्हौ झेजिआंग प्रांत का सबसे दक्षिणी-पूर्वी क्षेत्र है। इसकी सीमाएँ पश्चिम में लिशूई से जुड़ती हैं, तो उत्तर में ताइजौ और दक्षिण में फुजियान से। यह पहाड़ों, पूर्वी चीन सागर (ईस्ट चाइना सी) और 436 द्वीपों से घिरा हुआ है।

चीन में जिन राजवंश के शासनकाल में वेंज्हौ शहर की भौगोलिक स्थापना व विकास फेंगशुई दार्शनिक प्रणाली के जनक माने जानेवाले गुओ

पु द्वारा प्रारूपित किया गया था। चूँकि यह चीन में फेंगशुई दार्शनिक प्रणाली पर प्रारूपित एकमात्र शहर है, इसीलिए स्थानीय लोग आमतौर पर गुओ पु को वेंज्हौ शहर के वास्तुकार व संस्थापक के रूप में देखते हैं। वैसे तो बीजिंग, इली कजाख स्वायत्त क्षेत्र, कुनमिंग, हेंगयांग व शेन्जेन को आमतौर पर उत्कृष्ट फेंगशुई प्रकृति पर आधारित माना जाता है, लेकिन इनमें से कोई भी शहर पूरी तरह से न तो फेंगशुई दार्शनिक प्रणाली पर आधारित है और न ही फेंगशुई के जनक गुओ पु द्वारा प्रारूपित किया गया है। अपने समूचे इतिहास में, वेंज्हौ ने कई आतंकवादी व आक्रमणकारी गतिविधियों से अपना बचाव किया था, जो मूल रूप से इस शहर को लूटने व ध्वस्त किए जाने के लिए आयोजित किए गए थे, लेकिन उनमें से कोई भी सफल नहीं हो सका था। वैसे तो आक्रमणकारियों व सेनाओं के पीछे लौट जाने का प्रमुख कारण इस शहर की पहाड़ों से घिरी प्राकृतिक भौगोलिक अवस्थिति थी, लेकिन ऐसी परिघटनाओं को आमतौर पर शहर के फेंगशुई विकास के परिणाम के रूप में जाना जाता है। फेंगशुई दार्शनिक प्रणाली की मूल भूमि होने के कारण ही वेंज्हौ के स्थानीय लोगों को चीन में उत्कृष्टता प्राप्त लोगों के रूप में वर्णित किया जाता है और इस शहर की 'ज्ञान के शहर' के रूप में प्रशंसा की जाती है।

> ***अपने समूचे इतिहास में, वेंज्हौ ने कई आतंकवादी व आक्रमणकारी गतिविधियों से अपना बचाव किया था, जो मूल रूप से इस शहर को लूटने व ध्वस्त किए जाने के लिए आयोजित किए गए थे, लेकिन उनमें से कोई भी सफल नहीं हो सका था।***

लेकिन, दिसंबर 1978 में डेंग जियाओपिंग द्वारा आर्थिक सुधार की प्रक्रिया शुरू होने से पहले वेंज्हौ की आर्थिक स्थिति कमजोर थी, क्योंकि सिंचाई-योग्य भूमि बहुत कम थी, जबकि इसकी तुलना में पूर्ण या अर्द्ध-बेरोजगार कृषि श्रमिकों की संख्या बहुत अधिक थी, लेकिन सुधार कार्यक्रमों के लागू होते ही वेंज्हौ में निजी उद्यमों का तीव्र विकास शुरू हुआ था। बहुधा

परिवार के सदस्यों के साथ मिलकर काम करनेवाले वहाँ के उद्यमियों ने हल्के विनिर्माण से अपनी आर्थिक सफलता-यात्रा शुरू की थी। 1980 के दशक में ये उद्यमी ही थे, जिन्होंने समूचे चीन में अपने सामानों को बेचना शुरू किया था, यहाँ तक कि पश्चिमी बहुराष्ट्रीय ब्रांडों की नकलों को भी। जी हाँ, अधिकांश चीनी उपभोक्ताओं के लिए भी वेंज्हौ के उत्पाद पहले ऐसे उत्पाद थे, जो सरकारी इकाइयों में निर्मित नहीं थे।

रोचक तथ्य यह है कि वर्ष 1994 में जब वेंज्हौ नगरपालिका ने नगर के सबसे सफल उद्यमियों को उनकी आश्चर्यजनक सफलताओं को सार्वजनिक रूप से प्रदर्शित व सम्मानित करने के लिए एक सम्मेलन में आमंत्रित किया था तो उन उद्यमियों में से कई ने सम्मेलन में भाग लेना अस्वीकार कर दिया था; क्यों? क्योंकि वे अभी माओ युग के क्रूर अत्याचार को भूल नहीं सके थे, और उन्हें लगा था कि सरकार उन्हें गिरफ्तार करने के बहाने से सम्मेलन में आमंत्रित कर रही थी। इसका एक कारण यह भी था कि दो वर्ष पहले भी सरकार ने वेंज्हौ के कई उद्यमियों को सट्टेबाजी करने के आरोप में गिरफ्तार किया था और वे अभी भी कारागार में ही अपनी रिहाई की प्रतीक्षा कर रहे थे। ऐसे में, जो उद्यमी सम्मेलन में भाग लेने के आए थे, वे अपने साथ दैनिक उपयोग की वस्तुओं का थैला भी लाए थे कि कहीं साक्षात्कार के दौरान उन्हें हिरासत में न ले लिया जाए! लेकिन उनकी आशंका निराधार साबित हुई थी। उन उद्यमियों के लिए चौंकानेवाला तथ्य तब सामने आया था, जब दो वर्ष पहले गिरफ्तार किए उद्यमियों को रिहा करने के बाद वेंज्हौ के स्थानीय प्रशासन ने स्थानीय

रोचक तथ्य यह है कि वर्ष 1994 में जब वेंज्हौ नगरपालिका ने नगर के सबसे सफल उद्यमियों को उनकी आश्चर्यजनक सफलताओं को सार्वजनिक रूप से प्रदर्शित व सम्मानित करने के लिए एक सम्मेलन में आमंत्रित किया था तो उन उद्यमियों में से कई ने सम्मेलन में भाग लेना अस्वीकार कर दिया था; क्यों?

समाचार-पत्रों में अभूतपूर्व स्वीकारोक्ति प्रकाशित कराई थी कि उससे गलती हुई थी। इस प्रकार से चीन में उद्यमशीलता को वैधानिक स्वरूप प्रदान करने में वेंज्हौ ने अति महत्त्वपूर्ण भूमिका निभाई थी।

…और सरकार द्वारा निजी उद्यमियों को दी गई इसी वैधानिक मान्यता ने वेंज्हौ को वित्त-बाजार में भी महत्त्वपूर्ण भूमिका निभाने का अवसर प्रदान किया था। वास्तव में, दशकों से चीन में सरकारी स्वामित्ववाले बैंकों ने निजी उपक्रमों व व्यक्ति-विशेष उद्यमियों को अनदेखा किया था। उन बैंकों की गतिविधियाँ राजनीतिक निर्देशों का अनुसरण करते सरकारी स्वामित्ववाले उद्यमों को ही ऋण देने तक ही सीमित रहा था। स्पष्ट है कि वेंज्हौ के निजी क्षेत्र उद्यमियों ने अपने उद्यमों के वित्त-पोषण, कार्यशील पूँजी व नकद उधारी की आवश्यकताओं की पूर्ति के लिए सरकारी बैंकों व वित्तीय संस्थाओं के समानांतर 'निजी ऋण बाजार' विकसित कर लिया था, और इसके लिए बहुधा अवैध तरीके अपनाए गए थे, लेकिन अब स्थानीय प्रशासन ने निजी ऋण संघों (प्राइवेट क्रेडिट एसोसिएशन), सरकारी संस्थाओं व साहूकारी कंपनियों को सक्रिय समर्थन देना शुरू कर दिया था। ये स्थानीय वित्तीय दलाली संस्थाओं के रूप में काम करने लगी थीं और जमाराशि व ऋण के ब्याज दरों के अंतर से लाभ अर्जित करने लगी थीं। यह वित्तीय प्रारूप 'वेंज्हौ मॉडल' के नाम से जाना जाने लगा था…और इसी प्रारूप ने अलीबाबा को बैंकिंग क्षेत्र में अचानक धावा बोलने के लिए प्रेरित किया था। जब अलीबाबा को वर्ष 2014 में बैंक का अनुज्ञा-पत्र जारी किया गया था, तो ऐसी ही अन्य पाँच कंपनियों में दो वेंज्हौ की ही थीं।

…और सरकार द्वारा निजी उद्यमियों को दी गई इसी वैधानिक मान्यता ने वेंज्हौ को वित्त-बाजार में भी महत्त्वपूर्ण भूमिका निभाने का अवसर प्रदान किया था। वास्तव में, दशकों से चीन में सरकारी स्वामित्ववाले बैंकों ने निजी उपक्रमों व व्यक्ति-विशेष उद्यमियों को अनदेखा किया था।

अब तक वेंज्हौ से निर्यात की जाने मुख्य वस्तुओं में खाद्य सामग्रियाँ, चाय, शराब, जूट, लकड़ी, कागज व अल्युनाइट शामिल हो चुकी थीं। अल्युनाइट एक गैर-धातु खनिज है, जिसका फिटकरी व उर्वरक बनाने के लिए प्रयोग किया जाता है। वेंज्हौ में अल्युनाइट प्रचुर मात्रा में है और वह विश्व की 'अल्युनाइट राजधानी' होने का दावा करता है। इसके अतिरिक्त, वेंज्हौ में ऐसे 10 प्रमुख उद्योग विकसित हो चुके थे, जिनका वार्षिक बिक्री राजस्व 1.5 अरब डॉलर से अधिक हो गया था। इन 10 मुख्य उद्योगों में विद्युत् मशीनरी, चमड़े के उत्पाद, सामान्य उपकरण, विद्युत् आपूर्ति, प्लास्टिक विनिर्माण, कपड़ा व परिधान, परिवहन उपकरण, रासायनिक उत्पाद, धातु उत्पाद व धातु प्रसंस्करण शामिल थे।

1990 के दशक से निम्न विद्युत् दाब (लो वोल्टेज) के घरेलू विद्युत् उपकरणों (डोमेस्टिक इलेक्ट्रिक एप्लायंसेज) का विनिर्माण वेंज्हौ के प्रमुख उद्योगों में से एक बन गया था, जिसमें कुछ बड़े निजी उद्यमों ने जीई व श्नाइडर जैसी बहुराष्ट्रीय कंपनियों के साथ संयुक्त उद्यम स्थापित किया था।

1990 के दशक से निम्न विद्युत् दाब (लो वोल्टेज) के घरेलू विद्युत् उपकरणों (डोमेस्टिक इलेक्ट्रिक एप्लायंसेज) का विनिर्माण वेंज्हौ के प्रमुख उद्योगों में से एक बन गया था, जिसमें कुछ बड़े निजी उद्यमों ने जीई व श्नाइडर जैसी बहुराष्ट्रीय कंपनियों के साथ संयुक्त उद्यम स्थापित किया था। वर्ष 1994 में, वेंज्हौ के समुद्र तट से 100 किमी. (62 मील) दूर चीन सागर में तेल व प्राकृतिक गैस की खोज शुरू हुई थी। वैसे तो टेक्साको, शेवरॉन, शैल व जे.ए.पी.एक्स. जैसी कंपनियों ने तेल व प्राकृतिक गैस भंडारों की खोज के लिए चीन सागर में कुआँ खोदने का काम शुरू कर दिया था, लेकिन अधिकांश परिचालन असफल रहे थे, लेकिन इन सभी गतिविधियों ने वर्ष 1978 से लेकर वर्ष 2016 तक वेंज्हौ के सकल घरेलू उत्पाद (जीडीपी) को 1.32 अरब युआन (19 करोड़ डॉलर) से 504.54 अरब युआन (74.33 अरब डॉलर) के स्तर पर पहुँचा दिया था।

इन 38 वर्षों में, वेंज्हौ से प्राप्त होनेवाला सकल राजकोषीय राजस्व (ग्रॉस फिस्कल रेवेन्यू) 13.5 करोड़ युआन (1.99 करोड़ डॉलर) से बढ़कर 113.5 अरब युआन (16.72 अरब डॉलर) हो गया था और शहरी निवासियों की प्रति व्यक्ति प्रयोज्य आय (डिस्पोजेबल इनकम) 422.6 युआन (65.20 डॉलर) से बढ़कर 47,785 युआन (7,039.63 डॉलर) हो गई थी। यह चीन में उच्चतम आय सीमाओं के बीच थी।

…और रोचक तथ्य यह भी है कि निजी उद्यमों के इस अद्भुत उत्थान ने वेंज्हौ की अर्थव्यवस्था पर निजी क्षेत्र के प्रभुत्व को इतना अधिक बढ़ा दिया था कि वहाँ स्थानीय प्रशासन पूरी तरह हाशिए पर धकेल दिया गया था, चूँकि वहाँ पर नई सड़कों व पुलों की भारी माँग थी और वेंज्हौ के उद्यमी केंद्रीय सरकार के आवंटनों या निर्देशों की प्रतीक्षा नहीं कर सकते थे, इसीलिए उन्होंने अपनी आवश्यकताओं के अनुसार निजी सड़कों व पुलों का निर्माण शुरू कर दिया था। अनियोजित निर्माणों की बाढ़ ने वहाँ पर अराजकता की स्थिति पैदा कर दी थी। वर्ष 1990 में उद्यमियों ने अपनी ओर से पहल करते हुए अपने वित्त-पोषण से नगर के हवाई अड्डे तक का निर्माण कर लिया था। एक वर्ष बाद वहाँ चीन की पहली निजी स्वामित्व वाली विमान सेवा कंपनी—'जुनेयाओ एयरलाइंस' ने अपना शुभारंभ किया था। फिर 1998 में वेंज्हौ के उद्यमियों ने चीन के पहली निजी वित्त-पोषित रेलमार्ग का भी निर्माण कर लिया था।…आज चीन में 'वेंज्हौ' का व्यावहारिक अर्थ 'समृद्धि' हो गया है। वहाँ के निवासी चीन के अन्य बड़े नगरों में पैसे उड़ाने के लिए प्रसिद्ध हैं, जो हमेशा नकदी का ही भुगतान करते हैं। यहाँ के लोगों के कारण भी बीजिंग, शंघाई, हांगकांग सहित न्यूयॉर्क सिटी और उसके बाहर भी अपार्टमेंट के मूल्यों में भारी वृद्धि हो रही थी।

अनियोजित निर्माणों की बाढ़ ने वहाँ पर अराजकता की स्थिति पैदा कर दी थी। वर्ष 1990 में उद्यमियों ने अपनी ओर से पहल करते हुए अपने वित्त-पोषण से नगर के हवाई अड्डे तक का निर्माण कर लिया था।

झेजिआंग प्रांत की राजधानी हांग्जो, सबसे बड़े बंदरगाह के निंगबो, वेंज्हौ के अतिरिक्त अलीबाबा ग्रुप की सफलता में जिस नगर ने सबसे बड़ी भूमिका निभाई थी, उसका नाम है यिवु। हांग्जो से 100 किलोमीटर (62 मील) दक्षिण में स्थित यह नगर सबसे बड़े बंदरगाह से भी बहुत दूर है और पूर्वी चीन सागर से भी। इसलिए यिवु के किसी भी रूप में विश्व के सबसे महत्त्वपूर्ण थोक व्यापार केंद्र होने की संभावना ही नहीं बनती थी।

लेकिन कई बार विडंबना भी संभावना बनाती है। ईसा पूर्व 222 में किन राजवंश के शासनकाल में यिवु की स्थापना 'वुशांग' के रूप में हुई थी, जिसे वर्ष 624 में 'यिवु' नामित किया गया था। चूँकि झेजिआंग प्रांत के अधिकांश क्षेत्रों की तरह यिवु के आसपास के क्षेत्रों में सिंचाई-योग्य भूमि बहुत कम थी, इसीलिए ऐतिहासिक रूप से यहाँ के लोगों के लिए व्यापार ही महत्त्वपूर्ण रहा था। यहाँ तक कि वर्ष 1600 से पहले भी यिवु के लोग बाँस के बहँगे के दोनों ओर बाँस की टोकरियाँ लटकाकर आसपास के गाँवों में सिलाई की सुइयाँ, धागे, अदरक में पकाए गए चीनी के टुकड़े और अन्य जिंसों का वस्तु-विनिमय (बार्टर) के रूप में मुरगी के पंख एकत्र करते थे। वे इन मुरगी पंखों का अपने खेतों में उर्वरक के रूप में उपयोग करते या फिर उससे पंख-झाड़न (फीदर डस्टर) बनाते थे, जिनका निर्यात किया जाता था। वास्तव में यिवु का मुख्य उत्पाद भूरी चीनी थी, जिसे वे अदरक के साथ पकाकर विशेष प्रकार की मिठाई बनाते थे। यही कारण था कि 'मुरगी

लेकिन कई बार विडंबना भी संभावना बनाती है। ईसा पूर्व 222 में किन राजवंश के शासनकाल में यिवु की स्थापना 'वुशांग' के रूप में हुई थी, जिसे वर्ष 624 में 'यिवु' नामित किया गया था। चूँकि झेजिआंग प्रांत के अधिकांश क्षेत्रों की तरह यिवु के आसपास के क्षेत्रों में सिंचाई-योग्य भूमि बहुत कम थी, इसीलिए ऐतिहासिक रूप से यहाँ के लोगों के लिए व्यापार ही महत्त्वपूर्ण रहा था।

पंख के लिए चीनी' का वस्तु-विनिमय व्यापार यिवु की सभ्यता का हिस्सा बन गया था। वे ढोलक पीटते हुए गाँवों में घूमते थे और अपने ग्राहकों को आकर्षित करते थे।

जी हाँ, यिवु में ऐसे घुमंतू व्यापारियों की संख्या इतनी अधिक हो गई थी कि वे सच्चे अर्थों में घुमंतू सेना का आकार ले चुके थे। इन व्यापारी सेना को बिक्री योग्य घरेलू सामानों की आपूर्ति के लिए 1700 के दशक में यिवु में पहले थोक बाजारों का आयोजन शुरू हो गया था। सदियों में यह व्यापार फूलता-फलता रहा था, लेकिन प्रथम व द्वितीय विश्वयुद्ध के दौरान जापानी आक्रमणों और बाद में माओ की सांस्कृतिक क्रांति के कारण यह व्यापार बिखर गया था, लेकिन दिसंबर 1978 में डेंग जियाओपिंग के आर्थिक सुधार-कार्यक्रमों के लागू होते ही यिवु का थोक व्यापार आतंक के साए से बाहर निकल आया था। सितंबर 1982 में चीन सरकार ने यहाँ के व्यापरियों को थोक व्यापार के लिए एक भूखंड प्रदान किया था, जो वास्तव में गड्ढा था। यिवु के व्यापारियों ने इसे सीमेंट से पक्का बनाया था और अपनी दुकानों में सजाई थीं। देखते-देखते वहाँ पर 700 दुकानें पता नहीं कहाँ से वहाँ पर उग आई थीं!'''यिवु चीन में अपनी तरह के विशिष्ट थोक बाजार के रूप में सामने आया था।

यिवु में ऐसे घुमंतू व्यापारियों की संख्या इतनी अधिक हो गई थी कि वे सच्चे अर्थों में घुमंतू सेना का आकार ले चुके थे। इन व्यापारी सेना को बिक्री योग्य घरेलू सामानों की आपूर्ति के लिए 1700 के दशक में यिवु में पहले थोक बाजारों का आयोजन शुरू हो गया था।

'''और आज यह विश्व का सबसे बड़ा थोक बाजार केंद्र बन चुका है, और इस महानगर की जनसंख्या 2 करोड़ से ऊपर (वर्ष 2010 की जनगणना के अनुसार) हो गई है। अनुमान है कि यहाँ के थोक बाजार में प्रतिदिन 40,000 लोग आते हैं। 700 दुकानों की संख्या अब 75,000 (मार्च 2017) को पार कर गई है, जो अब स्थानीय नगरपालिका द्वारा विकसित विशाल

इंटरनेशनल ट्रेड सेंटर के पाँच मंजिलों के 5.90 करोड़ वर्ग फीट (55 लाख वर्गमीटर) स्थान पर सजती हैं।

चीन की आधिकारिक समाचार एजेंसी 'सिन्हुआ' ने (6 जनवरी, 2018) के अनुसार, वर्ष 2017 में जनवरी से नवंबर तक यिवु के इस थोक बाजार में कुल व्यापार मात्रा 211.3 अरब युआन (32.6 अरब डॉलर) की थी, जो पिछले वर्ष की इसी अवधि की तुलना में 4.4 प्रतिशत अधिक थी। इसमें निर्यात की मात्रा 208.1 अरब युआन (4.1 प्रतिशत अधिक) और आयात की मात्रा 3.2 अरब युआन (34.3 प्रतिशत अधिक) थी। याद रहे कि यिवु से विश्व के 100 से अधिक देशों व क्षेत्रों में क्रिसमस से संबंधित 20,000 प्रकार से अधिक प्रकार के वस्तुओं का निर्यात होता है, जो इस बाजार-खंड में विश्व के कुल व्यापार का 60 प्रतिशत होता है। सिन्हुआ ने यिवु सीमा शुल्क विभाग के हवाले से सूचित किया था कि वर्ष 2017 में जनवरी से नवंबर तक इस नगर से संयुक्त राज्य अमेरिका, फिलीपींस, ब्राजील व भारत को 1.4 अरब युआन के क्रिसमस संबंधी वस्तुओं का निर्यात हुआ था। 13 अरब युआन के आयात के साथ भारत यिवु के थोक बाजार में सबसे बड़ा था।

> ***चीन की आधिकारिक समाचार एजेंसी 'सिन्हुआ' ने (6 जनवरी, 2018) के अनुसार, वर्ष 2017 में जनवरी से नवंबर तक यिवु के इस थोक बाजार में कुल व्यापार मात्रा 211.3 अरब युआन (32.6 अरब डॉलर) की थी, जो पिछले वर्ष की इसी अवधि की तुलना में 4.4 प्रतिशत अधिक थी।***

वैसे यिवु के इंटरनेशनल ट्रेड सेंटर के 75,000 दुकानों के माध्यम लगभग 17 लाख प्रकार वस्तुओं की ब्रिकी होती है। इनमें खिलौनों से लेकर प्लास्टिक फूल, आभूषण से लेकर सूटकेस, परिधानों से लेकर घरेलू उपकरण तक, अर्थात् चीन में निर्मित कुछ भी और सबकुछ शामिल होते हैं। चाहे वे भारत के उपभोक्ता हों या फिर अमेरिका के या फिर अन्य देशों के, वे बिना जाने

बहुत बड़ी मात्रा में यिवु के इस बाजार से भेजे गए चीन में निर्मित वस्तुओं की खरीदारी करते हैं। हालाँकि विश्व भर के व्यापारी यिवु के इस थोक बाजार की यात्रा वस्तुओं के सस्ते मूल्यों के कारण करते हैं, लेकिन यिवु के इस थोक बाजार का मुख्य आकर्षण तो बहुराष्ट्रीय ब्रांडों की नकल ही रहा है। यह विशेष रूप से मध्य-पूर्व के देशों के व्यापरियों का सबसे अधिक प्रिय थोक बाजार है, जो यिवु को चीन में सबसे तेजी से बढ़ते मुसलमान समुदाय का घर बना रहा है। यहाँ वर्ष के किसी भी समय में लगभग 35,000 मुसलमान उपस्थित रहते हैं और उनकी सेवा के लिए यहाँ पर दर्जनों विशेष रेस्तराँ हैं। यिवु में 40 लाख डॉलर की लागत मूल्य से ईरान से आयातित संगमरमर से सुंदर मसजिद का निर्माण भी किया जा चुका है।

वर्ष 2014 से यिवु विश्व सबसे लंबे मालभाड़ा रेलमार्ग का प्रारंभ स्थल बन चुका है। यिवु से शुरू होकर यह रेलमार्ग कजाकिस्तान, रूस, बेलारूस, पोलैंड, जर्मनी व फ्रांस से गुजरता हुआ स्पेन की राजधानी मैड्रिड में समाप्त होता है।

इतना ही नहीं, वर्ष 2014 से यिवु विश्व सबसे लंबे मालभाड़ा रेलमार्ग का प्रारंभ स्थल बन चुका है। यिवु से शुरू होकर यह रेलमार्ग कजाकिस्तान, रूस, बेलारूस, पोलैंड, जर्मनी व फ्रांस से गुजरता हुआ स्पेन की राजधानी मैड्रिड में समाप्त होता है। यिवु से मैड्रिड तक की कुल 13,000 किमी. (लगभग 6,200 मील) की यात्रा करने में मालगाड़ी को 21 दिनों का समय लगता है। इसकी तुलना में, समुद्री यात्रा में छह सप्ताह (42 दिन) लगेंगे। सड़क परिवहन से तीन गुना अधिक प्रदूषण (114 टन कार्बन डाइऑक्साइड) होगा, जबकि इस रेल परिवहन द्वारा 44 टन कार्बन डाइऑक्साइड उत्सर्जित होता है। यह अंतरराष्ट्रीय रेलमार्ग परियोजना चीनी राष्ट्रपति शी जिनपिंग के ऐतिहासिक 'सिल्क रोड' के साथ-साथ 'आर्थिक क्षेत्र' स्थापित करने और रूसी राष्ट्रपति व्लादिमीर पुतिन के 'यूरेशियन महाद्वीप में औद्योगिकीकरण की एक नई लहर' के आह्वान का अनुसरण करती है।

वास्तव में यिवु इसीलिए इतना महत्त्वपूर्ण केंद्र है, क्योंकि यहाँ के थोक बाजार में झेजिआंग और यांग्त्जी रिवर डेल्टा आर्थिक क्षेत्र में फैले अनगिनत औद्योगिक-समूह केंद्रों के उत्पादों का विपणन किया जाता है। ये एकल उत्पाद औद्योगिक समूह केंद्र हैं, जो संबंधित उत्पाद के विनिर्माण में चीन ही नहीं विश्व भर के कुल 80 प्रतिशत उत्पादन का प्रतिनिधित्व करते हैं। उदाहरण के लिए शाओक्सिंग (पूर्वी झेजियांग प्रांत में हांग्जो खाड़ी का दक्षिणी तट) 'टेक्सटाइल सिटी' है, जो चावल से बनी शराब के लिए भी प्रसिद्ध है। इसी प्रकार योंगकांग (झेजियांग प्रांत के मध्य भाग में स्थित) 'हार्डवेयर सिटी' है, जो प्रतिदिन 30,000 इस्पात दरवाजों और 1,50,000 मोटर स्कूटर का विनिर्माण करता है। ताइज्होऊ (झेजिआंग प्रति पूर्वी समुद्र तट पर स्थित शहर जिसके सामने पूर्वी चीन सागर है) 'स्युइंग मशीन सिटी' के रूप में जाना है। शेंजौ (हेबेई प्रांत, उत्तरी चीन) 'नेकटाई सिटी' के रूप में जाना जाता है। हेनिंग (हांग्जो के 61.5 किमी पूर्व में स्थित) 'लेदर सिटी' के रूप में जाना जाता है। इसी प्रकार, चीन में 'टूथ ब्रश सिटी' भी है। यिवु अपने आपको चीन का 'सॉक्स सिटी' कहता है, जहाँ वालमार्ट व डिज्नी जैसी कंपनियों के प्रतिवर्ष 3 अरब जोड़े मोजे का उत्पादन होता है। हांग्जो के समीप का दतांग भी अपने आप को 'शॉक्स सिटी' कहता है, जहाँ प्रतिवर्ष 8 अरब जोड़े मोजे का उत्पादन होता है।

वास्तव में यिवु इसीलिए इतना महत्त्वपूर्ण केंद्र है, क्योंकि यहाँ के थोक बाजार में झेजिआंग और यांग्त्जी रिवर डेल्टा आर्थिक क्षेत्र में फैले अनगिनत औद्योगिक-समूह केंद्रों के उत्पादों का विपणन किया जाता है।

इस प्रकार, जब 1990 के दशक के मध्य में जैक मा स्वयं अपना व्यवसाय शुरू करनेवाला था, तब तक उसका गृह प्रांत झेजिआंग चीन का विशाल औद्योगिक केंद्र बन चुका था, लेकिन यहाँ की कंपनियाँ अत्यधिक श्रम-गहन (लेबर इंटेंसिव) थीं और उनका औसत आकार छोटा था। जिस झेजिआंग प्रांत में 1980 के दशक के शुरू में कोई उद्यमी नहीं था, वहाँ

अगले लगभग 14 वर्षों बाद वर्ष 1994 में कुल 4.4 करोड़ की जनसंख्या में से आर्थिक इकाइयों की अनुमानित संख्या 1 करोड़ हो गई थी। ऐसे में, उन इकाइयों की संख्या भी बहुत अधिक थी, जो लाभ अर्जित करने के लिए पर्याप्त ग्राहकों को खोजने का संघर्ष कर रही थीं। याद रहे कि दक्षिणी चीन के औद्योगिक क्षेत्रों में हांगकांग व ताइवान के समृद्ध चीनियों ने बड़े-बड़े कारखाने स्थापित किए थे। उनकी तुलना में उत्तरी चीन के झेजिआंग प्रांत के उद्यमी बहुत ही छोटे थे, जो ग्राहकों के साथ वित्त-पोषण के लिए भी जूझ रहे थे। चीन के सरकारी बैंक इन छोटी इकाइयों को ऋण देने में आनाकानी करते थे, या यूँ कहें कि उन अधिकांश लघु उद्यमियों को अपने दरवाजे पर फटकने भी नहीं देते थे। इस भीषण समस्या ने 'वेंज्हौ मॉडल' पर निजी वित्त-पोषण संगठनों ने कई प्रकार के नवाचार किए थे, जिसने औद्योगिक समूह (इंडस्ट्रियल क्लस्टर) के रूप में ऐसे उत्पादन व विनिर्माण केंद्रों का मार्ग प्रशस्त किया था, जो ऋणदाता व ऋणी दोनों को एक-दूसरे के साथ बाँधता था। ऐसे में ऋणदाता के लिए संबंधित ऋणी के उद्यम की लाभदायकता का आकलन करना बहुत ही आसान था और वे उसी अनुमान के आधार पर उन उद्यमियों को पूँजी देते थे। चूँकि दोनों एक-दूसरे ठीक प्रकार से जानते-समझते थे, इसीलिए वित्त-पोषण की इस निजी व्यवस्था ने दोनों पक्षों को लाभ पहुँचाया था। यही कारण था कि वर्ष 2004 में चीन के शीर्ष 100 निजी प्रतिष्ठानों में से आधे झेजिआंग प्रांत से ही थे।

जैक मा ने अपने व्यवसाय की शुरुआत में ही अपने प्रांत की संभावनाओं को भी पहचान लिया था और उनकी कमजोरियों को भी, और हमेशा से ही स्वयं को झेजिआंग की उद्यमशीलता के प्रबल पैरोकार के रूप प्रस्तुत करता रहा था।

जैक मा ने अपने व्यवसाय की शुरुआत में ही अपने प्रांत की संभावनाओं को भी पहचान लिया था और उनकी कमजोरियों को भी, और हमेशा से ही स्वयं को झेजिआंग की उद्यमशीलता के प्रबल पैरोकार के रूप प्रस्तुत करता

रहा था। वह तो जन्मजात संगठक रहा था और छात्र नेता भी रहा था। इसीलिए जब अक्तूबर 2015 में उसे 'जनरल एसोसिएशन ऑफ झेजिआंग इंटरप्रेन्योर्स' का सभापति बनाया गया था तो उसने अपने उद्घाटन भाषण में चीन में स्थित 60 लाख और विश्व भर में स्थित 20 लाख झेजिआंग उद्यमियों की बात की थी। जी हाँ, जब जैक मा ने दावा किया था कि विश्व के कुल 80 लाख से अधिक झेजिआंग उद्यमी संभवत: विश्व के सबसे बड़े व्यावसायिक संगठन का निर्माण करते हैं, तो यह कोई अतिशयोक्ति नहीं थी। इसके अलावा अन्य मंचों से भी जैक मा झेजिआंग उद्यमियों के लगन, परिश्रम व उद्यमशीलता की ही प्रशंसा करता रहा था।

लेकिन तथ्य यह भी है कि झेजिआंग की उद्यमशील सनसनाहट को भुनाने की जैक मा की पहली कोशिश सफल नहीं हो सकी थी। वर्ष 1994 में जैक मा का अनुवाद सेवा उपक्रम विफल साबित हुआ था। कार्यालय का किराया प्रतिमाह लगभग 300 डॉलर था, जबकि पहले महीन की आय मात्र 20 डॉलर ही रही थी।

लेकिन तथ्य यह भी है कि झेजिआंग की उद्यमशील सनसनाहट को भुनाने की जैक मा की पहली कोशिश सफल नहीं हो सकी थी। वर्ष 1994 में जैक मा का अनुवाद सेवा उपक्रम विफल साबित हुआ था। कार्यालय का किराया प्रतिमाह लगभग 300 डॉलर था, जबकि पहले महीन की आय मात्र 20 डॉलर ही रही थी। ऐसे में अपने उद्यम को समर्थन प्रदान करने के लिए जैक मा ने हांगजो की गलियों में घरेलू वस्तुओं को बेचना शुरू किया था, जिनमें कुछ यिवु से भी जुटाए गए थे। इस प्रकार जैक मा की अनुवाद सेवा कंपनी व्यापारिक कंपनी भी बन गई थी, जिसने उपहार, फूल, पुस्तक और यहाँ तक कि प्लास्टिक के कालीन तक बेचना शुरू कर दिया था। जी हाँ, जैक मा ने अपने अनुवाद सेवा को चलाए रखने के लिए सबकुछ किया था और कंपनी को अपना खर्च निकाल पाने की स्थिति में लाने में उसे तीन वर्ष लग गए थे।

अमेरिका से लौटकर 'चाइना पेजेज' का शुभारंभ

इस क्रम में जैक मा को पूरी तरह से स्पष्ट हो गया था कि अकेले अनुवाद सेवा उसकी उद्यमशील महत्त्वाकांक्षाओं को पूरा नहीं कर सकती थी। जैक मा ऊहापोह में था कि टोंगलु काउंटी के स्थानीय प्रशासन ने उसे नए राज्य-मार्ग के निर्माण को लेकर एक अमेरिकी कंपनी के विवाद को सुलझाने में मदद करने के लिए दुभाषिया नियुक्त किया था। वास्तव में वर्ष 1994 में ही उस अमेरिकी कंपनी ने हांग्जो से टोंगलु तक बनने जा रहे नए राजमार्ग में निवेश का प्रस्ताव किया था। एक वर्ष की सौदेबाजी के बाद भी कोई अनुबंध स्थापित नहीं किया जा सका था और अमेरिकी कंपनी द्वारा शुरुआती वित्त-पोषण का वचन भी नहीं पूरा हो सका था। जैक आशावान् था कि वह इस गतिरोध का अंत कर देगा। इसी उद्‌देश्य से जैक मा ने पहले हांगकांग की यात्रा की थी, जहाँ पता चला था कि कंपनी की निधि (फंड) अमेरिका में फँसी हुई थी। इसीलिए वह एक माह की नियोजित यात्रा पर अमेरिका की यात्रा पर गया था। टोंगलु प्रशासन के लिए उसका कार्य तो विफल ही रहा था, लेकिन जब वह वहाँ से चीन वापस लौटा था तो वह पूरी तरह बदला हुआ व्यक्ति था।

संबंधित कंपनी की खोज में जैक मा लॉस एंजिल्स कैलिफोर्निया पहुँचा था और टोंगलु प्रशासन के जिस तथाकथित साझीदार कंपनी के बेनाम प्रमुख से मिला था, उसकी कोई कंपनी थी ही। पहली दृष्टि में जैक ने भाँप लिया था कि वह किसी जालसाज गिरोह के चंगुल में फँस गया था।

वास्तव में, संबंधित कंपनी की खोज में जैक मा लॉस एंजिल्स कैलिफोर्निया पहुँचा था और टोंगलु प्रशासन के जिस तथाकथित साझीदार कंपनी के बेनाम प्रमुख से मिला था, उसकी कोई कंपनी थी ही। पहली दृष्टि में जैक ने भाँप लिया था कि वह किसी जालसाज गिरोह के चंगुल में फँस गया था। उस जालसाज ने जैक को घूस देकर संबंधित कंपनी की खोज को

बंद कर देने और वापस चीन चले जाने का दबाव बनाया था, लेकिन जब जैक ने घूस लेने से मना कर दिया था तो उसे एक घर में बंद कर दिया गया था। फिर उसे लास वेगास में एक जुआघर के होटल के ऊपरी कमरे में बंद रखा गया था। इसी क्रम में जैक ने जुआ के माध्यम से 600 डॉलर जीता था और अपना सारा सामान होटल के कमरे में छोड़कर वह विमान टिकट खरीदकर किसी प्रकार सिएटल जा पहुँचा था। बहुत बाद में एक साक्षात्कार में जैक ने बताया था कि उसने अपनी बचत के 4000 डॉलर के अतिरिक्त अपनी सास व साले से भी अमेरिका–यात्रा के लिए उधार लिया था।

वास्तव में सिएटल में उसके हांग्जो स्थित मित्र बिल अहो का दामाद रहता था, जिसका नाम स्टुअर्ट ट्रस्टी था, जिसने 'वर्चुअल ब्रॉडकास्ट नेटवर्क' (वीबीएन) नाम में इंटरनेट सलाहकार कंपनी स्थापित कर रखी थी। जैक ने पहली बार सिएटल में ही इंटरनेट का उपयोग किया था और उसे पता चला था कि इंटरनेट पर चीन के बारे में कोई सूचना ही नहीं थी। जैक ने जब स्टुअर्ट से चीन में वेब पेजेज बनाने के विशिष्ट अधिकार प्रदान करने का प्रस्ताव किया था तो उसे पता चला था कि इसके लिए उसे 2,00,000 की धनराशि जमा करनी होगी। जब जैक ने उसे अपनी आर्थिक स्थिति बताई थी कि वह उधार लेकर अमेरिका आया था तो स्टुअर्ट ने अपने ससुर व सास की जमानत (गारंटी) पर जैक से चीन के लिए विशिष्ट इंटरनेट अनुबंध पर हस्ताक्षर कर दिया था। फिर अमेरिका में पढ़ रहे एक चीनी छात्र से उधार लेकर शंघाई के उड़ान की टिकट खरीदी थी। वैसे तो जैक अपने ग्राहक टोंगलु प्रशासन के लिए अमेरिका से चीन खाली हाथ वापस लौटा था, लेकिन अपने सूटकेस में इंटेल प्रोसेसर 486 युक्त कंप्यूटर भी लाया था, जो उस समय चीन में सबसे उन्नत कंप्यूटर था। उसके बाद, जैक मा ने 'ऑनलाइन येल्लो पेजेज' की अवधारणा पर काम शुरू किया था और उस व्यवसाय को 'चाइना पेजेज' नाम दिया था। □

5

…और शुरू हुई अनंत अलीबाबा-यात्रा!

जी हाँ, अमेरिका की दुर्घटना ने जैक को बहुत कुछ सिखाया था… क्योंकि वह साक्षात् मृत्यु के मुँह से बाहर निकल आया था…और जब सौभाग्य से सिएटल पहुँचने में सफल हुआ था तो इंटरनेट युग ने उसका स्वागत किया था! कितना सौभाग्यशाली था जैक मा कि उसके पास उसके गृहनगर में बिल अहो जैसा मित्र परिवार भी था, जो उसके लिए 2,00,000 का बंधकत्व (गारंटी) देने को तैयार हो गया था! ध्यान रहे कि जिसे अभी संसार के अधिकांश लोग जैक का सौभाग्य मानते-समझते हैं, वह वास्तव में उसकी मित्र बनाने की जन्मजात अद्‌भुत प्रतिभा थी, जिसे उसने अब तक की जीवन-यात्रा में निखारा था। क्योंकि उसका प्रारब्ध, उसकी जन्म-जन्मांतर की तपस्या, उसे अलीबाबा की अनंत चमत्कारी इ-वाणिज्य यात्रा के लिए तैयार करता आ रहा था।

जो पुनर्जन्म व जन्म-जन्मांतर की तपस्या की पूँजी पर भरोसा नहीं करते हैं, उनके लिए इतना ही कहना पर्याप्त होगा कि जब आप संसार को बस यूँ ही देखते हैं, तो पाते हैं कि व्यक्ति-विशेष व व्यक्ति-विशेष के बीच कितना व्यापक अंतर है, लेकिन यदि आप ध्यान से देखें तो आप पाते हैं कि हम, आप और अन्य सभी करोड़ों वर्षों की क्रमागत-उन्नति (इवोल्यूशन) के एक समान प्रतिभाशाली प्रगति हैं। अब एक बार पीछे मुड़कर देखें तो स्वत: ही स्पष्ट हो जाएगा कि हम, आप और अन्य सभी अधिक-से-अधिक जीवधारियों की निरंतर क्रमागत-उन्नति की एक अनिवार्य कड़ी मात्र हैं…और

उससे अधिक कुछ भी नहीं। हम युगों-युगों से अपने कर्मशील जीवन की अनंत यात्रा पर हैं'''और हर जन्म में हमारे पिछले जन्मों की तपस्या की पूँजी हमारे साथ होती है, और उसी के सहारे हम आगे बढ़ते हैं।

तो जैक के आरंभिक जीवन की घटनाएँ ही प्रमाणित कर देती हैं कि वह अपने पिछले जन्मों से क्या कुछ लेकर इस धरती पर आया था'''और आगे क्या कुछ करनेवाला था! हमने पीछे पढ़ा है कि वह कितना प्रतिभाशाली संगठक था! उसकी सम्मोहन कला कितनी विकसित हो चुकी थी कि वह अपने से कई गुना अधिक आयु के वरिष्ठ ऑस्ट्रेलियाई नागरिक को अपना पिता समान बना सकता था'''और अब सबसे ताजा उदाहरण बिल अहो का है, जिसने नकद में तो कुछ भी नहीं दिया, लेकिन 2,00,000 की जमानत देना कोई हँसी-खेल नहीं था! और, यदि बिल अहो ने वह जमानत नहीं दी होती तो? यह बात तो तय थी कि जैक भले ही कितना भी प्रतिभाशाली क्यों न था, उसके लिए इंटरनेट युग की उस महान् संभावनाओं की दिशा में आगे बढ़ना भले ही असंभव नहीं था तो उसे संभव करना भी अत्यंत ही कठिन होता'''और इस बात की आशंका अधिक होती कि वह भी हांग्जो के लाखों उद्यमियों से कोई एक बन जाता!

तो जैक के आरंभिक जीवन की घटनाएँ ही प्रमाणित कर देती हैं कि वह अपने पिछले जन्मों से क्या कुछ लेकर इस धरती पर आया था'''और आगे क्या कुछ करनेवाला था! हमने पीछे पढ़ा है कि वह कितना प्रतिभाशाली संगठक था!

जैक मा के सहायक रहे चेन वेई ने बहुत ही रोचक शैली में उसकी आत्मकथा में लिखा है—

"व्यक्तिगत रूप से मैं मानता हूँ कि जीवन का अर्थ 'डींग हाकना' है। एक आदमी की अप्रसिद्ध से प्रसिद्ध में होने की प्रक्रिया अलग-अलग लोगों को 'डींग हाँकने' की निरंतर प्रक्रिया है।

"'डींग हाँकने' की विषय-वस्तु को बदलने के लिए सीखना और

सोचना। डींग हाँकने के लक्ष्यों को बदलने के लिए जी-तोड़ प्रयास करना।

"कर्मचारियों को डींग हाँकना, जब आप कर्मचारी होते हैं। प्रबंधकों को डींग हाँकना, जब आप प्रबंधक होते हैं। नेतृत्वकर्ताओं को डींग हाँकना जब आप नेतृत्वकर्ता होते हैं। जीवन को अलग बनाने का यही तरीका है।

"सर फ्रांसिस बेकन ने एक बार कहा था, 'ज्ञान शक्ति है'। इस धरती का हर व्यक्ति इसे जानता है, लेकिन अधिकांश लोग बाद के आधे हिस्से को नहीं जानते हैं। 'ज्ञान का अधिकांश अलंकरण के लिए होता है' और वह 'डींग हाँकने' के लिए होता है।'''

वह आदमी, जो डींग नहीं हाँकता, दुःखी आदमी होता है, भले ही उसकी उपलब्धि ऊँची हो, जैसे कि माइकल एंजेलो; वह आदमी जो डींग हाँक सकता है, लेकिन डींग हाँकना पसंद नहीं करता है, वह भी दुःखी होता है, जैसे कि आर्थर शोपेनहॉवर।

"वह आदमी, जो डींग नहीं हाँकता, दुःखी आदमी होता है, भले ही उसकी उपलब्धि ऊँची हो, जैसे कि माइकल एंजेलो; वह आदमी जो डींग हाँक सकता है, लेकिन डींग हाँकना पसंद नहीं करता है, वह भी दुःखी होता है, जैसे कि आर्थर शोपेनहॉवर। वह आदमी, जो डींग हाँकना पसंद करता है और डींग हाँकने में सक्षम है और दूसरों की डींग हाँकने को सुनना पसंद करता है, वह सबसे अधिक खुश आदमी है, जैसे कि जैक मा।"

'''तो जैक मा ने अपने संचित ज्ञान के अलंकरण का जादू बिखेरना शुरू कर दिया था, जिसे चेन वेई 'डींग हाँकना' कहता है। हाँ, वह ही ऐसा कह सकता है, क्योंकि वह ही जैक की जादुई यात्रा में उसके साथ छाया की तरह रहा है। लेकिन, यह 'डींग हाँकना' वास्तव में जैक मा की अद्भुत 'विपणन कला' (आर्ट ऑफ मार्केटिंग) का अभिन्न हिस्सा ही है।

जब 'चाइना पेजेज' को डाइफ ने हड़प लिया

जिस जैक मा को चीन में रहते हुए 'समुद्र में कूद जाने' का साहस नहीं

हो रहा था, भले ही उसने वर्ष 1992 से ही डेंग जियाओपींग के उस विचार को अपना जीवन बना लिया था कि 'धनी होना गौरवशाली है'…और डेंग इस कथन को भी अक्षरशः दोहराता आ रहा था कि "यदि आप धनी बन सकते हैं, तो दूसरों को भी धनी बनने में मदद कर सकते हैं।" उसी जैक मा ने अमेरिका-यात्रा से लौटने के साथ ही हांग्जो इंस्टीट्यूट ऑफ इलेक्ट्रिकल इंजीनियरिंग के शिक्षक पद से त्याग-पत्र दे दिया था। अब वह एक क्षण के लिए भी अपने दोनों हाथों में लड्डू नहीं रख सकता था। अब वह समुद्र तट से पैर लटकाकर उस अथाह जल की गहराई को नापने की कोशिश करने जैसा डरपोक व्यवहार नहीं कर सकता था, क्योंकि अब उसे अपनी उद्यमशील महत्त्वाकांक्षाओं को पूरा करने का सबसे संभावनाशील वाणिज्य-क्षेत्र का पता चल चुका था और उसके चारों ओर लघु-उद्यमियों की विशाल सेना विश्व-बाजार पर धावा बोलने के लिए पूरी तरह तैयार खड़ी थी। उस सेना को बस एक कुशल मार्गदर्शक की आवश्यकता थी, एक कुशल व जादुई मंच की आवश्यकता थी, जो पलक झपकते ही उन्हें दूसरे देश की सीमाओं को पार करा दे और जैक मा के सामने 'चाइनापेजेस' (ChinaPages.com) ही ऐसा मंच प्रदान कर सकता था!

जैक ने सोचा था कि शिक्षक की पक्की सरकारी नौकरी से मुक्ति के लिए उसे हांग्जो इंस्टीट्यूट ऑफ इलेक्ट्रिकल इंजीनियरिंग में अपने विभागाध्यक्ष के पास जाना चाहिए। जब वह उसके निवास पर पहुँचा था तो विभागाध्यक्ष महोदय अपनी साइकिल पर सब्जियाँ ढोता हुआ आ रहा था, जिसे उसने अभी-अभी बाजार से खरीदा ही था।

जैक ने सोचा था कि शिक्षक की पक्की सरकारी नौकरी से मुक्ति के लिए उसे हांग्जो इंस्टीट्यूट ऑफ इलेक्ट्रिकल इंजीनियरिंग में अपने विभागाध्यक्ष के पास जाना चाहिए। जब वह उसके निवास पर पहुँचा था तो विभागाध्यक्ष महोदय अपनी साइकिल पर सब्जियाँ ढोता हुआ आ रहा

था, जिसे उसने अभी-अभी बाजार से खरीदा ही था। जब जैक ने उसे अपने त्याग-पत्र देने के फैसले के बारे में सूचित किया था, तो विभागाध्यक्ष ने उसे समझाया था कि वह अपने अंग्रेजी शिक्षक की नौकरी पर ध्यान केंद्रित कर कठिन परिश्रम करता रहे, क्योंकि यही उसके, उसके स्वयं के गृहस्थ जीवन और उसके संघर्षशील माता-पिता के सुरक्षित भविष्य के लिए सर्वोत्तम मार्ग था, लेकिन जैक ने विभागाध्यक्ष की साइकिल और उस पर लदी सब्जियों को ध्यान से देखा था, और सोचा था कि यदि वह कठिन परिश्रम करता हुआ स्वयं भी किसी दिन विभागाध्यक्ष बन जाए तो भविष्य का वह दृश्य ऐसा ही होनेवाला था!

जब जैक ने उसे अपने त्याग-पत्र देने के फैसले के बारे में सूचित किया था, तो विभागाध्यक्ष ने उसे समझाया था कि वह अपने अंग्रेजी शिक्षक की नौकरी पर ध्यान केंद्रित कर कठिन परिश्रम करता रहे, क्योंकि यही उसके, उसके स्वयं के गृहस्थ जीवन और उसके संघर्षशील माता-पिता के सुरक्षित भविष्य के लिए सर्वोत्तम मार्ग था॰॰

स्पष्ट है कि वह डेंग जियाओपींग के इस वचन से कि 'धनी बनना गौरवशाली है॰॰॰यदि आप धनी बन सकते हैं तो दूसरों को भी धनी बनने में मदद कर सकते है' से अनुप्राणित होकर जैक मा उद्यमशीलता के पथ पर बहुत आगे बढ़ चुका॰॰॰और अब इंटरनेट युग का महान् अवसर भी उसकी झोली में आ चुका था, तो उसके लिए अपने विभागाध्यक्ष के सुझाव पर एक क्षण भी सोचने का समय कहाँ था! अब उसका सपना शिक्षण या अनुवाद नहीं रह गया था॰॰॰अब वह ठान चुका था कि वह 'चाइना पेज' के इंटरनेट मंच पर अपने झेजिआंग प्रांत के लाखों उद्यमियों को अपने संभावित विदेशी ग्राहकों तक पहुँचने का ऐतिहासिक अवसर प्रदान करेगा॰॰॰और संभवतः इसी माध्यम से वह अपनी उद्यमशील महत्त्वाकांक्षाओं को पूरा कर सकेगा! यही तो स्वयं धनी बनने का और दूसरों को धनी बनाने में मदद करने का महान् वाणिज्यिक अवसर था।

वैसे सिएटल में बैठे स्टुअर्ट ट्रस्टी को यह पता नहीं था कि जैक मा अपनी कर्मशील नैतिकता का इतना अधिक पक्का था, लेकिन शीघ्र ही उसे इसका पता चल गया था, जब 'चाइना पेज' को भरने के लिए जैक मा ने उसे चीनी कंपनियों और उनके उत्पादों की अंग्रेजी में अनुवादित सूचनाएँ चित्र सहित उसके पास भेजना शुरू कर दिया था, ताकि उसे 'चाइनापेजेज.कॉम' पर व्यवस्थित रूप से डाला जा सके।

जी हाँ, मार्च 1995 में अमेरिका से चीन लौटने के तुरंत बाद ही अपने निवास पर दो दर्जन से अधिक संध्या अंग्रेजी वर्ग के छात्रों को आमंत्रित किया था और उनके सामने 'चाइना पेजेज' की व्यावसायिक अवधारणा को व्याख्यायित कर उनसे सुझाव माँगा था। वह दो घंटे तक बोलता रहा था और अपने सबसे सक्षम उन छात्रों के संदेहपूर्ण चेहरों को भी ध्यान से देखता रहा था, जो उसकी बातों को तो सुन रहे थे, लेकिन उन्हें कुछ भी समझ नहीं आ रहा था'''अंत में उसने उनसे इसके पक्ष व विपक्ष में मतदान करने के लिए कहा था। उन छात्रों में से 23 ने कहा था कि यह व्यवसाय अवधारणा सफल नहीं होनेवाली थी। हाँ, उन 24 छात्रों में से एक ही था, जिसने जैक से कहा था कि यदि आप कोशिश करना चाहते हैं तो आगे बढ़ें, लेकिन यदि यह सफल न हो तो जितना शीघ्र संभव हो, वापस लौट आएँ। जैक का वह प्रिय छात्र 'एग्रीकल्चरल बैंक ऑफ चाइना' में उच्च पदों पर काम करने लगा था।

मार्च 1995 में अमेरिका से चीन लौटने के तुरंत बाद ही अपने निवास पर दो दर्जन से अधिक संध्या अंग्रेजी वर्ग के छात्रों को आमंत्रित किया था और उनके सामने 'चाइना पेजेज' की व्यावसायिक अवधारणा को व्याख्यायित कर उनसे सुझाव माँगा था।

स्पष्ट है कि छात्रों के बहुसंख्यक के मत से जैक मा तनिक भी विचलित नहीं हुआ था, क्योंकि 'चाइना पेजेज' की नवाचारी अवधारणा को समझ पाना और उसकी संभावनाओं का आकलन कर पाना उन छात्रों के लिए संभव ही नहीं था और जैक की व्याख्या जिन लोगों को थोड़ी-बहुत समझ आई थी,

उनके सामने जैक द्वारा शुरू की अनुवाद सेवा का परिणाम भी सामने ही था। ऐसे में अधिकांश ने जो नकारात्मक मत प्रकट किया था, वह उन लोगों की सोच की सीमा में बिल्कुल सही ही था, लेकिन जैक हमेशा से अपनी धुन का पक्का रहा था। उसने सिएटल में ही उस अनंत संभावना का आकलन कर लिया था, जब खोज करने पर इंटरनेट पर चीन शब्द तक भी कोई परिणाम नहीं निकला था। वह अपने देश व अपने प्रांत की व्यापक संभावनाओं को भी बहुत अच्छी तरह से जानता था और यहाँ के लोगों की 'अंग्रेजी विकलांगता' को भी। चीनी उद्यमी सस्ती से सस्ती कीमतों पर उत्पाद तो बना सकते थे, लेकिन उनका विपणन नहीं कर सकते थे और विदेशी ग्राहकों के मामले में तो वे मूक ही थे, क्योंकि वे अंग्रेजी नहीं बोल सकते थे। जो थोड़े-बहुत टूटी-फूटी अंग्रेजी बोल भी लेते थे, तो उनके लिए अपने ग्राहकों के सामने 'डींग हाँकना' तो संभव ही नहीं था। तो जैक ने उन सभी की तरफ से 'डींग हाँकने' का महान् लेकिन चुनौतीपूर्ण बीड़ा उठा लिया था।

चीनी उद्यमी सस्ती से सस्ती कीमतों पर उत्पाद तो बना सकते थे, लेकिन उनका विपणन नहीं कर सकते थे और विदेशी ग्राहकों के मामले में तो वे मूक ही थे, क्योंकि वे अंग्रेजी नहीं बोल सकते थे। जो थोड़े-बहुत टूटी-फूटी अंग्रेजी बोल भी लेते थे, तो उनके लिए अपने ग्राहकों के सामने 'डींग हाँकना' तो संभव ही नहीं था।

अब जैक मा के सामने सबसे बड़ी समस्या यह थी कि वह कंप्यूटर विज्ञान के बारे में कुछ भी नहीं जानता था। उसे तो बस इतना पता था कि इंटरनेट मंच के माध्यम से वह पलक झपकते ही अपने लाखों उद्यमियों के करोड़ों उत्पादों की सूचनाओं को अनुवादित कर आकर्षक शैली में अंग्रेजी बोलने-जानने-समझनेवाले विश्व भर के ग्राहकों के सामने प्रस्तुत कर सकता था, लेकिन जैक के लिए ऐसे मित्र सहयोगी को ढूँढ़ना बहुत कठिन नहीं था, जो कंप्यूटर विज्ञान की उसकी कमी को पूरा कर सके। उसका एक ऐसा ही

मित्र था ही यिबिंग था, जो हांग्जो इंस्टीट्यूट ऑफ इलेक्ट्रिकल इंजीनियरिंग में कंप्यूटर विज्ञान का शिक्षक था। दोनों की भेंट एक वर्ष पहले तब हुई थी, जब ही यिबिंग किसी ऐसे व्यक्ति को ढूँढ़ रहा था, जो उसे अंग्रेजी का अभ्यास करने में मदद कर सके, क्योंकि वह सिंगापुर जाने की तैयारी कर रहा था। सिंगापुर में ही यिबिंग को भी इंटरनेट की क्रांतिकारी संभावनाओं का पता चला था। ऐसे में जब जैक ने ही यिबिंग के सामने 'चाइना पेजेज' की वाणिज्यिक अवधारणा को प्रस्तुत किया था, तो वह तत्काल ही उसके साथ मिलकर काम करने के लिए तैयार हो गया था।

फिर उन लोगों ने हांग्जो हाइबो नेटवर्क कंसल्टिंग. (एच.एच.एन.सी.) की स्थापना की थी। यह चीन की इंटरनेट को समर्पित सबसे पहली कंपनियों में से एक थी। अपनी इस आरंभिक कंपनी (स्टार्ट-अप) को वित्त-पोषित करने के लिए उसने अपने संगे-संबंधियों से धन उधार लिया था, जिनमें उसके माता-पिता, बहन, साला शामिल थे।

फिर उन लोगों ने हांग्जो हाइबो नेटवर्क कंसल्टिंग. (एच.एच.एन.सी.) की स्थापना की थी। यह चीन की इंटरनेट को समर्पित सबसे पहली कंपनियों में से एक थी। अपनी इस आरंभिक कंपनी (स्टार्ट-अप) को वित्त-पोषित करने के लिए उसने अपने संगे-संबंधियों से धन उधार लिया था, जिनमें उसके माता-पिता, बहन, साला शामिल थे। जैक की पत्नी कैथी उस कंपनी की पहली कर्मचारी बनी थी। अप्रैल 1995 में, जैक ने कंपनी का पहला कार्यालय 12 वर्गमीटर कार्यालय-भवन (38, वेनर रोड, हांग्जो) में खोला था। अब इस पते पर भव्य 'कल्चर प्लाजा होटल झेजिआंग' अवस्थित है। अपने व्यवसाय को संगठित व ठोस उद्यम के रूप में प्रस्तुत करने के लिए जैक मा व ही यिबिंग ने अनेक परिचय-पत्रक (विजिटिंग कार्ड) छपाए थे। हरेक पत्रक में उन दोनों ने कंपनी में अपने पदों को छपाया था, जिनका उपयोग इस बात निर्भर करता था कि वे किनसे मिल रहे थे। दिन भर दोनों साझीदार बाजार में ग्राहकों

को ढूँढ़ने का कार्य करते थे और शाम को वापस लौटने के बाद 'इन्फॉर्मेशन सुपर हाई-वे' विषय पर परिचयात्मक प्रशिक्षण पढ़ाते थे। इस प्रशिक्षण वर्ग ने 'चाइना पेज' में अपने कुछ शुरुआती ग्राहकों को ढूँढ़ने में मदद की थी।

इस बीच, 10 मई, 1995 को जैक मा ने संयुक्त राज्य अमेरिका में चाइनापेजेज.कॉम का इंटरनेट अधिकार क्षेत्र नाम (डोमेन नेम) पंजीकृत करा लिया था। फिर जुलाई में उसका आधिकारिक रूप से शुभारंभ किया था। उस वेबसाइट पर एशिया के मानचित्र को दरशाया गया था, जिसमें चीन को 'चाइना बिजनेस पेजेज—द ऑनलाइन चाइना बिजनेस डायरेक्टरी' को विशेष रूप से उभारा गया था। वेबसाइट पर सूचित किया गया था कि हांग्जो—द गार्डन सिटी से सिएटल के माध्यम से उसे प्रकाशित-प्रसारित किया जा रहा था। उस वेबसाइट की विषय तालिका में इन शीर्षकों को शामिल किया गया था—'व्हाट इज न्यू!', 'व्हाट इज कूल!', 'नेट सर्च', व 'नेट डायरेक्टरी'। इसके साथ ही इस वेबसाइट पर 'हांग्जो हाइबो ट्रांसलेशन एजेंसी' की इंटरनेट कड़ी जोड़ी गई थी।

'चाइना पेज' का व्यवसाय पारिवारिक व्यवसाय की तरह शुरू हुआ था। जैक की पत्नी कैथी के साथ उसकी बहन झांग जिंग और ही यिबिंग की कन्या मित्र सहयोग के हाथ बढ़ा रही थीं। जैक के संध्याकालीन अंग्रेजी वर्ग के छात्रों ने भी 'चाइना पेजेज' के लिए प्रतिभाओं का पहला जत्था प्रदान किया था।

'चाइना पेज' का व्यवसाय पारिवारिक व्यवसाय की तरह शुरू हुआ था। जैक की पत्नी कैथी के साथ उसकी बहन झांग जिंग और ही यिबिंग की कन्या मित्र सहयोग के हाथ बढ़ा रही थीं। जैक के संध्याकालीन अंग्रेज़ी वर्ग के छात्रों ने भी 'चाइना पेजेज' के लिए प्रतिभाओं का पहला जत्था प्रदान किया था। जाने जियांग (जियांग फेंग), जिसे जैक मा ने कुछ वर्ष पूर्व हांग्जो इंस्टीट्यूट ऑफ इलेक्ट्रिकल इंजीनियरिंग में पढ़ाया था, ने ग्राहक-सेवा का प्रभार सँभाल लिया था। कैथी ने पहले ग्राहकों में से एक को अनुबंधित किया

था, जिसने कंपनी को 8000 युआन (960 डॉलर) का भुगतान किया था। 'चाइना पेज' को अगले वर्ष मई में हांग्जो में आयोजित होनेवाली 'फॉर्मूला वन पावरबोट वर्ल्ड चैंपियनशिप' से भी भारी प्रोत्साहन मिला था। यह आयोजन पहली बार चीन में हो रहा था और जैक की कंपनी ने चैंपियनशिप के लिए आधिकारिक वेबसाइट के निर्माण का अनुबंध जीत लिया था।

इस बीच, दो रोचक घटनाएँ हुई थीं, जिसने जैक के पूर्व छात्रों को अपने गुरु के चमत्कारी व्यवसाय का दर्शन कराया था। जैक का पूर्व छात्र रहा ही जियांगयांग उस समय कियानजियांग लॉ फर्म में काम कर रहा था। जब जैक ने उससे उस फर्म के नाम को चाइना पेज पर पंजीकृत करने के लिए कहा था, तो उसने बहुत ना-नुकुर के साथ फर्म के फोन नंबर के बदले में अपना व्यक्तिगत फोन नंबर दे दिया था। इन सूचनाओं के वेबसाइट पर डाले जाने के तत्काल बाद ही जब उसे संभावनाशील ग्राहकों से 24 घंटे फोन आने शुरू हो गए थे, जिनमें से कई विदेशों के थे" जब उसने उन फोन करनेवालों से पूछा था कि उन्हें उसका व्यक्तिगत फोन नंबर कहाँ से मिला, तो सभी ने एक सा उत्तर दिया था—चाइना पेजेज। अब तो उसके आश्चर्य का कोई ठिकाना ही था! जिस वकील शिष्य को अपने अंग्रेजी गुरु के उद्यम पर संदेह हो रहा था, अब उसे लगने लगा था कि हो न हो जैक की इंटरनेट कहानी में दम था! और उसके बाद वह जैक के उद्यम में जोर-शोर से मदद करने लगा था।

दो रोचक घटनाएँ हुई थीं, जिसने जैक के पूर्व छात्रों को अपने गुरु के चमत्कारी व्यवसाय का दर्शन कराया था। जैक का पूर्व छात्र रहा ही जियांगयांग उस समय कियानजियांग लॉ फर्म में काम कर रहा था। जब जैक ने उससे उस फर्म के नाम को चाइना पेज पर पंजीकृत करने के लिए कहा था, तो उसने बहुत ना-नुकुर के साथ फर्म के फोन नंबर के बदले में अपना व्यक्तिगत फोन नंबर दे दिया था।

ऐसा ही जैक का एक और पूर्व छात्र था झोऊ लान, जो बाद में उसका सचिव बन गया था। जब जैक ने हांग्जो के 'लेक व्यू होटल' की वेबसाइट बनाया था तो उसमें 14 इंच के रंगीन टेलीविजन का विशेष रूप से उल्लेख किया था। बाद में उस वर्ष संयुक्त राष्ट्रसंघ ने बीजिंग में चौथा 'वर्ल्ड कॉन्फ्रेंस वीमेन' का आयोजन किया था, जिसमें 70,000 से अधिक प्रतिभागियों ने हिस्सा लिया था, जिसमें अमेरिका की तत्कालीन प्रथम महिला हिलेरी क्लिंटन भी शामिल थीं। सम्मेलन के बाद अनेक शिष्टमंडल ने हांग्जो की यात्रा की थी। उन लोगों ने 'लेक व्यू होटल' में अपना कमरा आरक्षित कराया था और बाद में होटल के प्रबंधक से कहा था कि हांग्जो में लेक व्यू एकमात्र होटल था, जिसे वे ऑनलाइन खोज सके थे। अगले वर्ष वंसत ऋतु के पहले तीन महीनों में उस होटल ने पिछले वर्ष की तुलना में तीन गुना अधिक कमरों का आरक्षण किया था।

ऐसा ही जैक का एक और पूर्व छात्र था झोऊ लान, जो बाद में उसका सचिव बन गया था। जब जैक ने हांग्जो के 'लेक व्यू होटल' की वेबसाइट बनाया था तो उसमें 14 इंच के रंगीन टेलीविजन का विशेष रूप से उल्लेख किया था। बाद में उस वर्ष संयुक्त राष्ट्रसंघ ने बीजिंग में चौथा 'वर्ल्ड कॉन्फ्रेंस वीमेन' का आयोजन किया था"

इस प्रकार जैक मा ने अपने पूर्व छात्रों के लिए इंटरनेट की शक्ति का चमत्कारी प्रदर्शन कर दिया था और उसे उनके माध्यम से कई ग्राहक भी मिल रहे थे, लेकिन 'चाइना पेज' को जीवित बनाए रखने के लिए और बहुत अधिक ग्राहकों की आवश्यकता थी, लेकिन जैक मा के लिए 'चाइना पेजेज' के हांग्जो सहित झेजिआंग प्रांत के अन्य औद्योगिक नगरों में लाखों उद्यमियों को आकर्षित करना आसान नहीं था, क्योंकि उस समय वे लोग इंटरनेट के इस चमत्कार को स्वीकार कर पाने की स्थिति में नहीं थे और इसका सबसे बड़ा कारण यह था कि अभी तक हांग्जो में ही इंटरनेट सेवा आरंभ नहीं हुई थी।

फिर भी जैक ने मित्रों व छात्रों के माध्यम से कंपनियों की सूचनाएँ एकत्र की थीं, उनका अनुवाद किया था, उसे सिएटल भेजा था, उसे सुंदर ढंग से वेबसाइट पर प्रकाशित किया था, और फिर उसका 'स्क्रीन शॉट' लेकर संबंधित कंपनियों को प्रमाण सहित सूचित किया था कि उनकी कंपनियाँ ऑनलाइन हो चुकी थीं…और वे अपने विदेशी ग्राहक के माँग आदेश के लिए तैयार रहें। फिर भी ग्राहकों की संख्या बढ़ाना आसान नहीं था, क्योंकि जिन उद्यमियों ने अभी तक इंटरनेट के बारे सुना ही नहीं था, उनसे अपनी वेबसाइट बनवाने के लिए 20,000 युआन (2,400 डॉलर) की माँग करना और उन्हें इसके लिए सहमत करना लगभग असंभव ही था।

वैसे तो इंटरनेट पहुँच की समस्या बहुत समय तक नहीं रही थी, लेकिन इस सेवा को अपनानेवालों की संख्या बहुत ही सुस्त थी। वर्ष 1995 की अंतिम तिमाही में झेजिआंग टेलिकॉम ने हांग्जो में इंटरनेट पहुँच सेवा शुरू कर दी थी, लेकिन वर्ष के अंत में समूचे झेजिआंग प्रांत में इंटरनेट उपयोगकर्ताओं की कुल संख्या 204 ही हो सकी थी, जिनमें एक जैक मा स्वयं ही था। अब वह अपने कंप्यूटर पर वेबसाइट को प्रदर्शित करने में सक्षम हो गया था, जिसे वह अपने साथ सिएटल से लाया था, लेकिन इंटरनेट की गति इतनी धीमी थी कि पहले पृष्ठ को कंप्यूटर पर उतारने में 3.30 घंटे लगे थे। फिर भी जैक खुश था और उसकी मंडली भी। अब वेबसाइट का जीवंत प्रदर्शन करना संभव हो गया था। चूँकि डेंग जियाओपिंग प्रेरित आर्थिक सुधार कार्यक्रमों के आशातीत सफलताओं से

वैसे तो इंटरनेट पहुँच की समस्या बहुत समय तक नहीं रही थी, लेकिन इस सेवा को अपनानेवालों की संख्या बहुत ही सुस्त थी। वर्ष 1995 की अंतिम तिमाही में झेजिआंग टेलिकॉम ने हांग्जो में इंटरनेट पहुँच सेवा शुरू कर दी थी, लेकिन वर्ष के अंत में समूचे झेजिआंग प्रांत में इंटरनेट उपयोगकर्ताओं की कुल संख्या 204 ही हो सकी थी, जिनमें एक जैक मा स्वयं ही था।

उत्साहित चीन सरकार दूरसंचार सेवाओं को प्रोत्साहित कर रही थी, इसीलिए इंटरनेट सेवाओं सहित उसकी गति में भी तेजी से सुधार हुआ था''और वर्ष 1995 के अंत में ही जैक मा ने चाइना पेजेज के नव-नियुक्त मुख्य अभियंता ली की के साथ सिएटल में वी.वी.एन. के कार्यालय की यात्रा की थी और वहाँ से वापस लौटकर वी.वी.एन. के साथ अपने संयुक्त उद्यम को समाप्त कर लिया था और अपने स्वयं के सर्वर संजाल पर नई 'चाइना पेजेज.कॉम' वेबसाइट को स्थापित कर लिया था।

इससे जैक मा को कंपनी संचालन की लागत को कम करना तो संभव हो गया था, लेकिन राजस्व को बढ़ाना अभी भी चुनौती ही बनी हुई थी। वैसे तो वर्ष 1995 में चीन में 15 लाख पर्सनल कंप्यूटर (पी.सी.) की बिक्री हुई थी, जिसे विशेष रूप से सरकारी संस्थाओं व बड़ी कंपनियों ने ही खरीदा था।

इससे जैक मा को कंपनी संचालन की लागत को कम करना तो संभव हो गया था, लेकिन राजस्व को बढ़ाना अभी भी चुनौती ही बनी हुई थी। वैसे तो वर्ष 1995 में चीन में 15 लाख पर्सनल कंप्यूटर (पी.सी.) की बिक्री हुई थी, जिसे विशेष रूप से सरकारी संस्थाओं व बड़ी कंपनियों ने ही खरीदा था। इसका कारण यह था कि उस समय पीसी का लागत मूल्य लगभग 1800 डॉलर था, जिसे विशेष रूप से झेजिआंग प्रांत के लघु उद्यमियों के लिए खरीद पाना संभव नहीं था। ऐसे में जैक मा चीन में इंटरनेट के प्रसार को बढ़ाने और अपने उद्यम चाइनापेजेज.कॉम के लिए ग्राहकों की संख्या की दिशा में 'धर्म उपदेशक' की भूमिका निभना शुरू कर दिया था, लेकिन ज्यों-ज्यों समय बीत रहा था, 'चाइना पेजेज' को जीवित बनाए रखना लगातार कठिन हो रहा था। ऐसे में फरवरी 1996 में जैक मा ने सरकारी दूरसंचार कंपनी झेजिआंग टेलिकॉम की सहायक कंपनी हांगजो डाइफ कम्युनिकेशन को 14 लाख युआन (1,70,000 डॉलर) में 70 प्रतिशत स्वामित्व हिस्सेदारी बेचकर नए संयुक्त उद्यम 'डाइफ-हाइबो' का गठन किया। इस सौदे में चाइनापेजेज.कॉम

का मूल्यांकन 6,00,000 युआन (70,000 डॉलर) आँका गया था, जिसके पास संयुक्त उद्यम कंपनी की 30 प्रतिशत स्वामित्व हिस्सेदारी बची रह गई थी, और जैक मा कंपनी का महाप्रबंधक (जनरल मैनेजर) बना रहा था।

लेकिन कुछ ही समय बाद, जैक मा के सामने एक चौंकानेवाला तथ्य आया था। हांग्जो डाइफ कम्युनिकेशन ने अपना स्वयं का वेब अधिकार क्षेत्र (डोमेन नाम)—चाइनीजपेजेज.कॉम सुरक्षित कर लिया था, जो चाइनापेजेज.कॉम से पूरी तरह से मिलता-जुलता था। इतना ही नहीं, डाइफ ने चाइनीजपेजेज.कॉम को संचालित करनेवाली कंपनी का नाम 'चाइना येलो पेजेज' रख लिया था। चूँकि डाइफ चीन सरकार की स्वामित्ववाली शक्तिशाली दूरसंचार कंपनी झेजिआंग टेलिकॉम की सहायक कंपनी थी, इसीलिए जैक मा उससे कानूनी लड़ाई लड़ने का दुस्साहस नहीं कर सकता था। अंतत: नवंबर 2017 में जैक ने हांग्जो से दूर टोंगलु में गुप्त रूप से 'चाइना पेजेज' की अपनी कार्यमंडली से भेंट की थी और सूचित किया था कि वह डाइफ हाइबो में अपनी हिस्सेदारी का त्याग कर बीजिंग में सरकारी नौकरी करने जा रहा था, लेकिन ऐसा करने से पहले उसने अपने साझीदार ही यिबिंग को उसका मुख्य कार्यकारी अधिकारी बना दिया था।

जैक मा के सामने एक चौंकानेवाला तथ्य आया था। हांग्जो डाइफ कम्युनिकेशन ने अपना स्वयं का वेब अधिकार क्षेत्र (डोमेन नाम)—चाइनीजपेजेज.कॉम सुरक्षित कर लिया था, जो चाइनापेजेज.कॉम से पूरी तरह से मिलता-जुलता था। इतना ही नहीं, डाइफ ने चाइनीजपेजेज.कॉम को संचालित करनेवाली कंपनी का नाम 'चाइना येलो पेजेज' रख लिया था।

फिर सरकारी नौकरी…और अलीबाबा का जन्म

जी हाँ, जैक मा ने कुछ समय के लिए अपनी उद्यमशील महत्त्वाकांक्षाओं को थोड़े समय के लिए रोक दिया था और चीन सरकार के विदेश व्यापार

एवं आर्थिक सहयोग मंत्रालय (मिनिस्ट्री ऑफ फॉरेन ट्रेड ऐंड इकॉनोमिक कोऑपरेशन—एम.ओ.एफ.टी.ई.सी.) में नौकरी करना शुरू किया था। वहाँ पर उसकी हालत जल बिन मछली जैसी ही बनी रही थी, क्योंकि उसे इंटरनेट के अनंत महासागर की लहर ने एक झटके में तट पर तड़पने के लिए छोड़ दिया था। अब वह विदेश व्यापार एवं आर्थिक सहयोग मंत्रालय के अधीन 'चाइना इंटरनेशनल इलेक्ट्रॉनिक कॉमर्स सेंटर' द्वारा संचालित इन्फोशेयर टेक्नोलॉजी के महाप्रबंधक के रूप में काम कर रहा था।

जैक के ही नेतृत्व में मार्च 1998 में विदेश व्यापार एवं आर्थिक सहयोग मंत्रालय की वेबसाइट www.moftec.gov.cn का शुभारंभ हुआ था और फिर 1 जुलाई, 1998 को उसी मंत्रालय की वेबसाइट www.chinamarket.com.cn का भी। चाइनामार्केट वेबसाइट पर छह श्रेणियों में 8,000 से अधिक जिंसों व वस्तुओं को विभाजित किया था और उसमें चीनी व विदेशी व्यापारियों को 'बिजनेस चैटरूम' सुविधा से माँग व आपूर्ति की सूचनाएँ डालने के लिए आमंत्रित किया गया था, लेकिन शीघ्र ही जैक मा को स्पष्ट हो गया था कि सरकारी वेबसाइट पर निजी व्यापार का संचालित होना और उसका सफल हो पाना संभव नहीं था। ऐसे में चीन का भविष्य तो निजी क्षेत्र की इ-वाणिज्य कंपनियों के हाथों ही था।

चाइनामार्केट वेबसाइट पर छह श्रेणियों में 8,000 से अधिक जिंसों व वस्तुओं को विभाजित किया था और उसमें चीनी व विदेशी व्यापारियों को 'बिजनेस चैटरूम' सुविधा से माँग व आपूर्ति की सूचनाएँ डालने के लिए आमंत्रित किया गया था, लेकिन शीघ्र ही जैक मा को स्पष्ट हो गया था कि सरकारी वेबसाइट पर निजी व्यापार का संचालित होना और उसका सफल हो पाना संभव नहीं था।

वैसे तो वहाँ जैक का हर दिन वर्षों की तरह गुजर रहा था, लेक़िन यही वह समय था उसे याहू के सह-संस्थापक जैरी यांग व उसके सहकर्मियों को

चीन दर्शन कराने और उससे मित्रता स्थापित करने का अवसर मिला था। हुआ यूँ था कि जैरी अपनी मंडली के साथ चीन में व्यापार संभावनाएँ खोजने आया था और विदेश व्यापार मंत्रालय ने इस मंडली को चीन-दर्शन कराने के लिए जैक मा को चुना था। चूँकि जैक इन्फोशेयर टेक्नोलॉजी का प्रमुख भी था और मंत्रालय के उच्चाधिकारी उसकी धाराप्रवाह अंग्रेजी के बारे में भी जानते थे, इसीलिए वह इस काम के लिए सबसे उपयुक्त व्यक्ति था। जैरी यांग के साथ उसका छोटा भाई था, जो चीन की महान् दीवार के दर्शन के लिए व्याकुल था। जैक ने इन दोनों का अपनी पत्नी कैथी से भी परिचय कराया था और वे उन दोनों सहित याहू के उपाध्यक्ष हीथर किल्लेन को बहाई पार्क (फोर्बिडन सिटी के सामने) व महान् दीवार की यात्रा पर ले गया था। हमने दूसरे अध्याय में पढ़ा है कि जैरी यांग के साथ जैक मा की मित्रता ने अलीबाबा के क्रांतिकारी उत्थान में कितनी महत्त्वपूर्ण भूमिका निभाई थी। यात्रा से लौटने के बाद जैक ने जैरी यांग व हीथर की एम.ओ.एफ.टी.ई.सी. के उपमंत्री से भेंट कराई थी। जैक की पटाने की कला सफल हुई थी और अक्तूबर 1998 में इन्फोशेयर को याहू की चीनी व्यवसाय का विशिष्ट बिक्री अभिकर्ता (एक्सक्लूसिव सेल्स एजेंट) नियुक्त कर दिया गया था और इस प्रकार याहू ने चीन के इ-वाणिज्य बाजार में प्रवेश किया था।

जैक ने इन दोनों का अपनी पत्नी कैथी से भी परिचय कराया था और वे उन दोनों सहित याहू के उपाध्यक्ष हीथर किल्लेन को बहाई पार्क (फोर्बिडन सिटी के सामने) व महान् दीवार की यात्रा पर ले गया था। हमने दूसरे अध्याय में पढ़ा है कि जैरी यांग के साथ जैक मा की मित्रता ने अलीबाबा के क्रांतिकारी उत्थान में कितनी महत्त्वपूर्ण भूमिका निभाई थी।

अब जैक का बीजिंग में एक-एक दिन वर्षों की तरह गुजर रहा था। वह पहले ही सुस्त सरकारी वातावरण से ऊब चुका था। उसने इन्फोशेयर

के अपने कुछ विश्वसनीय कर्मचारियों के साथ गोपनीय बैठक की थी और अलीबाबा.कॉम के शुभारंभ की योजना को अंतिम रूप प्रदान कर बीमारी के बहाने से छुट्टी पर चला गया था। यह बहाना इसलिए भी आवश्यक था, क्योंकि बिना किसी कारण के सरकारी नौकरी छोड़कर निजी उद्यम की शुरुआत करना उसे सरकार का कोपभाजन भी बना सकता था। वैसे वास्तव में भी कुछ माह बाद वह आँत की पथरी का शिकार बन गया था।

लेकिन तब तक वह अपने बिल्कुल नए इ-वाणिज्य मंच की तैयारी कर चुका था, और उसका नाम 'अलीबाबा' रखा था। चूँकि अलीबाबा.कॉम नामक वेब अधिकार-क्षेत्र नाम पहले से पंजीकृत था, इसीलिए उसने अपनी वेबसाइट को 'अलीबाबाऑनलाइन.कॉम' नाम से पंजीकृत करा लिया था और 21 फरवरी, 1999 को लेकसाइड गार्डेन (हुपन हुआयुआन) स्थित सबसे ऊपरी मंजिल पर स्थित जुड़वाँ अपार्टमेंट में अपनी पूर्व छात्र-मंडली की उपस्थिति में उसका शुभारंभ कर दिया था।

उस समय चीन में इंटरनेट उपयोगकर्ताओं की कुल संख्या 20 लाख थी, जो अलगे छह माह बाद 40 लाख हो गई थी और वर्ष के अंत में 90 लाख हो गई थी... और वर्ष 2000 की गरमियों तक 1.70 करोड़। वैसे तो पर्सनल कंप्यूटर (पी.सी.) का मूल्य अभी 1500 डॉलर के स्तर पर था, लेकिन उसके मूल्य तेजी से घटने लगे थे, क्योंकि डेल ने चीन की घरेलू फाउंडर, ग्रेट वाला व लीजेंड (बाद में, लेनोवो) जैसी कंप्यूटर निर्माता कंपनियों की प्रतिस्पर्धा में अपनी दुकान खोल ली थी।

उस समय चीन में इंटरनेट उपयोगकर्ताओं की कुल संख्या 20 लाख थी, जो अलगे छह माह बाद 40 लाख हो गई थी और वर्ष के अंत में 90 लाख हो गई थी⋯और वर्ष 2000 की गरमियों तक 1.70 करोड़। वैसे तो पर्सनल कंप्यूटर (पी.सी.) का मूल्य अभी 1500 डॉलर के स्तर पर था, लेकिन

उसके मूल्य तेजी से घटने लगे थे, क्योंकि डेल ने चीन की घरेलू फाउंडर, ग्रेट वाला व लीजेंड (बाद में, लेनोवो) जैसी कंप्यूटर निर्माता कंपनियों की प्रतिस्पर्धा में अपनी दुकान खोल ली थी। वैसे तो स्थानीय दूरसंचार कंपनी से फोन प्राप्त करने की लागत अभी 600 डॉलर तक लग रही थी और इस प्रक्रिया में महीनों लग रहे थे, लेकिन मार्च 1999 में दूसरा फोन लगाने पर स्थापना शुल्क (इंस्टालेशन फी) समाप्त कर दिया था और इंटरनेट सेवा की दर औसतन 70 डॉलर प्रतिमाह (वर्ष 1997) से गिरकर 1999 के अंत में केवल 9 डॉलर प्रतिमाह रह गई थी। ऐसे में लाखों की संख्या में महाविद्यालयों में पढ़नेवाले छात्र ऑनलाइन होने लगे थे। अप्रैल 1999 में सिना.कॉम (www.sina.com) का शुभारंभ हुआ था और अगले ही माह उसने गोल्डम शाक्स, वाल्डेन व जापान के सॉफ्ट बैंक जैसी बड़ी उद्यम पूँजी कंपनियों से 2.5 करोड़ डॉलर का निवेश आकर्षित कर लिया था। इससे पहले 1998 शोहु.कॉम से 1 करोड़ डॉलर की उद्यम पूँजी प्राप्त की थी...और फिर नेटइज.कॉम ने भी।

मई 1999 में, जैक मा ताइवान में जनमे निवेशक जोए त्साई से मिला था, जो हांगकांग में रह रहा था। दोनों में तत्काल ही मित्रता हो गई थी और जोए त्साई तभी से जैक मा का दाहिना हाथ बन गया था...और अभी तक दोनों की मित्रता अटूट बनी हुई है। इन दोनों का गठबंधन चीनी व्यवसाय में सबसे लाभकारी व सबसे टिकाऊ साझेदारियों में से एक के रूप उल्लेख किया जाता है।

मई 1999 में, जैक मा ताइवान में जनमे निवेशक जोए त्साई से मिला था, जो हांगकांग में रह रहा था। दोनों में तत्काल ही मित्रता हो गई थी और जोए त्साई तभी से जैक मा का दाहिना हाथ बन गया था...और अभी तक दोनों की मित्रता अटूट बनी हुई है। इन दोनों का गठबंधन चीनी व्यवसाय में सबसे लाभकारी व सबसे टिकाऊ साझेदारियों में से एक के रूप उल्लेख किया जाता है। जोए ने 'अलीबाबा' में विदेशी उद्यम पूँजी का निवेश प्राप्त

करने के लिए विधिवत् कंपनी के गठन के लिए अंतरराष्ट्रीय विधि प्रतिष्ठान फेन्विक ऐंड वेस्ट को 20,000 डॉलर का चेक लिख दिया था और जैक को अपने साथ लेकर सैनफ्रांसिस्को की उड़ान पकड़ ली थी। वैसे तो कुल मिलाकर यह यात्रा विफल ही रही थी, लेकिन पालो आल्टो (सिलिकॉन वैली) में एक बैठक के दौरान उन्हें सिंगापुर की निवेश कंपनी वेंचर टी.डी. एफ. के थॉमस एनजी का संपर्क-सूत्र मिल गया था...लेकिन वहाँ भी बात नहीं बनी थी, क्योंकि उसे अलीबाबा के बी2बी वेबसाइट की अवधारणा में कोई संभावना नहीं दिखाई दी थी।

अंततः जोए ने गोल्डमैन शाक्स के हांगकांग कार्यालय में कार्यरत ताइवानी मूल के अमेरिका में पढ़ी कन्या मित्र शिरली लिन से संपर्क स्थापित किया था। गोल्डमैन ने शिरली व उसकी मंडली को बहुत अधिक छूट दे रखी थी, लेकिन निवेश का आकार 50 लाख डॉलर से कम हो।

अंततः जोए ने गोल्डमैन शाक्स के हांगकांग कार्यालय में कार्यरत ताइवानी मूल के अमेरिका में पढ़ी कन्या मित्र शिरली लिन से संपर्क स्थापित किया था। गोल्डमैन ने शिरली व उसकी मंडली को बहुत अधिक छूट दे रखी थी, लेकिन निवेश का आकार 50 लाख डॉलर से कम हो। यह गोल्डमैन जैसी विशाल निवेश कंपनी के लिए कुछ भी नहीं था, जिसकी प्रिंसिपल इनवेस्टमेंट एरिया (पी.आई.ए.) ने वर्ष 1995 से 2000 के बीच विभिन्न प्रौद्योगिकी कंपनियों में 1 अरब डॉलर का निवेश किया था। वैसे तो शिरली को हार्वर्ड बिजनेस स्कूल के अपने सहपाठियों से निवेश के निवेदन आ रहे थे, जो डॉटकॉम कंपनियों में दाँव लगा रहे थे, लेकिन जब जोए त्साई ने उसे यह बताया था कि वह स्वयं भी अलीबाबा में शामिल होनेवाला था, तो शिरली ने सितंबर 1999 के अंत में जैक मा से भेंट के लिए हांगकांग से हांग्जो की उड़ान भर ली थी। जैसा कि जोए के साथ पहली बार हांग्जो जाने पर हुआ था, वैसा ही शिरली के साथ हुआ था, उसे भी अलीबाबा की बी2बी अवधारणा से अधिक जैक मा व उसकी मंडली से मिलकर खुशी हुई थी।

हांगकांग वापस आकर शिरली ने अलीबाबा में 50 लाख डॉलर के निवेश के बदले में 5,00,000 स्वामित्व हिस्सेदारियों (कंपनी की स्वामित्व हिस्सेदारियों का लगभग आधा) को अधिगृहीत करने का अंतिम निर्णय कर लिया था। इस प्रकार शिरली ने अलीबाबा के मुख्य निर्णयों में गोल्डमैन शाक्स के निषेधाधिकार (वीटो) को भी सुरक्षित कर लिया था, लेकिन जब शिरली ने इस प्रस्ताव से संबंधित दस्तावेजों को अंतिम अनुमोदन के लिए गोल्डमैन की निवेश समिति के सामने प्रस्तुत किया तो उसे निवेश आकार को घटाकर 33 प्रतिशत करने का निर्देश मिला था। इसका अर्थ यह था कि उसे शेष 17 प्रतिशत निवेश के लिए अन्य निवेशकों को ढूँढ़ना था…और अंततः शिरली ऐसा करने में सफल रही थी। जी हाँ, शिरली ने वेंचर टी.डी.एफ. के उसी थॉमस एन.जी. को 5 लाख डॉलर के निवेश के लिए तैयार कर लिया था, जिसे बीती गरमियों में जोए व जैक से भेंट के दौरान कुछ समझ नहीं आया था। इसके साथ ही शिरली ने 5 लाख डॉलर निवेश कि लिए फिडेलिटी ग्रोथ पार्टनर्स एशिया को पटा लिया है। जोए पहले ही अपने नियोक्ता को बता चुका था कि वह चीन की प्रारंभिक कंपनी में शामिल होने जा रहा है और जब उसने अपने तत्कालीन मुख्य कार्यकारी अधिकारी गैलेजो स्कारंपी को सूचित किया था कि उसने निवेशकों को जुटा लिया था और अब वह इनवेस्टर ए.बी. की 7,00,000 डॉलर की वार्षिक की नौकरी छोड़कर मात्र 600 डॉलर प्रतिवर्ष पर अलीबाबा के कुल 18 सह-संस्थापकों में से एक के रूप में शामिल होने जा रहा है, तो उसने भी इनवेस्टर ए.बी. के लिए कुछ हिस्सा खरीद लिया था और शेष बची हिस्सेदारी के लिए शेरली ने गोल्डमैन के 33 लाख डॉलर के निवेश

हांगकांग वापस आकर शिरली ने अलीबाबा में 50 लाख डॉलर के निवेश के बदले में 5,00,000 स्वामित्व हिस्सेदारियों (कंपनी की स्वामित्व हिस्सेदारियों का लगभग आधा) को अधिगृहीत करने का अंतिम निर्णय कर लिया था।

के साथ-साथ ट्रांसपैक को भी 17 लाख डॉलर के निवेश करने लिए तैयार कर लिया था।

याद रहे कि जैक मा हमेशा ही इस सौदे के लिए पछतावा करता रहा था, क्योंकि इससे उसे आवश्यक पूँजी तो मिल गई थी, लेकिन उसकी आधी से अधिक स्वामित्व हिस्सेदारी भी चली गई थी, लेकिन इस क्रम में उसे जो सबसे बड़ी मानव-पूँजी मिली थी, वह और कोई नहीं, जोसेफ चुंग-हसीन 'जोए' त्साई (जन्म जनवरी 1964; ताइपेइ, ताइवान) ही था। अमेरिका में वर्ष 1991 में विधि स्नातक की उपाधि प्राप्त के बाद जोए ने अगले चार वर्षों में विभिन्न विधि व निवेश कंपनियों में काम किया था, और वर्ष 1995 से स्वीडन की निवेश कंपनी इनवेस्टर एबी के हांगकांग कार्यालय का प्रमुख बन गया था, जहाँ वह एशिया महादेश में निवेश के लिए उत्तरदायी था और जैक से भेंट के बाद वह उसका अभिन्न मित्र बन गया था। उसने अलीबाबा में मुख्य परिचालन अधिकारी (चीफ ऑपरेटिंग ऑफिसर—सी.ओ.ओ.), मुख्य वित्तीय अधिकारी (चीफ फाइनेंशियल ऑफिसर—सी.एफ.ओ.) व संस्थापक निदेशकमंडल के सदस्य के रूप में काम किया था और अकेले ही स्वयं की सूझ-बूझ से अलीबाबा ग्रुप के वैधानिक व वित्तीय ढाँचे को सुस्थापित किया था। मई 2013 में वह अलीबाबा ग्रुप का कार्यकारी उप-सभापति (एग्जीक्यूटिव वाइस चेयरमैन) बन गया था। अपने अद्वितीय योगदान के कारण, जोए आज जैक मा के बाद अलीबाबा ग्रुप का दूसरा सबसे बड़ा स्वामित्व हिस्सेदारी धारक है। 'फोर्ब्स' पत्रिका की गतिमान

याद रहे कि जैक मा हमेशा ही इस सौदे के लिए पछतावा करता रहा था, क्योंकि इससे उसे आवश्यक पूँजी तो मिल गई थी, लेकिन उसकी आधी से अधिक स्वामित्व हिस्सेदारी भी चली गई थी, लेकिन इस क्रम में उसे जो सबसे बड़ी मानव-पूँजी मिली थी, वह और कोई नहीं, जोसेफ चुंग-हसीन 'जोए' त्साई (जन्म जनवरी 1964; ताइपेइ, ताइवान) ही था।

मूल्यांकन सूची में 21 जुलाई, 2018 को उसका निवल मूल्य (नेटवर्थ) 10.2 अरब डॉलर आँका गया था।

इसके बाद, जैक मा और अलीबाबा को पीछे मुड़कर देखने की आवश्यकता नहीं पड़ी थी। शेष यात्रा-कथा आप पहले अध्यायों में ही पढ़ चुके हैं। आप यह भी पढ़ चुके हैं कि अपनी ही कंपनी में स्वयं के लिए बहुत कम स्वामित्व हिस्सेदारी की भरपाई उसने 'एंट फाइनेंशियल सर्विसेज ग्रुप' के माध्यम से पूरी कर ली थी और अलीबाबा ग्रुप को विश्व इ-वाणिज्य बाजार सहित वित्त व संभार-तंत्र संजाल क्षेत्रों में भी अनंत-यात्रा के लिए आगे बढ़ा दिया था।

□□□